Jaque a la democracia

Joaquim Bosch

Jaque a la democracia

España ante la amenaza de la deriva
autoritaria mundial

Ariel

Primera edición: octubre de 2024

© Joaquim Bosch Grau, 2024

Derechos exclusivos de edición en español:
© Editorial Planeta, S. A., 2024
Avda. Diagonal, 662-664, 08034 Barcelona
Editorial Ariel es un sello editorial de Planeta, S. A.
www.ariel.es
www.planetadelibros.com

ISBN: 978-84-344-3794-4
Depósito legal: B. 15.642-2024

Impreso en España

La lectura abre horizontes, iguala oportunidades y construye una sociedad mejor. La propiedad intelectual es clave en la creación de contenidos culturales porque sostiene el ecosistema de quienes escriben y de nuestras librerías. Al comprar este libro estarás contribuyendo a mantener dicho ecosistema vivo y en crecimiento. En **Grupo Planeta** agradecemos que nos ayudes a apoyar así la autonomía creativa de autoras y autores para que puedan seguir desempeñando su labor. Dirígete a CEDRO (Centro Español de Derechos Reprográficos) si necesitas fotocopiar o escanear algún fragmento de esta obra. Puedes contactar con CEDRO a través de la web www.conlicencia.com o por teléfono en el 91 702 19 70 / 93 272 04 47.

Índice

1. La democracia y sus enemigos 9
2. El avance de los discursos ultraconservadores 53
3. Los riesgos de deriva autoritaria 99
4. De la revolución digital a la polarización política . . 127
5. Xenofobia y gestión de la multiculturalidad 171
6. Las debilidades de nuestro sistema institucional . . . 197
7. Los partidos políticos en la crisis de la democracia . 221
8. El desmantelamiento del Estado social 249

Epílogo: La apuesta por la calidad democrática 267
Agradecimientos 275
Fuentes bibliográficas 277

1

La democracia y sus enemigos

Las dudas sobre el futuro de la democracia

Una deriva autoritaria está recorriendo el mundo democrático, en una especie de marcha que puede ser triunfal. Como sucede con cualquier amenaza, surge el interrogante de por dónde puede llegar el peligro. La respuesta no es sencilla, porque la involución no se está desarrollando del mismo modo en todos los lugares. Pero, más allá de los matices o de las particularidades, podemos constatar un rasgo común: los pilares de la democracia representativa puede que se estén agrietando. Empiezan a ser cuestionados, a veces de manera frontal. Quien está preparado amortigua mejor los golpes.

Hace unos veinte años, las proclamas autoritarias eran consideradas más bien anecdóticas en las democracias. Se trataba de exotismos inofensivos, ubicados en los márgenes del sistema político. Pero esas rarezas pueden ahora volverse mayoritarias, y resurgen miedos que se habían olvidado. En las visiones más pesimistas, vuelven a la memoria documentales en blanco y negro plagados de imágenes turbadoras, con brazos alzados marcialmente, furibundas arengas totalitarias, sufrimiento por parte de todo tipo de víctimas. Las perspectivas más ecuánimes nos advierten más bien de posibles transformaciones en el sistema democrático que podrían hacerlo irreconocible, como si fuera un boxeador con el rostro tumefacto tras haber sido sacudido de manera inmisericorde.

Después de los convulsos episodios del siglo xx, parecía que la democracia representativa se había instalado en gran parte del mundo como una forma de gobierno consolidada, indiscutida y con una salud envidiable. Tras la caída del Muro de Berlín, Francis Fukuyama publicó un influyente ensayo en el que sostenía que se había puesto punto final a la evolución ideológica de la humanidad, y afirmaba que la democracia occidental se iba a universalizar como forma definitiva del gobierno humano. El mundo libre había triunfado. Aunque las tesis de Fukuyama sobre el «fin de la historia» despertaron un vivo debate, lo cierto es que disfrutaron de una estimable aceptación en el ámbito académico. El sistema democrático se perfilaba como una conquista irreversible. Esa gran victoria de la civilización acabaría por propiciar otros logros en materia de derechos humanos.

Tras el hundimiento de la Unión Soviética, la democracia había pasado a ser el sistema político dominante en el mundo. En palabras de Yascha Mounk, el sistema democrático «parecía inamovible en América del Norte y en la Europa occidental, y estaba arraigando a pasos agigantados en países anteriormente autocráticos en la Europa del Este y en América del Sur, además de avanzar terreno a muy buen ritmo en naciones repartidas por toda Asia y toda África». Sin embargo, tras el cambio de siglo, todo empezó a complicarse, porque a la felicidad enseguida le salen contratiempos. En los últimos años han surgido síntomas bastante serios de repliegue democrático. En su informe sobre 2023, Freedom House señala que en el ámbito internacional se han constatado retrocesos muy importantes en materia democrática, que se suman al deterioro progresivo y acelerado de las dos últimas décadas. Esta entidad subraya que en 2023 los derechos políticos y las libertades civiles disminuyeron en 52 países, una situación que contrasta con lo ocurrido desde 1974 hasta principios del siglo xxi, cuando se produjo una constante progresión de la democracia en el mundo, según las evaluaciones anuales de Freedom House.

El impulso renovado de la autocracia resulta inquietante. El retroceso de las libertades en los últimos años implica una verdadera recesión democrática, con incremento de las dictaduras y con un frenazo súbito en la incorporación de nuevas democracias. Y, además, con regresiones autoritarias en bastantes democracias o con reducción de la calidad democrática en las sociedades más avanzadas. En los países que han sufrido una involución —pero aún mantienen estructuras democráticas—, se constatan fenómenos como la vulneración de la separación de poderes, el hostigamiento contra los medios, los ataques a los derechos de las minorías y los zarpazos al sistema electoral para garantizar la reelección.

Las perturbadoras sacudidas de la última década obligan a reflexiones profundas. La irrupción del trumpismo en Estados Unidos representa un fenómeno que ha conmocionado a los expertos internacionales, por su especial simbolismo, en el Estado más poderoso del planeta, en un país en el que hasta entonces no había habido Gobiernos de signo autoritario. En un ámbito muy distinto, las posibilidades de apertura democrática en Rusia se han evaporado con el autoritarismo creciente del régimen de Putin.

Los signos de deterioro se han ido sucediendo por todo el mundo. El ascenso al poder en Brasil por parte de Jair Bolsonaro fue una accidentada experiencia, llena de gestos despóticos, soflamas homófobas y prácticas contrarias a los valores de las instituciones democráticas. Turquía había realizado meritorios avances para homologarse a las sociedades democráticas, con expectativas incluso de ingresar en la Unión Europea, pero los sucesivos mandatos de Recep Tayyip Erdoğan la han convertido en un Estado abiertamente autoritario. En el Reino Unido lo más sorpresivo del Brexit fue que la decisión popular se adoptó principalmente a partir de las proclamas xenófobas de la ultraderecha británica, que se impuso a la línea de los partidos tradicionales.

En Hungría y Polonia se emprendieron políticas de retroceso, con enérgicas embestidas contra la separación de poderes, el pluralismo político y los derechos de las personas. Actualmente, con la llegada al poder de los nuevos Gobiernos de derecha radical de Giorgia Meloni y de Javier Milei, se mantiene la incógnita sobre la evolución del sistema democrático en Italia o Argentina. Incluso en países como Alemania, donde era impensable que volviera a articularse una extrema derecha amplia, el ascenso del nacionalpopulismo conservador resulta manifiesto. Como dato elocuente, la mayor organización política del mundo es el Partido Popular Indio, actualmente en el poder, con posiciones de derecha radical que son contrarias a los derechos de las minorías. Junto a esto, en el conjunto de los países de la Unión Europea se ha incrementado el respaldo a la extrema derecha, que ha alcanzado una destacada presencia en casi todos los Parlamentos, lo que le ha permitido participar en bastantes Gobiernos. El resultado de las elecciones europeas de junio de 2024 ha vuelto a confirmar el auge de los partidos ultraconservadores.

Por otro lado, hace poco más de un lustro, los expertos internacionales aún sostenían que el nefasto recuerdo del franquismo explicaba la ausencia relevante de partidos de extrema derecha en España. La realidad sobrevenida los ha obligado a revisar sus premisas. De hecho, ahora mismo el debate es muy distinto: la pregunta pertinente es si pueden desarrollarse procesos similares de involución democrática en España. Incluso surgen interrogantes sobre si la democracia puede llegar a estar amenazada en nuestro país. De partida, debería descartarse la posibilidad de un golpe de Estado a la antigua usanza. Nuestras fuerzas armadas se han democratizado y no se aprecian elementos de riesgo procedentes del ámbito militar. Pero no deberíamos ignorar que se están produciendo movimientos de reconfiguración social, económica y política semejantes a los ocurridos recientemente en otras partes. En un mundo cada vez más interconectado, hay patrones comunes que se replican en los más variados lugares.

Steven Levitsky y Daniel Ziblatt han planteado que hoy en día las democracias no mueren a manos de generales armados, sino de líderes electos que consiguen subvertir el proceso que los condujo al poder. Según estos autores, el riesgo principal de desmantelamiento de los sistemas democráticos no se encontraría en los golpes de Estado ejecutados de forma clásica, sino en las dinámicas de demolición autoritaria desde dentro. Los autócratas triunfantes en las urnas mantienen una apariencia de democracia, pero la van destripando hasta despojarla de contenido. Como advierte Ignacio Sánchez-Cuenca, la deriva autoritaria «se produce gradualmente, no mediante una impugnación de los principios fundacionales de la democracia, sino mediante un desmontaje pausado de sus reglas y prácticas institucionales». Las situaciones críticas en algunos países nos alertan de amenazas a las que deberíamos prestar la debida atención.

El incremento de los discursos autoritarios se produce al ser asimilados, a veces de manera entusiasta, por sectores de la ciudadanía que antes no cuestionaban los valores democráticos. Dos décadas atrás eran muy minoritarias las percepciones que ponían en duda el futuro de la democracia. Algo puede estar empezando a cambiar. Tras la Segunda Guerra Mundial, durante décadas hubo en el mundo occidental un consenso generalizado a favor del sistema democrático. Dicho consenso se basaba en una intensa identificación cultural con las reglas de la democracia y en la ausencia de alternativas significativas en sentido contrario. Sin embargo, los análisis de Yascha Mounk acreditan que durante los últimos años en bastantes países se ha acrecentado el porcentaje de personas que no consideran esencial vivir en un país gobernado democráticamente. Se trata de porcentajes que siguen siendo minoritarios, pero van peligrosamente en aumento. Y resulta preocupante constatar que son más elevados entre los más jóvenes.

La democracia pluralista ya no es tan indiscutible. A partir de la revolución digital, estamos cimentando nuestras sociedades sobre nuevas bases, de solidez incierta, que pueden incidir muy sensiblemente en nuestro sistema político. Todo se acelera a la velocidad viral de internet. Deberíamos prestar atención a esas transformaciones: como sabía Saint-Exupéry, el futuro no se puede adivinar, pero sí se puede consentir.

Lo que está en juego: la vigencia de los principios democráticos

Los riesgos sobre el futuro de la democracia deben llevar a preguntarnos acerca de su contenido, para definir con más precisión los problemas que están sobre la mesa. No basta con que un Gobierno afirme que el sistema político de su país es democrático para que lo sea. Lo más importante no son las manifestaciones de los dirigentes, sino las prácticas institucionales realizadas. La democracia representativa liberal tiene unos rasgos muy concretos. Y hay amplio consenso entre los especialistas al describir esos aspectos normativos.

La regla principal de la democracia representativa es que debe existir pluralismo político. Además, han de celebrarse elecciones periódicas, con sufragio universal, de modo que se garantice el derecho al voto de todas las personas, sin discriminación por razón de sexo, etnia o capacidad económica. En sus fases iniciales, las democracias excluyeron a las mujeres, a los racialmente diferentes o a las personas con bajos ingresos. Hoy todo eso sería impensable. Sea como sea, el pueblo es el titular de la soberanía y elige a sus representantes en las instituciones: la ciudadanía puede optar entre grupos políticos que compiten de forma legítima con la finalidad de acceder al poder. Por ello, resultará obligatorio aplicar el principio de mayoría al resultado de las elecciones.

Como argumentó Hans Kelsen, la mayoría presupone inherentemente la existencia de una minoría, que debe tener la posibilidad de convertirse en mayoría en cualquier momento. Y ello implica la protección de dicha minoría a través de un sistema de derechos y libertades. La democracia parte de la premisa de que las sociedades no son monolíticas: la pluralidad social implica necesariamente que puedan desarrollarse opciones diferenciadas.

Según plantea Kelsen, la fe en valores absolutos construye una concepción del mundo metafísica o místico-religiosa. La imposición a la sociedad de un credo concreto lleva a la autocracia en detrimento de la democracia, pues esta última se nutre de principios relativistas. Ese relativismo político se encuentra en la base de la idea democrática, en palabras del jurista austriaco. La democracia aprecia por igual las ideas políticas de todos, permite la escenificación de las diferencias, brinda la posibilidad de exteriorizarlas para conseguir el apoyo de la ciudadanía en libre concurrencia. El relativismo político es lo contrario del absolutismo.

Sin duda, un país no puede ser democrático si hay un partido único y las demás formaciones políticas están prohibidas. Y tampoco puede serlo cuando se priva del derecho al voto a una parte de su población. Desde esta perspectiva, en relación con las decisiones que les competen, los ciudadanos deben tener garantizados los derechos de libertad y contar con alternativas reales, en el marco de los espacios de discusión colectiva.

Por otro lado, debemos remarcar que no resulta suficiente que se aplique la voluntad de la mayoría para que un sistema sea democrático. Una acción de gobierno sustentada en un respaldo mayoritario, pero sin límites en su actuación, podría aplastar los derechos de las personas, sobre todo los de quienes no forman parte de esa mayoría. Giovanni Sartori destaca que la calidad democrática de un país está muy relacionada con la protección de los derechos de quienes integran la minoría. Como subraya, «si las minorías no están tuteladas, se desmorona la hipótesis de encontrar una mayoría a favor de la nueva opinión». No sería posible articular el cambio de una posición mayoritaria a otra, por lo que se mantendría siempre la misma mayoría y se quebraría la esencia del sistema democrático.

Ante los riesgos de acumulación abusiva de poder político, la democracia representativa liberal establece una serie de reglas para que nadie se apropie de las instituciones. Ese objetivo se logra a través de equilibrios, frenos y contrapesos. En palabras de Montesquieu, el poder debe frenar al poder. Para ello se fijan las reglas propias del Estado de derecho, con órganos judiciales independientes, en el marco de la separación de poderes. Además, en las sociedades democráticas, las instituciones públicas y los ciudadanos están sometidos a las leyes, que limitan sus actuaciones. Como apuntó Cicerón, para ser libres debemos ser, paradójicamente, esclavos de las leyes. En caso contrario, la seguridad jurídica se esfuma y se impone la ley del más fuerte por la vía de los hechos. La concentración excesiva de poder es el precedente habitual de las conductas institucionales abusivas. A la vez, los sistemas democráticos crean instituciones para proteger los derechos de las personas, con mecanismos que deben ser infranqueables para el propio poder estatal.

Los andamiajes formales de la democracia resultan imprescindibles. Como indicó Norberto Bobbio, en el sistema democrático las resoluciones colectivas se toman a través de una serie de reglas y en ellas se establece quién está autorizado para decidir. Álvaro Aragón argumenta que esta visión formal no nos habla de las decisiones que deben asumir los miembros de una colectividad, sino que perfila los procedimientos para la toma de decisiones. Los textos constitucionales establecen esas reglas principales, aunque también se incluyen en las leyes y en normas informales o no escritas. No hay que olvidar que en una democracia resultan inherentes las situaciones de conflicto, puesto que la pluralidad es necesariamente conflictiva. Las reglas formales permiten resolver esas diferencias a través de un sistema de normas y de instituciones que posibilitan también la adopción de las decisiones colectivas. Al contrario, en las dictaduras las reglas son irrelevantes, porque quienes mandan pueden imponer su voluntad por encima de las normas. En este sentido, Jürgen Habermas enfatiza que la racionalidad democrática requiere de una política deliberativa: las disputas argumentadas nos permiten mejorar nuestras convicciones y acercarnos a las soluciones correctas de los problemas. Por ello, resultará esencial la calidad discursiva de las contribuciones. Las disensiones son imprescindibles en una sociedad plural.

Sobre el contenido de las decisiones, como nos recuerda Robert A. Dahl, no es compatible con la democracia la existencia de autoridades tutelares no elegidas que limiten el poder para gobernar de los dirigentes electos, como puede suceder con ejércitos, confesiones religiosas o grupos económicos. Se trata de injerencias potenciales que suelen ocasionar disputas muy duras, a veces soterradas, en la actividad de los sistemas democráticos.

Por otro lado, como se ha indicado, en las democracias resulta imprescindible el respeto a los derechos humanos. Y ahí se debe hacer un especial hincapié en los derechos nucleares en una democracia, como la libertad ideológica, la libertad de expresión, el derecho a la información, la libertad de conciencia, el derecho de manifestación, el derecho de asociación o la igualdad ante la ley, entre otros. En los términos expresados por Robert A. Dahl, una de las claves principales será que haya oportunidades iguales y efectivas que permitan a todos los ciudadanos su participación en el sistema político.

Una sociedad será menos democrática en la medida en que no puedan ejercerse esos derechos y libertades. Lo mismo ocurre con la alteración partidista de las reglas básicas de procedimiento en una democracia. Esas exclusiones antidemocráticas llevan a los sombríos terrenos de los sistemas políticos autoritarios y de las dictaduras. Precisamente, la deriva autoritaria de los últimos tiempos resulta contraria a esos principios asentados de la democracia representativa: los discursos autocráticos emergentes amenazan al pluralismo político, a la libertad de expresión, a la imparcialidad de las instituciones y a la separación de poderes.

En todo caso, resulta conveniente recordar que la democracia no siempre existió en la forma actual y con las reglas anteriormente descritas. Se trata de un concepto que ha presentado significados diferentes a lo largo de los tiempos, en función de su teorización y de las características de las distintas sociedades. El eje central de esa noción de gobierno del pueblo surge por contraste con otros sistemas políticos que han estado presentes desde la Antigüedad. La democracia aparece siempre en la historia a partir del rechazo a monarquías hereditarias, tiranías personales o Gobiernos oligárquicos, que se sostenían en el poder militar o en fundamentaciones religiosas. La historia de la democracia es una epopeya apasionante sobre una idea igualitaria que se ha ido forjando a través de diversas formulaciones durante siglos.

La democracia directa de Atenas

La fascinante historia de la construcción de la democracia comenzó en Atenas. Sin duda, antes hubo algunas experiencias similares, pero no tuvieron igual envergadura, ni tampoco su precisión en la configuración ni su relevancia histórica. Del mismo modo, cuando se desarrolló la democracia ateniense, en otras partes de Grecia también se implantaron estructuras democráticas, pero fue en ciudades-Estado más pequeñas y con una proyección inferior.

Casi todo lo que hoy nos parece muy usual fue muy novedoso, sea una sartén, un reloj o un automóvil. La introducción de la democracia en Atenas provocó progresivamente enormes transformaciones que se fueron reactualizando con el tiempo, siempre desde la perspectiva de que era la mayoría del pueblo quien debía gobernar. Las estructuras democráticas griegas surgieron como reacción contra Gobiernos de minorías privilegiadas que fueron percibidas como abusivas. Además, según David Held, estas innovaciones tuvieron como trasfondo las luchas sociales derivadas de las desigualdades económicas: tales presiones forzaron a los sectores aristocráticos a efectuar concesiones que permitieron perfilar un sistema político con acentuados criterios igualitarios. Hubo un considerable esfuerzo de construcción teórica y práctica. Los mecanismos iniciales fueron bastante novedosos. Y han quedado rastros documentales de que en la Grecia clásica se comprendía claramente, incluso con efervescencia militante, que se estaban emprendiendo innovaciones muy profundas en su organización política.

No fue un experimento puntual, porque la democracia funcionó en Atenas durante casi dos siglos. Se trata de un periodo ciertamente largo. Los helenistas suelen situar el nacimiento de la democracia ateniense en el año 508 a. C. (con las reformas de Clístenes), y su final en el 322 a. C. (cuando la supremacía macedonia llevó a la supresión de las instituciones democráticas). Además, esta larga etapa tuvo un precedente importante: en las décadas anteriores se aplicaron algunas fórmulas predemocráticas a partir de las reformas legales de Solón. Esos cambios normativos establecieron una democracia censitaria, pero ya se trataba de una muestra de los valores que estaban circulando en la sociedad ateniense.

Las leyes de Solón dejaron el terreno abonado para las modificaciones institucionales que vendrían después. La amplia reforma posterior de Clístenes se centró en evitar a toda costa la concentración de poder en pocas personas, a través de unas pautas que permitían la máxima participación ciudadana en los asuntos públicos. Los ajustes añadidos por parte de Efialtes y el decisivo impulso político de Pericles acabaron plasmando las líneas maestras de un sistema democrático que, a través de equilibrios bastante complejos, aspiraba a incrementar la igualdad social.

El principal órgano soberano era una asamblea en la que podían participar todos los ciudadanos atenienses. Se reunía periódicamente de forma ordinaria. Al menos una vez al mes, millares de ciudadanos se congregaban en una gran explanada. Allí, personas de todas las clases sociales —artesanos, comerciantes, campesinos o aristócratas— se relacionaban en condiciones de igualdad para deliberar y votar sobre los asuntos públicos. Las resoluciones más importantes de la polis no eran aprobadas por representantes de los atenienses, sino directamente por la ciudadanía. La asamblea analizaba las cuestiones de interés, acordaba las leyes y adoptaba decisiones políticas que luego ejecutaban los cargos públicos.

Esas resoluciones ciudadanas colectivas de carácter directo representan una indudable diferencia con el funcionamiento de los actuales sistemas democráticos. Pero hay otra divergencia igualmente relevante: los atenienses desconfiaban del sistema de nombramiento de los cargos públicos a través de elecciones con candidaturas. Como indica Bernard Manin, pensaban que las desigualdades sociales beneficiarían a los más poderosos, al contar con mayor capacidad de influencia para obtener adhesiones. Además, los atenienses también recelaban de la profesionalización de los cargos públicos.

Por regla general, los cargos públicos se elegían por sorteo y el mandato era de un año, sin posibilidad de reelección. En palabras de Francisco Rodríguez Adrados, la elección por azar igualaba a aristócratas, artesanos y agricultores. Además, el sistema ateniense tampoco confiaba en los cargos unipersonales. La premisa más asumida era que la ausencia de fiscalización podía abrir la puerta a los abusos. Y, desde esa perspectiva, se apostó por estimular la participación ciudadana, como un elemento de civismo en beneficio de la comunidad. Cada año se nombraba a más de un millar de cargos para los más diversos órganos, que no actuaban de forma individual, sino colegiada. Entre esos organismos cabe citar los dedicados a las funciones de vigilancia del territorio, a la gestión del comercio en los mercados, al mantenimiento de los caminos, al abastecimiento de agua o a la administración del culto, entre otros. Como pone de manifiesto John Keane, en la democracia ateniense sus ciudadanos tenían la percepción de que se gobernaban como iguales.

Al frente de la gestión de la polis se encontraba un órgano central de coordinación, el Consejo de los Quinientos. Sus integrantes también eran designados por este sistema aleatorio, y se encargaba de preparar las asambleas y dirigir sus sesiones. Del mismo modo, los miembros de los distintos tribunales (siempre órganos colegiados y con amplia participación de varios centenares de miembros) se nombraban por sorteo entre los ciudadanos, por un año no prorrogable, por lo que no eran juristas profesionales.

Por otro lado, la democracia ateniense estableció los más diversos mecanismos de supervisión. Los cargos debían rendir cuentas al finalizar el mandato. Durante el periodo anual, también podían ser destituidos por la asamblea. Y, además, podían ser sancionados por negligencia o por actuaciones dolosas contrarias a las leyes. Al no poder repetir en la mayor parte de los puestos, una de las consecuencias del sistema ateniense era que casi todos los ciudadanos desempeñaban algún cargo público anual a lo largo de sus vidas. Había una rotación equitativa en el poder. En palabras de Giovanni Sartori, se trataba de una configuración horizontal y no vertical de la política, en la que gobernados y gobernantes se intercambiaban, por turnos, los papeles.

En relación con las facultades de deliberación, cualquier persona podía tomar la palabra en la asamblea, solicitar la inclusión de puntos en el orden del día, plantear propuestas de nuevas leyes o hacer peticiones de actuación al Consejo. Estos mecanismos de participación política directa, en el contexto de la potestad soberana de las asambleas, fortalecieron una notable identificación de la ciudadanía ateniense con el sistema democrático, así como un extendido rechazo social a quienes defendían sistemas oligárquicos o tiránicos. Según Laura Sancho, los griegos percibían con orgullo que otros pueblos eran súbditos de tiranos, mientras que para ellos la vida de la polis era gestionada por ciudadanos libres, sometidos únicamente a las leyes.

Había dos cargos públicos que constituían una excepción a la regla general del nombramiento anual por sorteo y sin posibilidad de reelección. Eran los generales y los responsables de la tesorería. El argumento que fundamentaba la configuración diferenciada era el carácter técnico de tales magistraturas. Estos cargos se elegían en votación popular con mandato de un año y podían prorrogarse. Al mismo tiempo, en cualquier momento podían ser sancionados o destituidos por la asamblea, al igual que los restantes cargos públicos.

Hoy puede ser difícil imaginar esas dinámicas asamblearias en las que participaron miles de personas durante casi dos siglos. Las estimaciones oscilan en fijar entre treinta mil y sesenta mil el número de ciudadanos con derecho a voto en las asambleas de Atenas, aunque resulta complicado establecer cuántos de ellos comparecían habitualmente. Como dato ilustrativo, sabemos que para algunas votaciones se estableció un *quorum* mínimo de seis mil asistentes. Además, este sistema asambleario de multitudinarias reuniones periódicas tuvo durante ese largo tiempo una arraigada normalidad institucional. Esta concepción del ciudadano muy activo en asuntos políticos era para los atenienses algo ordinario, aunque hoy nos pueda parecer bastante extraordinario.

Sin duda, no era un sistema democrático como el actual. En palabras de John Keane, Atenas era una «democracia sin partidos». No había organizaciones políticas, con estructura estable, ni representantes en las instituciones. Sí que había facciones, sin organización permanente, con modos de funcionar informales y espontáneos, que actuaban con criterios de oportunidad y de lealtad a determinados líderes, aunque esas afinidades podían ser bastante cambiantes. Las discrepancias afectaban a posicionamientos dispares sobre la gestión de la democracia. Los puntos de colisión estaban conectados con las fórmulas de participación en el sistema político, con las aportaciones económicas a las arcas públicas de los más pudientes y con la intervención de Atenas en las distintas guerras.

Debemos destacar que, en esta forma de democracia participativa, la persuasión a través de la oratoria era fundamental. En Atenas la retórica empieza a estudiarse como ciencia y como arte. Era primordial conmover, convencer y seducir a las masas congregadas en las asambleas. En ese sentido, Pericles se convirtió en el líder más influyente de la democracia ateniense. Fue la figura política más eminente durante tres décadas. Los cronistas de la época destacaron su autoridad moral, la racionalidad de sus argumentos y su carácter ilustrado. Que durante bastantes años ocupara el cargo de general, y que fuera reelegido en numerosas ocasiones, le permitió una proyección muy duradera. Como indica Laura Sancho, las palabras de Pericles que han quedado documentadas describen los valores esenciales de la democracia ateniense, al subrayar el equilibrio entre igualdad y mérito, y entre libertad y respeto a la ley.

Los textos coetáneos reflejan que la democracia de Atenas fue un terreno muy abonado para las aportaciones cívicas, la reflexión existencial, el debate ciudadano. Se trata de una etapa de una fecundidad creativa fuera de lo común. No parece casualidad que precisamente en la etapa democrática se gestara el sobresaliente legado histórico de la Grecia clásica en la filosofía, la ciencia, la arquitectura, el arte o el teatro.

En esos dos siglos siempre hubo detractores entre los sectores aristocráticos hacia esa amplia participación ciudadana directa, pero habitualmente quedaron relegados a posiciones minoritarias. Esas resistencias se superaron en las décadas iniciales de construcción del sistema democrático, pero volvieron a agudizarse en su máxima extensión con la implantación del llamado Gobierno de los Treinta Tiranos, que duró cerca de un año, tras una especie de golpe contra la democracia que tuvo lugar en 404 a. C. Este poder oligárquico se constituyó tras la guerra del Peloponeso, con la complicidad de la antidemocrática Esparta, como un pacto entre las élites económicas de ambas polis. Las enraizadas convicciones democráticas de los atenienses derrocaron a los gobernantes que durante ese paréntesis intentaron anular buena parte de las instituciones creadas anteriormente.

La extrapolación del sistema ateniense a nuestros tiempos resulta imposible. Era una democracia en la que solo podían participar los hombres libres mayores de edad. Se excluía a los esclavos y a las mujeres, lo cual posibilitaba a los ciudadanos dedicar bastante tiempo a los asuntos públicos. Tampoco estaba permitida la participación de los extranjeros residentes en Atenas. En todo caso, es conveniente subrayar que ese tipo de exclusiones se producían en aquella época en los más diversos territorios, ya estuvieran gobernados por oligarquías, aristocracias o monarquías.

Además, determinadas injusticias del sistema ya fueron cuestionadas entonces por algunos atenienses. Las críticas de Platón ejercieron una enorme influencia en los siglos posteriores y los sucesivos pensadores contrarios a la democracia no dudaron en valerse de ellas. En una sociedad en la que no existía la noción de los derechos humanos, Platón anticipó los problemas de la «tiranía de la mayoría», que quedaron escenificados trágicamente en la condena a muerte de su maestro, Sócrates, dictada por un tribunal popular asambleario formado por centenares de personas. En algunos de sus *Diálogos*, el filósofo ridiculizó la falta de cualificación de los atenienses nombrados para determinados cargos en virtud del sistema aleatorio de designación. Al seguir parcialmente la estela de Platón, su discípulo Aristóteles advirtió de los riesgos de la demagogia y de las posibilidades de manipulación de las masas, aunque desde una perspectiva crítica de la democracia ateniense más matizada que la de su maestro.

Cabe añadir las dificultades de aplicación de un sistema de democracia directa en territorios de cierta extensión y en sociedades muy complejas como las actuales. En todo caso, las transformaciones tecnológicas en marcha sí que podrían favorecer determinados instrumentos de participación ciudadana directa, inspirados en la experiencia ateniense. Hay debates actuales sobre la crisis de la democracia que presentan notables paralelismos con algunas de las discusiones mantenidas hace más de dos milenios en las asambleas multitudinarias de la Grecia clásica.

Como indica David Held, en Atenas se concibió la idea de que los seres humanos pueden ser ciudadanos muy activos de su Estado y no meros súbditos sumisos de un soberano. Sus enseñanzas, sus debates, sus contradicciones, sus insuficiencias y sus conflictos internos pueden ser muy útiles para entender problemas contemporáneos del sistema democrático. En todo caso, desde una perspectiva etimológica e histórica, siempre deberíamos tener presente que la palabra *democracia* (en griego clásico, 'gobierno del pueblo') surgió de la experiencia ateniense.

De Roma a la democracia representativa

La democracia ateniense no tuvo continuidad literal, pero sus perspectivas igualitarias no dejaron de reformularse en las formas más variadas. La idea del gobierno del pueblo siguió siendo una aspiración en las sucesivas etapas históricas, aunque con concepciones distintas, y la tensión de estas aspiraciones con las pretensiones oligárquicas o monárquicas estuvo siempre presente.

En paralelo con la experiencia de Atenas, la República romana nació tras el derrocamiento de la monarquía por parte de la aristocracia en el año 509 a. C. Fueron los patricios quienes iniciaron este proceso. Y optaron por excluir a la plebe del gobierno y de los derechos políticos. Las pugnas con los plebeyos fueron constantes durante casi dos siglos, hasta que se organizaron instituciones que tenían como objetivo proteger a la plebe y se alcanzó la igualdad política en algunos aspectos. Sin embargo, a diferencia de la democracia ateniense, no se establecieron en Roma estructuras institucionales igualitarias: los clanes aristocráticos disfrutaron siempre de una posición preponderante y nunca se plantearon renunciar a ella.

Los organismos de la República romana se inspiraron en ideas democráticas, pero funcionaron principalmente a través de criterios de elección representativa. El órgano central no era una asamblea popular, sino el Senado. Aunque muchas de sus competencias eran formalmente consultivas, en la práctica adoptaba las principales decisiones, sobre todo en cuestiones muy relevantes o de carácter militar, al no ser discutida su autoridad por los cargos públicos. Los senadores se elegían democráticamente de forma indirecta, porque con anterioridad debían haber ocupado alguna de las principales magistraturas electivas. El Senado estaba compuesto por unos trescientos miembros, aunque su número aumentó en algunas etapas. El nombramiento vitalicio de sus integrantes le daba al Senado un sentido permanente. Esa continuidad lo diferenciaba de los cónsules y de otros cargos con mandato temporal.

Además, para poder desempeñar funciones públicas en Roma había que ser ciudadano y disponer de una determinada capacidad económica. El contraste con la democracia griega resultaba notable: al Consejo de los Quinientos de Atenas se accedía por sorteo, sin distinción de clase social. Asimismo, las decisiones se adoptaban directamente en la asamblea, en la que podían participar todos los ciudadanos.

Los integrantes de las magistraturas romanas eran elegidos por votación y no por sorteo, y existía una carrera política o *cursus honorum*: se debía pasar por unas responsabilidades institucionales antes de llegar a otras. Los cargos se designaban en los comicios, que eran el equivalente a la asamblea ateniense, aunque con unas facultades más limitadas. Por otro lado, en los comicios centuriados, en los que se elegía a los integrantes de las principales magistraturas, solo podían participar en las votaciones los ciudadanos romanos con determinados niveles de renta. Junto a esto, como indica Bernard Manin, los electores de las clases más bajas no podían postularse para ejercer cargos públicos; sus facultades quedaban limitadas a elegir candidatos de los estratos sociales superiores. Al igual que en todos los territorios de la época, las mujeres y los esclavos estaban excluidos de los derechos de ciudadanía.

El poder ejecutivo principal en la República romana lo desempeñaban dos cónsules, que debían actuar por consenso, en un meditado juego de equilibrios que también se producía en relación con las demás instituciones. Eran elegidos democráticamente por el plazo de un año. Los equilibrios se completaban con la figura del tribuno de la plebe, que contaba con la facultad de vetar determinadas resoluciones de los cónsules, de otros cargos públicos o del Senado si estimaba que resultaban lesivas para los intereses de los plebeyos. En referencia a la aprobación de las leyes, previa consulta al Senado, los cónsules las sometían al comicio asambleario correspondiente para su ratificación.

Como señala Francisco Rodríguez Adrados, el sistema romano era oligárquico y las luchas internas fueron constantes entre las élites rivales. El asesinato en el año 44 a.C. de Julio César, tras haber accedido a la dictadura, puso fin a la República romana. El nuevo imperio fue desmantelando o vaciando de contenido las instituciones republicanas. Y optó por verticalizar los órganos políticos, con una ilimitada concentración de poder en la cúspide imperial, con lo que puso fin a los equilibrios anteriores, en el marco de constantes conquistas militares.

Varios siglos después, la descomposición posterior del Imperio romano dio lugar a numerosas monarquías. Los sistemas políticos jerarquizados se habían impuesto y apenas hubo nuevas experiencias democráticas. La extensión del cristianismo como religión oficial durante el imperio, así como las aportaciones de algunos de sus principales pensadores, tuvo grandes repercusiones en favor de la monarquía como forma de gobierno. David Held destaca que fue notable el ascendiente de san Agustín y su obra *La Ciudad de Dios* en la implantación de sistemas teológicos que afirmaban «la superioridad del poder eclesiástico sobre el secular». En palabras del sociólogo británico, fueron muy influyentes en la Europa medieval las visiones religiosas en las que se instaba a los cristianos a no centrarse en las nimiedades de la vida temporal. Estas concepciones llevaron a la consolidación de monarquías marcadamente tuteladas por las autoridades religiosas.

A partir de los siglos XI y XII, determinados cambios sociales favorecieron la configuración en el norte de Italia de ciudades-república independientes, que se apartaron de la supremacía papal, imperial o nobiliaria. Buscaron formas de organización democrática y eligieron a los integrantes de sus propios consejos de gobierno y a sus cargos públicos ejecutivos. En ciudades como Florencia, Venecia, Siena o Padua, se volvió a reflexionar sobre la organización de la comunidad política, desde el autogobierno y descartando los mecanismos monárquicos.

La regla general en las repúblicas italianas medievales y renacentistas fue la organización de una democracia censitaria. Robert A. Dahl remarca que, en estas experiencias republicanas, al principio los derechos políticos solo podían ser ejercidos por miembros de las clases altas, como nobles o terratenientes. Pero posteriormente las luchas sociales internas acabaron incorporando a integrantes de lo que podríamos denominar las clases medias, como nuevos ricos, mercaderes, banqueros y artesanos cualificados, entre otros.

Como explica Bernard Manin, en las repúblicas independientes italianas se experimentó con las más diversas combinaciones de elección representativa y de nombramiento por azar para los cargos públicos: en Florencia la designación parcialmente aleatoria fue una de las claves del sistema y en Venecia se practicaron formas de sorteo hasta 1797. En los debates internos sobre si mantener la designación por azar, destacó el argumento de que era una forma neutra de eludir las luchas intestinas entre rivales. También en las repúblicas italianas se aplicaron fórmulas de rotación en los cargos, con prohibiciones de repetición que evitaban la profesionalización en las funciones públicas.

A la vez, las transformaciones sociales del final de la Edad Media y del inicio del Renacimiento llevaron en casi toda Europa a unificaciones territoriales y a sistemas de monarquía absoluta, incompatibles con las experiencias republicanas democráticas a pequeña escala. Como pone de manifiesto David Held, los Estados absolutos constituyeron gobiernos con un único jefe soberano, absorción de territorios, incremento de la burocracia estatal, ampliación de la administración fiscal y métodos estrictos de coerción en el mantenimiento del orden. Seguía considerándose que la voluntad del monarca estaba amparada por el derecho divino.

No obstante, los reyes convivieron con las primeras experiencias del parlamentarismo. En palabras de Dahl, para que los monarcas pudieran imponer tributos, sostener un ejército o redactar leyes debían contar con la implicación de la nobleza, del alto clero y de los ciudadanos más acomodados, a través de Parlamentos estamentales. Ese sería el origen de las posteriores prácticas representativas democráticas.

Con el tiempo, los sistemas absolutos empezaron a ser cuestionados desde dos ámbitos. En primer lugar, la Reforma protestante desafió la autoridad papal y también las bases de la obediencia política; como apunta Held, las enseñanzas de Lutero y Calvino llevaban a apartarse de las directrices de la Iglesia en la interpretación de la voluntad divina, lo cual convertía al individuo en dueño de su destino, con importantes consecuencias en las reflexiones políticas posteriores. En segundo lugar, en Inglaterra y en Holanda se configuraron monarquías constitucionales, con fundamentos contrarios a los principios absolutistas que regían en España, Francia, Prusia, Austria o Rusia, entre otros países.

El Parlamento originario de la Inglaterra medieval evolucionó hasta conceder un poder creciente a los ciudadanos para que influyeran en la aprobación de las leyes en la Cámara de los Comunes, a través de mecanismos de configuración representativa democrática, aunque restringidos a personas de determinada capacidad económica. El progresivo empoderamiento del Parlamento llevó a la Revolución inglesa del siglo XVII y a la fijación de limitaciones constitucionales a la autoridad de la Corona.

En este contexto, John Locke elaboró su conocida teorización acerca del liberalismo político en su *Ensayo sobre el gobierno civil*. Según la formulación del filósofo inglés, en el estado de naturaleza los seres humanos son libres e iguales, y tienen derecho a la vida, a la libertad y a la propiedad. Los riesgos de que se vulneren estos derechos justifican un contrato social que genere una sociedad política, con un Gobierno que proteja a los gobernados. Pero la soberanía reside en el pueblo, como subraya Locke, lo cual supone implícitamente la superioridad del Parlamento sobre el rey. El poder legislativo aprueba las leyes desde una composición representativa y el poder ejecutivo debe hacer cumplir esas normas, pero siempre en nombre del pueblo. Por su lado, la legitimidad de un Gobierno se sostiene por el consentimiento de los gobernados y no mediante mandatos divinos. Según Locke, ante actos políticos tiránicos que incumplan el contrato social, la rebelión está justificada.

David Held enfatiza que los planteamientos de Locke fueron determinantes para cimentar el liberalismo político y para allanar el camino para la tradición del gobierno popular representativo, pero todavía faltaba el paso definitivo de la teorización de la división de poderes, que llegaría gracias a la aportación de Montesquieu. Desde su disconformidad con la Francia absolutista de Luis XIV, Montesquieu siguió la estela de Locke y se propuso teorizar acerca de un sistema político respetuoso con la libertad y que, además, evitara los abusos de poder y los privilegios injustificados. En una de las afirmaciones más célebres de *El espíritu de las leyes*, sostuvo que es una experiencia eterna que todo ser humano que ejerce el poder siente la inclinación de abusar de él, por lo que resulta necesaria la fijación de límites, para que dicho poder tenga contrapesos. Se formulaba así el concepto de los equilibrios institucionales propios de la separación de poderes, entre ejecutivo, legislativo y judicial.

Para Dahl, las ideas de Montesquieu tuvieron una gran influencia en los padres de la Constitución de Estados Unidos para proyectar una república «que fuera capaz de retener las virtudes del sistema inglés sin los vicios de la monarquía». Se trataba de formulaciones teóricas que hasta entonces carecían de aplicación práctica. Según Francis Fukuyama, los redactores del texto constitucional norteamericano estaban muy sensibilizados con los riesgos del cesarismo, que había llevado a la caída de la República romana; por ello, apostaron por las ideas del filósofo francés para establecer «un sistema de controles y equilibrios que distribuiría el poder y bloquearía su concentración en un solo líder».

Las bases de la democracia representativa liberal ya habían quedado fijadas en el marco de las ideas emancipadoras de la Ilustración. En palabras de Norberto Bobbio, el camino hacia la democracia liberal se recorrió a través de una progresiva erosión del poder absoluto del rey y, en periodos históricos de crisis aguda, mediante rupturas revolucionarias. Los efectos de la revolución estadounidense se expandieron a la Revolución francesa, con sus propias particularidades más radicalizadas, y a otros procesos que liquidaron el Antiguo Régimen en los más diversos países. La quiebra con el feudalismo y con los privilegios estamentales anteriores se materializó a través de solemnes proclamaciones de igualdad ante la ley y de igualdad de derechos entre todas las personas.

Tanto los revolucionarios norteamericanos como los franceses miraron hacia las enseñanzas del pasado. Y optaron por rechazar la democracia directa y la elección por sorteo del sistema ateniense. Ahí pesaron bastante las críticas de Platón, Aristóteles y otros filósofos posteriores. Y también las necesidades de articulación de un sistema democrático en territorios más extensos que el de la antigua ciudad-Estado. En consecuencia, se interesaron más por los instrumentos representativos, con distribución de funciones, que se practicaron en la antigua República romana. Además, como explica Norberto Bobbio, la implantación de las nuevas democracias estuvo acompañada de la prohibición del mandato imperativo, lo cual se convirtió en un principio esencial del sistema parlamentario, al fortalecer la función de los representantes.

Las democracias representativas se expandieron en el siglo XIX. Empezaron a constituirse partidos políticos, que se convirtieron en piezas indispensables del tablero democrático. Las luchas por la extensión de los derechos atacaron el sistema censitario, que solo permitía la participación democrática a partir de unos niveles de renta. Tras muchas batallas, acabó consolidándose el sufragio universal masculino y unas décadas más tarde, ya en el siglo XX, las mujeres también pudieron ejercer el derecho de voto.

La propagación de la democracia se enfrentó a numerosos conflictos. Hubo todo tipo de avances y retrocesos. Los herederos políticos del Antiguo Régimen se organizaron en corrientes reaccionarias antiparlamentarias, mientras que, en un ámbito distinto, surgieron movimientos revolucionarios, inspirados en el marxismo y el anarquismo, que denunciaron las injusticias sociales que no resolvía el sistema democrático. En el siglo XX, en el contexto de los grandes conflictos bélicos que asolaron el mundo, las posiciones que impugnaban el sistema democrático llegaron a debilitarlo muy seriamente, con la expansión del estalinismo y el auge de los partidos fascistas en Alemania, Italia o España, entre otros países.

La democracia representativa pluralista se mantuvo contra viento y marea tras la derrota de los fascismos y el hundimiento del bloque soviético varias décadas después. El sistema democrático se siguió configurando con las características complementarias que hemos descrito anteriormente. Las desigualdades existentes se intentaron resolver en bastantes países a través del Estado social y democrático de derecho, como veremos más adelante. Con la llegada del siglo XXI, las grandes transformaciones económicas, sociales y tecnológicas provocadas por la revolución digital han vuelto a plantear situaciones que ponen en riesgo la democracia. Entender el alcance de los principios democráticos, que aquí hemos intentado exponer, puede ayudar a detectar mejor todas esas situaciones de peligro.

Las dificultades de construcción de la democracia en España

Nuestro país no se encuentra entre los pioneros en contribuciones doctrinales al sistema democrático. Las transformaciones para acabar con el Antiguo Régimen fueron tardías, dubitativas y dificultosas. Con posterioridad, los golpes militares y las dictaduras frenaron de forma reiterada los intentos de afianzar una democracia en España. En cambio, hay una aportación histórica relevante que no ha sido demasiado divulgada. Según explican destacados expertos en historia de la democracia como John Keane, en el reino de León se originó un parlamentarismo que siglos después se convertiría en el embrión de las instituciones democráticas. Las primeras Cortes conocidas se constituyeron en 1188, a instancias del rey Alfonso IX, en la basílica de San Isidoro, en León. Para financiar los esfuerzos de la guerra, el monarca decidió convocar un órgano consultivo formado por tres estamentos, correspondientes a nobles, obispos y ciudadanos ricos, en representación de las ciudades. En palabras de Keane, esta configuración parlamentaria se acabaría extendiendo por toda Europa, con el lema «no hay impuestos sin representación». Según la Unesco, las Cortes de León de 1188 representan el testimonio documental más antiguo del sistema parlamentario europeo.

Tras la unificación de los distintos reinos peninsulares, la monarquía absoluta funcionó en España con escasas limitaciones. Las Cortes tuvieron un papel muy testimonial. La penetración del protestantismo fue mínima, al convertirnos en uno de los adalides más fervorosos de la Contrarreforma. El enorme poder de la Iglesia católica, auxiliada por los centinelas implacables de la Inquisición, dificultó la circulación en nuestro país de las corrientes europeas de pensamiento crítico.

La Ilustración no desencadenó en la península demasiados efectos aperturistas, más allá del paternalismo condescendiente del despotismo ilustrado. España tampoco se vio afectada directamente por las rupturas revolucionarias democráticas y burguesas de finales del siglo XVIII. Como apunta Quintí Casals, las élites aristocráticas, religiosas y sociales de nuestro país se esforzaron por presentar la democracia como «un gobierno desacreditado, sinónimo de tiranía plebeya y, sin duda, peligrosamente desestabilizador del orden social».

Tuvieron que concurrir unas circunstancias muy excepcionales para que el inicialmente débil liberalismo español pudiera tomar la iniciativa. Esa situación extraordinaria tuvo lugar a partir de la invasión napoleónica de 1808, que acabó precipitando el primer impulso democratizador en nuestro país. El ejército francés ocupó Madrid y la familia real fue secuestrada y llevada a Francia. Las tropas de Napoleón se desplegaron por gran parte del país, pero encontraron resistencias muy enconadas, al levantarse una fuerte oposición popular contra el invasor. En la zona no ocupada por los franceses, se requerían mecanismos para defender el territorio y garantizar la gestión administrativa, ante el vacío de poder existente. Estas necesidades avivaron una intensa movilización popular. Como explica Francisco Tomás y Valiente, en la lucha contra los franceses se activó ampliamente «un movimiento revolucionario contra el absolutismo político y en términos más profundos contra las bases del Antiguo Régimen».

La nobleza y el alto clero se vieron desbordados ante el estallido de multitud de juntas locales y provinciales que proclamaban la soberanía nacional para el pueblo, con integrantes elegidos democráticamente. Lograron coordinarse a través de una Junta Central del Reino, que intentó ejercer funciones gubernativas en el territorio no controlado por las tropas napoleónicas. A partir de ahí, se acordó constituir unas Cortes extraordinarias, que acabarían siendo constituyentes, y cuyo objetivo era la reorganización política del país. En contraste con los anteriores cónclaves históricos con tres brazos diferentes, se constituyó en Cádiz un parlamento unicameral en 1810, con representantes no designados por estamentos, sino elegidos democráticamente. Tras debates muy vehementes, en una ciudad asediada por el enemigo, se aprobó nuestra primera Constitución el 19 de marzo de 1812, día de San José, razón por la que fue popularmente conocida como la Pepa.

El texto constitucional respondía plenamente a la influencia del liberalismo más avanzado de la época. Estableció el sufragio universal masculino en la primera fase de la elección de compromisarios para nombrar diputados, aunque los elegibles debían contar con cierta capacidad económica. Articuló un sistema de división de poderes con marcados equilibrios institucionales: el poder ejecutivo correspondía al rey, que nombraba a los miembros del Gobierno; el poder legislativo era ejercido por el Parlamento, y el poder judicial era aplicado por los tribunales. Además, la Constitución de 1812 hizo especial hincapié en subrayar que las atribuciones del rey eran limitadas: la soberanía residía en la nación y las Cortes eran quienes la representaban. Era la primera muestra de afirmación de la soberanía nacional, en contraste con las ideas anteriores de lealtad al rey, aunque ambas concepciones acabaran chocando y generando fricciones en los textos constitucionales del siglo XIX, como indica José Álvarez Junco.

En la Constitución de Cádiz se indicó literalmente en uno de los preceptos que «la nación española es libre e independiente y no es ni puede ser patrimonio de ninguna familia ni persona». En palabras de Alán Barroso, se trataba de una apuesta por desprivatizar España y darle profundidad a un país que hasta entonces había sido de unos pocos. Se plasmaba así el indudable propósito de sepultar la sociedad estamental absolutista. Tomás y Valiente destaca que la delimitación constitucional del poder ejecutivo atribuido al monarca estaba muy inspirada en las ideas de Locke y Montesquieu. Además, el texto constitucional estableció la libertad de expresión, la libertad de imprenta, la libertad personal y la inviolabilidad del domicilio. También abolió la tortura y proclamó la igualdad ante la ley, con supresión de privilegios medievales, como la prueba de nobleza para acceder a funciones públicas.

La Constitución de Cádiz estuvo vigente hasta la derrota de los franceses y el regreso del rey en 1814. Con el apoyo de las élites más conservadoras, Fernando VII se negó a jurar el texto constitucional, que fue derogado con contundencia, por lo que se produjo el retorno a la monarquía absoluta. Como apunta Antonio Torres del Moral, fue la primera ruptura en España de un régimen constitucional, «protagonizada nada menos que por un monarca que conservaba la corona —incluso dignificada y legitimada— precisamente gracias a los autores de dicho régimen».

Unos años después se repitió en parte la historia, a partir de la experiencia del Trienio Liberal (1820-1823). Se inició con el pronunciamiento del teniente coronel Rafael del Riego para proclamar la Constitución de 1812, a quien respaldaron numerosas guarniciones militares. Fernando VII se vio obligado a jurar el texto constitucional de Cádiz. Y pronunció sus conocidas palabras en un solemne *Manifiesto a los españoles*: «Marchemos francamente, y yo el primero, por la senda constitucional». Se volvieron a celebrar elecciones a Cortes y se aplicaron buena parte de las estructuras constitucionales, en un contexto de agudas tensiones entre los sectores absolutistas y liberales.

Los intentos de desarrollar el liberalismo democrático en el trienio fueron aplastados con aspereza. Resultó decisiva la aparatosa ayuda del rey de Francia a Fernando VII para que pudiera liquidar el sistema constitucional español, a través del envío de un potente ejército, conocido como los Cien Mil Hijos de San Luis, que invadió nuestro territorio. La Constitución de Cádiz volvió a quedar abolida. Y Rafael del Riego fue ejecutado en la horca. Se inició la llamada Década Ominosa, que duró hasta la muerte en 1833 de Fernando VII, y en la que se produjo una durísima represión, hubo numerosos ajusticiamientos y, además, se vieron forzados a marcharse de España miles de exiliados que recalaron en los más diversos países europeos.

El final de la etapa de Fernando VII dio la oportunidad al liberalismo democrático de relanzar su lucha contra el absolutismo. Los liberales defendieron que la Corona recayera en Isabel, la hija del anterior monarca, que entonces contaba con tres años de edad, y consiguieron imponerse al infante Carlos, pretendiente al trono y hermano de Fernando VII, que representaba la continuidad del absolutismo y contaba con numerosos partidarios. Este conflicto por la herencia dinástica fue el germen de las guerras carlistas.

Los liberales lograron tomar las riendas del país, respaldados desde sus propios intereses por la regente María Cristina de Borbón-Dos Sicilias, madre de la reina. Pronto se generaron desavenencias entre la regente y el liberalismo más democrático. Tras la aprobación inicial del Estatuto Real de 1834, como conjunto de reglas básicas de funcionamiento institucional que no reconocían la soberanía nacional, tuvo lugar el motín de La Granja, en el que los liberales restablecieron la vigencia de la Constitución de Cádiz, con la finalidad de aprobar un nuevo texto constitucional, lo cual tendría lugar en 1837.

El periodo isabelino, comprendido entre 1833 y 1868, estuvo dominado por dos grandes formaciones liberales, el Partido Moderado y el Partido Progresista, que a su vez se fueron dividiendo en multitud de facciones desordenadas, aunque algunas llegaron a alcanzar bastante notoriedad, como la Unión Liberal. Las particularidades de la Primera Guerra Carlista otorgaron un papel desmesurado en la vida política del liberalismo a los militares más destacados, muy alineados con cada uno de los bandos políticos. Los años de predominio progresista estuvieron vinculados al general Espartero, mientras que los tiempos de hegemonía de los moderados tuvieron como protagonista al general Narváez. A medio camino entre ambos, el general O'Donnell fundó la Unión Liberal, con la que desempeñó las máximas responsabilidades de gobierno, principalmente en la última década del periodo isabelino.

Las frecuentes pugnas entre estas facciones políticas, la hiperactividad del intervencionismo militar y la fragilidad de las instituciones democráticas dificultaron el arraigo del sistema liberal. Fueron continuos los golpes, algaradas, presiones y pronunciamientos militares, de uno y otro bando. A pesar de la celebración de elecciones, el funcionamiento de las instituciones democráticas en este periodo fue marcadamente irregular, a causa de las interrupciones anómalas de todo tipo causadas por los partidos liberales. Moderados, progresistas y unionistas derrocaron abruptamente Gobiernos, suspendieron derechos constitucionales y en algunas situaciones conflictivas persiguieron a sus rivales de las más variadas formas.

Asimismo, aunque los liberales dejaron atrás el absolutismo, tanto el texto constitucional de 1837 como el de 1845 representaron retrocesos democráticos en relación con la Constitución de Cádiz. Las dos constituciones del periodo isabelino descartaron el sufragio universal y prefirieron un sistema de voto censitario con bastantes restricciones de participación democrática. Solo podía votar una minoría muy reducida que no llegó a superar el 5 por ciento de la población. En palabras de Casals, a pesar de que en esta etapa la libertad de expresión fue mayor que durante el absolutismo, en el periodo isabelino la sociedad liberal fue elitista y excluyente. Además, ambas constituciones diluyeron el principio de soberanía nacional para otorgar más poder a la Corona en la función legislativa. Como indica Francisco Tomás y Valiente, la debilidad social de la burguesía progresista y la falta de apoyos populares explican esta insuficiencia de los avances constitucionales.

En los últimos años de este periodo, la tendencia cada vez más conservadora de los Gobiernos del general Narváez, quien recibía el favor indisimulado de la reina Isabel II, provocó en los progresistas un descontento cada vez más amplio, al que se sumó la Unión Liberal después de la muerte de O'Donnell. Según apunta Antonio Torres del Moral, tras muchos años desplazadas del poder, las facciones críticas empezaron a concebir una ruptura total con el régimen. Así fraguaron los actos preparatorios que desembocaron en la llamada Revolución Gloriosa de 1868. Esta operación para derrocar a Isabel II parecía una insurrección más, como tantas otras intentonas fallidas desordenadas que habían fracasado anteriormente. Sin embargo, como aclara Francisco Tomás y Valiente, el éxito del alzamiento se explica por no haberse limitado en sus adhesiones a la alta burguesía, pues consiguió extenderse a amplias capas de la ciudadanía, con la participación de comerciantes, menestrales, profesionales liberales, artesanos y bastantes sectores del proletariado urbano. También debe añadirse en el plano ideológico la aparición de un republicanismo incipiente muy activo. La amplitud de esas lealtades revolucionarias debe atribuirse al malestar social causado por el empeoramiento de las condiciones económicas.

El almirante Topete y los generales Prim y Serrano efectuaron un pronunciamiento que sublevó a numerosos regimientos y a buena parte de la Armada. A la vez, en muchas ciudades se organizaron juntas revolucionarias que asumieron el poder. Tras las primeras victorias militares de los sublevados, la reina Isabel II abandonó el país. Se abría así el llamado Sexenio Democrático o Sexenio Revolucionario (1868-1874), en el que se nombró un Gobierno provisional, formado por los líderes de las principales agrupaciones que habían protagonizado el alzamiento.

Las elecciones a Cortes constituyentes dieron mayoría a los progresistas y a los unionistas, y, por primera vez, los republicanos consiguieron una representación importante. El nuevo Parlamento aprobó la Constitución de 1869, que regulaba un avance muy significativo en materia de separación de poderes, democratización de las instituciones y configuración sistemática de un catálogo de derechos, que incluía la libertad de culto. Se volvió a incorporar el sufragio universal masculino, ausente desde la Constitución de 1812. El texto constitucional apostaba por una monarquía parlamentaria, con una regulación muy detallada de las funciones de la Corona, cuyos poderes se veían limitados. De manera clara, se estableció que la soberanía nacional residía en el pueblo, representado por el Parlamento.

Como era previsible, surgieron dificultades para entronizar a un nuevo rey, ante la negativa generalizada a que la monarquía borbónica regresara. Tras diversas propuestas, a finales de 1870, se votó mayoritariamente en el Parlamento la propuesta progresista de que el monarca fuera Amadeo de Saboya, uno de los hijos del rey Víctor Manuel II de Italia. Quedaron en minoría las proposiciones contrarias, a favor de otros candidatos o de la instauración de una república.

El reinado de Amadeo de Saboya apenas duró dos años. Había muchos frentes abiertos que desestabilizaron el país y que cuestionaron al efímero monarca. Su principal valedor, y también ideólogo fundamental de la Revolución Gloriosa, el progresista general Prim, fue asesinado poco antes de la llegada a España de Amadeo I. Los monárquicos abanderados de la causa borbónica nunca dejaron de impugnar la legitimidad del nuevo rey. Los carlistas persistieron en sus conspiraciones y no tardarían en comenzar su tercera guerra. Además, los republicanos promovieron diversos actos insurreccionales. En su línea habitual, los liberales democráticos impulsores de la Revolución Gloriosa sufrieron notables fracturas internas. El propio rey no podía comprender las claves de muchos de los conflictos abiertos en el país. Una de las frases que más repetía era: *Non capisco niente* ('No entiendo nada').

Finalmente, en febrero de 1873, se produjo la abdicación del rey. En su carta de despedida, aludió a «los españoles amantes de su patria, deseosos ya de poner término a las sangrientas y estériles luchas que hace tanto tiempo desgarran sus entrañas». Y también mostró su decepción: «Conozco que me engañó mi buen deseo. Dos años largos ha que ciño la corona de España, y la España vive en constante lucha, viendo cada día más lejana la era de paz y de ventura que tan ardientemente anhelo». Al día siguiente de la renuncia al trono, el Congreso y el Senado, constituidos en Asamblea Nacional, decidieron proclamar solemnemente la República por amplia mayoría. Y también acordaron la convocatoria de elecciones generales a Cortes constituyentes para regular la forma republicana del nuevo Estado.

En esos comicios obtuvo la victoria el Partido Republicano Federal. Sin embargo, no hubo conformidad sobre cómo debía configurarse la República Federal y no fue posible consensuar una nueva Constitución. Los sectores republicanos más avanzados exigían una construcción de abajo arriba, a través de la implantación de cantones en cada territorio con mecanismos de democracia plena, que después habrían de federarse libremente. Según Alán Barroso, «las clases populares españolas vieron una oportunidad de oro para exigir más poder, democratizar el Estado y repartir la riqueza». Sin esperar a la aprobación de un nuevo texto constitucional, empezaron a proclamar unilateralmente los cantones y a reivindicar su soberanía, con el impulso de la burguesía revolucionaria y del obrerismo más concienciado.

La rebelión cantonal se extendió por Valencia, Murcia, Andalucía y otros territorios. El Gobierno republicano optó por permitir la actuación del ejército para sofocar la proclamación de los ejecutivos cantonales. Y se produjeron durísimos enfrentamientos armados, con todo tipo de medidas gubernamentales de represión. Como explica Quintí Casals, el cantonalismo no fue en absoluto un movimiento marginal, pues llegó a tener el apoyo de 96 diputados, además de contar con bases sociales muy amplias en los respectivos territorios. En palabras de Casals, la persecución de los cantonalistas mermó de manera considerable las bases del republicanismo. Las dificultades para gestionar la situación acabaron provocando las caídas sucesivas en pocos meses de los presidentes republicanos Francisco Pi y Margall, Nicolás Salmerón y Emilio Castelar.

En este contexto de inestabilidad continuada, Castelar perdió una cuestión de confianza parlamentaria en enero de 1874. Entonces, el general Pavía dio un golpe militar y facilitó que el poder fuera asumido por el general Serrano, al frente de un Gobierno de concentración del que fueron excluidos los republicanos federales. Era el final de esta etapa democrática, pues las Cortes quedaron disueltas y se suspendió la actividad parlamentaria. La brevísima Primera República tenía los días contados. Tras intensas gestiones por parte de Antonio Cánovas del Castillo para restaurar la monarquía borbónica, el general Martínez Campos efectuó un pronunciamiento para proclamar rey a Alfonso XII en diciembre de 1874, sin apenas resistencia. Como indica Quintí Casals, las contradicciones y divisiones de los republicanos propiciaron el resurgimiento monárquico.

El caótico fracaso de la Primera República desmovilizó a los sectores democráticos más activos y permitió que los líderes conservadores que habían gestionado la Restauración y los dirigentes progresistas desengañados con la experiencia republicana anterior alumbrasen un nuevo sistema político. El sistema conocido como turno dinástico, ideado por Cánovas, implicó un reparto del poder entre dos partidos durante largo tiempo, a través de una manifiesta adulteración de los principios democráticos. De hecho, estas componendas partidistas duraron casi medio siglo: la Constitución de 1876 estuvo vigente hasta 1923.

La Constitución de la Restauración incurrió en retrocesos democráticos de cierta entidad. Se renunció de nuevo a atribuir la soberanía nacional al pueblo, al indicarse que se compartía con el rey. Tampoco se estableció el sufragio universal en el texto constitucional: se derivó la regulación a la ley, que fijó un sistema de democracia censitaria; posteriormente, en 1890, se aprobó de nuevo el sufragio universal masculino. Además, esa legislación estableció un sistema con elecciones libres, pero en realidad se practicó un amaño institucional muy elaborado.

Como explica Carmelo Romero, el consenso central consistía en la renuncia al monopolio del poder y en la coincidencia estratégica para compartirlo. En esa convicción sobre la necesidad de un pacto continuado pesaba bastante la inestabilidad de las décadas anteriores, en el marco de intensas luchas de poder y de pronunciamientos militares por parte de sectores del Ejército muy alineados con las facciones partidistas.

El nuevo sistema se basaba en una distribución equitativa del poder político por turnos entre el Partido Conservador y el Partido Liberal. El éxito de este reparto consensuado se aseguraba a través del fraude electoral masivo. La prueba más clara es que, durante el citado periodo, hubo veintiuna elecciones generales y siempre las ganó con claridad el partido del Gobierno que las convocaba.

La rotación se practicaba en función de la estabilidad interna. Cuando un partido en el poder sufría divisiones intestinas que dificultaban su mayoría parlamentaria, el rey encomendaba formar Gobierno al líder del partido contrario, y este convocaba las elecciones para ganarlas invariablemente. Así configuraba un Parlamento a su favor que antes había sido pactado entre los dos partidos, a través de complejas negociaciones, para asegurarse sus espacios de poder. Las intrigas de la Restauración excluían en un extremo a los carlistas y en el otro a los republicanos, pues por motivos distintos rechazaban este sistema político y todos sus arreglos partidistas.

La herramienta clave en esos acuerdos poco edificantes era el llamado *encasillado*. Los dos partidos principales se repartían las demarcaciones electorales, mayoritariamente uninominales, con más representantes para el Gobierno que para la oposición. En cada casilla de un gran cuadrante, el ministro de Gobernación iba colocando el nombre del candidato pactado que debía ganar. Así se configuraba el *encasillado*, una mezcla de hoja de cálculo y rompecabezas de próceres con todas las demarcaciones de España. El resultado electoral se amarraba con los mecanismos fraudulentos más variados, coordinados por el ministro de Gobernación y materializados por los caciques locales, que constituyeron una figura esencial en las dinámicas clientelares del sistema de la Restauración.

José Varela Ortega, uno de nuestros mejores conocedores de la España de esa época, ha documentado los mecanismos fraudulentos más habituales: compras de votos, control de las mesas electorales para manipular los resultados, suplantaciones de identidad a consecuencia de las cuales votaban incluso los muertos, manipulación del censo para incluir a los fieles o excluir a los rivales. Además, el cacique local utilizaba su influencia personal para hacer votar a la gente a través de las más diversas formas de persuasión. Para ello, estos prohombres debían controlar a las autoridades de sus municipios y, además, estar muy bien conectados con las élites gubernamentales para poder conceder a sus vecinos todo tipo de favores, a menudo ilegales o cuando menos éticamente reprobables. Como explica José Álvarez Junco, el cacique era un intermediario entre dos mundos: el caciquismo partía de un entramado dualista, en el que coexistían una sociedad abrumadoramente rural y una organización política centralizada de carácter urbano.

En palabras de José Valera Ortega, la maquinaria caciquil se nutría de ilegalidad, porque el cacique necesitaba de la parcialidad de las distintas Administraciones públicas para distribuir prebendas entre sus seguidores clientelares. Lo resumía con franqueza sintética el conde de Romanones, uno de los políticos más significados del turnismo dinástico: «Al amigo, el favor; al enemigo, la ley».

De hecho, las estrategias del clientelismo se mantuvieron durante décadas en las zonas agrarias, bajo las influencias caciquiles, pero en las grandes ciudades empezaron a conseguir apoyos crecientes los republicanos y los socialistas. El turno pacífico ideado por Cánovas empezó a resquebrajarse, pero lo cierto es que duró bastante tiempo. Por otro lado, las dinámicas de la Restauración siguieron un desarrollo divergente en relación con los sistemas democráticos de nuestro entorno. Nos alejábamos cada vez más de nuestros vecinos europeos. Como indica Tomás y Valiente, las redes de poder que conectaban a las élites en Madrid con los caciques rurales tenían poco que ver con la Constitución, la ley electoral o los principios democráticos.

Varela Ortega ha destacado que el sistema de la Restauración logró una gran estabilidad, pero a costa de sacrificar el funcionamiento democrático y de asentar prácticas administrativas estructurales irregulares. La crisis de 1898, el auge del republicanismo, la vertebración política de los nacionalismos catalán y vasco, la descomposición causada por el desgaste del turnismo tras varias décadas y la impopularidad creciente de Alfonso XIII acabaron hundiendo el régimen de la Restauración. La dictadura de Primo de Rivera, que comenzó en 1923, solo pudo detener durante unos años el ocaso de la monarquía, que llegó tras las elecciones municipales de abril de 1931, el abandono del país de Alfonso XIII y la proclamación de la Segunda República.

Esta nueva etapa republicana fue el intento más relevante hasta entonces de establecer una democracia pluralista en España, como se puede constatar al leer la Constitución de la Segunda República. A instancias de la coalición de gobierno entre republicanos y socialistas, que obtuvieron una amplia mayoría en las elecciones a Cortes constituyentes, se aprobó un texto constitucional que volvía a proclamar la soberanía nacional, al especificar que todos los poderes del Estado emanan del pueblo. Y por fin el sufragio universal se extendió a las mujeres.

La Constitución de 1931 diseñó una extensa relación de derechos y libertades, y también reguló expresamente que las regiones podrían constituirse en régimen de autonomía. En contraste con la España de la Restauración, se logró reducir la corrupción electoral, con la fijación de circunscripciones provinciales y de otras medidas para favorecer la libertad de voto. La muestra más evidente de ello es que las elecciones generales de noviembre de 1933 fueron convocadas por la izquierda gobernante y ganadas por la derecha. Y los comicios de febrero de 1936 fueron convocados por los conservadores en el Gobierno y la victoria fue para el Frente Popular.

La Segunda República tuvo que convivir con graves dificultades, como los efectos económicos de la crisis mundial de 1929, las tensiones de una profunda conflictividad social, un entorno internacional en el que crecían los fascismos y las soluciones autoritarias, y la oposición de sectores religiosos, económicos, militares y monárquicos. Tras la victoria del Frente Popular en febrero de 1936, como señala Paul Preston, la espiral de violencia política fue creciendo hasta niveles desconocidos, lanzada especialmente desde la extrema derecha y contestada por elementos revolucionarios.

Los conflictos se podrían haber encauzado en el marco del sistema constitucional y a través de los mecanismos de la propia democracia, de la mano de la autoridad moral de figuras políticas tan eminentes como Manuel Azaña. Sin embargo, el golpe militar de julio de 1936, apoyado por la Alemania nazi y el fascismo italiano, contra el Gobierno elegido democráticamente acabó iniciando una sangrienta guerra civil que abrió el camino a la larguísima dictadura del general Franco.

El franquismo eliminó de un plumazo todas las transformaciones liberales realizadas durante el siglo XIX y el primer tercio del siglo XX. Hizo retroceder a nuestro país al absolutismo católico de Fernando VII y lo privó de elecciones democráticas y de formaciones políticas, más allá del partido único. La atroz represión del régimen comportó gravísimas violaciones de los derechos humanos, con asesinatos, torturas, encarcelamientos por razones ideológicas y el exilio de cientos de miles de personas, el mayor éxodo político de la historia de España. Un dato significativo, como hemos indicado en obras anteriores, es que hasta el final de la dictadura estuvo funcionando un órgano judicial especial, el Tribunal de Orden Público (que había contado con precedentes anteriores en la posguerra), cuyo cometido era castigar el ejercicio de los derechos propios de cualquier sociedad democrática: la libertad ideológica, el derecho de manifestación, la libertad de expresión, la libertad de información, el derecho a participar en partidos políticos o la libertad sindical, entre otros.

Tras la muerte del dictador en 1975, los dirigentes políticos del régimen anterior y la oposición antifranquista pactaron una Transición que llevaría a configurar un sistema democrático tras las elecciones generales de 1977 y la aprobación de la Constitución de 1978. Como analizaremos en los próximos capítulos, dicho sistema democrático cuenta con debilidades y fortalezas que han sido constatadas por entidades internacionales, y que pueden afectar al futuro de nuestra democracia.

La necesaria defensa del sistema democrático

A lo largo de la historia, todos los intentos de vertebración democrática se han tropezado con las más diversas dificultades. Cada época ha tenido que afrontar sus propios problemas. Pero hay un nexo común: los enemigos de la democracia siempre han sido contrarios al principio de igualdad. Las alternativas al sistema democrático invariablemente han consistido en formas de gobierno no igualitarias. Al mismo tiempo, de manera constante, la bandera de la democracia se enarboló a partir de la disconformidad con los sistemas políticos oligárquicos. En palabras de Kelsen, la democracia surgió como un problema frente a la autocracia monárquica y después pasó a ser un problema frente a la dictadura de partido, ya fuese de derechas o de izquierdas.

La democracia cuenta con enemigos inherentes porque siempre se mueve en determinadas tensiones. En primer lugar, el sistema democrático proclama formalmente la igualdad jurídica entre las personas, pero desde el punto de vista social siguen produciéndose situaciones de desigualdad. Quienes ostentan privilegios en ocasiones apuestan por un sistema político que les permita mantenerlos y acentuarlos, sobre todo cuando su condición preferente resulta cuestionada. Además, los poderes económicos dominantes pueden aprovechar las ventajas propias de su posición preponderante para alentar líneas de actuación política a favor de un Estado no democrático, como ha ocurrido en sociedades tan dispares como la Atenas clásica (en el paréntesis del Gobierno de los Treinta Tiranos) o la Alemania de la República de Weimar (aniquilada por el nazismo). Esa colisión entre igualdad formal y desigualdad económica ha sido afrontada históricamente con equilibrios sociales que han permitido mantener el sistema democrático.

En segundo lugar, quienes ejercen el poder democrático pueden incurrir en abusos. Como se ha mencionado anteriormente, la respuesta institucional adecuada es la fijación de contrapesos frente a quienes ejercen el poder. Tal cosa puede generar disputas en el seno de una sociedad que aspira a la igualdad, pero que debe ser gobernada necesariamente por un poder político que potencialmente puede estimular tratos de favor, redes clientelares o tramas de corrupción. Se trata de dinámicas que pueden llevar a que desde el poder político se impongan sistemas autocráticos. Evidentemente, quienes están en el poder y no respetan las reglas institucionales también se convierten en enemigos del sistema democrático.

Y, en tercer lugar, se produce una pugna permanente entre la aspiración ideal de lo que debería ser la democracia y el resultado real. Es comprensible que haya sectores entre la ciudadanía decepcionados con el funcionamiento deficiente del sistema democrático. Sin embargo, como apuntó magistralmente Tomás Vives Antón, la perfección es un sueño autoritario, porque las sociedades solo avanzan, cuando consiguen hacerlo, a través de mejoras pequeñas y relativas que consumen enormes esfuerzos.

Esa apuesta por la sociedad perfecta ha sido la promesa habitual de todo tipo de movimientos totalitarios que han acabado empeorando los males que prometían solucionar. No debemos esperar que la democracia nos traiga el paraíso, pero sí reivindicar que evite la llegada del infierno. Solo un conjunto de seres perfectos puede constituir un estado de perfección. Los humanos somos falibles y por eso las democracias siempre serán imperfectas. Hay que cuidarlas, renovarlas y actualizarlas constantemente. Además, siempre que se obtienen progresos suelen aparecer nuevos problemas, desajustes o perturbaciones que hay que volver a resolver. Y así sucesivamente.

La democracia es dinámica e implica la búsqueda de la mejora continuada. Es un proceso de constante autocorrección. Y, sin duda, la pasividad en la vigilancia de la salud democrática también abre la puerta al desarrollo de enfermedades graves. Es indispensable que la ciudadanía tenga una actitud crítica. Pero hay que aceptar la posibilidad de imperfecciones en el sistema democrático, porque la perfección completa nunca existirá. En cambio, sí que resulta posible optimizar el funcionamiento de la democracia.

Todo ello implica descartar ideas falaces, de inspiración platónica, como que sería preferible una dictadura inteligente o sabia. La apreciación sobre quién es sabio puede ser discutible, por lo que es preferible que lo decida la ciudadanía. Como argumenta Kelsen, la clave no es quién es el mejor, sino quiénes deciden quién es el mejor y cómo lo hacen. Y más vale optar por un sistema político que esté diseñado para evitar las actuaciones despóticas.

Resulta preferible construir una democracia inteligente y sabia. La acumulación de poder en pocas manos, algo propio de las dictaduras, siempre supone un sistema injusto, poco sabio e inteligente, y suele ser la antesala de abusos, injusticias y vulneraciones de derechos, como se ha evidenciado a lo largo de los tiempos. Precisamente uno de los riesgos más visibles del auge autoritario es la posible agravación de las desigualdades sociales. En el país que sufrió el franquismo se puede constatar con claridad la distancia abismal entre vivir en una dictadura y hacerlo en una democracia. Resulta necesario reflexionar sobre la posibilidad de que se produzcan regresiones democráticas en España. En este sentido, algunas cuestiones mal resueltas de nuestro pasado han dificultado que se desarrolle una democracia de mayor calidad. Debemos analizar cómo pueden operar los efectos de la deriva autoritaria global en nuestras instituciones.

Este libro pretende ser una defensa de la democracia y una descripción de las amenazas actuales. Como se explicará, consideramos que el incremento de los movimientos políticos autoritarios está causado por una crisis del sistema democrático que ya existía antes del auge ultraconservador, pero que se agudizó con la incorporación de determinadas transformaciones económicas, sociales y tecnológicas. La revolución digital está afectando notoriamente a algunas reglas esenciales de la democracia. Además, el desmantelamiento de las estructuras del Estado social, sin una readaptación a las circunstancias económicas contemporáneas, también provoca efectos peligrosos sobre las bases del sistema democrático.

Aquí pretendemos aportar reflexiones acerca de todos estos problemas, y ofrecer algunas posibles soluciones. El enfoque de este libro es el propio de un ensayo. No se trata de una obra académica, con notas a pie de página y dirigida a una audiencia especializada. En todo caso, las referencias bibliográficas aportadas pueden facilitar al lector una mayor profundización en las diversas cuestiones que aquí se esbozan. La implantación de una regresión autoritaria representaría un gran paso moral atrás en relación con la democracia pluralista. Resulta necesario defender, mejorar y reactualizar nuestro sistema democrático.

2

El avance de los discursos ultraconservadores

De la marginalidad a la normalidad institucional

La democracia representativa y plural no se encuentra en sus mejores momentos. Los riesgos de regresión son serios: se derivan del auge de los discursos autoritarios, de los efectos provocados por las transformaciones tecnológicas, de la propia crisis del sistema democrático. Es posible que las amenazas afecten a la misma esencia del sistema político, y no se puede descartar que tal cosa acabe originando una reformulación de la democracia. El crecimiento de la extrema derecha plantea interrogantes sobre el futuro. Al tratarse de un fenómeno global, resulta pertinente analizar sus rasgos generales.

En todo caso, la ultraderecha ha estado siempre presente en el último siglo. Lo novedoso ha sido lo mucho que ha crecido en un periodo relativamente breve, a partir de las reformulaciones contemporáneas. Cas Mudde, uno de los máximos especialistas en todo el mundo sobre la extrema derecha, profesor de Política Internacional de la Universidad de Georgia, en Estados Unidos, ha descrito las fases de la evolución de la ultraderecha desde la Segunda Guerra Mundial a través de cuatro olas. Es necesario entender la evolución de estas doctrinas para detectar las posibles incertezas a las que se enfrenta el sistema democrático.

Según el politólogo neerlandés, la primera ola estaría marcada por la actuación de ciertos grupos neofascistas. Comprendería desde 1945 hasta 1955. Tras la Segunda Guerra Mundial y la derrota de los fascismos, en los más diversos países se acordaron medidas prohibitivas y se ilegalizaron los partidos que amparaban esa ideología. Las organizaciones neofascistas, pese a todo, intentaron eludir los obstáculos legales. Funcionaron especialmente como redes de apoyo a militantes encarcelados, a menudo en las oscuras catacumbas de la clandestinidad. Estas formaciones intentaron preservar los anteriores ideales ultraderechistas, aunque en pocos casos concurrieron a las elecciones, y quienes pudieron presentarse apenas obtuvieron respaldo. Una excepción fue el Movimiento Social Italiano, basado en algunos elementos doctrinales de inspiración fascista. Esta formación pudo sortear las restricciones legales. Entró en el Parlamento italiano en 1948 y mantuvo la representación hasta que, en 1995, se transformó en Alianza Nacional. Como dato llamativo, la primera ministra Giorgia Meloni fue militante en su juventud del Movimiento Social Italiano.

La segunda ola comprendería desde 1955 hasta 1980. Su rasgo más característico fue que en ese periodo se conformó el populismo de derechas. Se crearon partidos que presentaban como eje central de su discurso el rechazo a las élites, a las condiciones de vida de la posguerra y a las aportaciones tributarias al Estado del bienestar. Aunque los grupos neofascistas siguieron existiendo, cada vez fueron más marginales, y buena parte de su militancia optó por sumarse a las formaciones populistas. Estos partidos no utilizaban discursos equivalentes a los del fascismo, sino que defendían especialmente las aspiraciones de algunos sectores, como los pequeños comerciantes, los artesanos o el mundo rural, entre otros. En esta etapa, dichos partidos lograron representación en las instituciones en países como Dinamarca, Bélgica o los Países Bajos. En general, se trataba de formaciones más bien minoritarias. El éxito más destacado fue el del poujadismo en

Francia, un movimiento de masas encabezado por Pierre Poujade que llegó a conseguir cincuenta y dos escaños con Unión y Fraternidad Francesa en las elecciones de 1956. El futuro líder de la ultraderecha francesa, Jean-Marie Le Pen, fue dirigente de las juventudes poujadistas.

Entre 1980 y el año 2000 se produciría la tercera ola, caracterizada por la irrupción de partidos de derecha radical que empezaron a lograr representación parlamentaria en gran parte de los países europeos, con un discurso enfocado principalmente en la protesta reiterada contra la inmigración. Esta nueva orientación política suponía un salto cualitativo. En los años noventa, según los datos de Mudde, dichas formaciones obtuvieron en Europa un promedio de voto del 4,4 por ciento. La organización más destacada fue el Frente Nacional de Jean-Marie Le Pen, que en las elecciones generales de 1986 ya obtuvo el 9,6 por ciento de los votos; la ultraderecha francesa mejoró los resultados en convocatorias posteriores y, en las presidenciales de 2002, Le Pen llegó a conseguir un 17,8 por ciento de los sufragios en segunda ronda. A su vez, el Partido de la Libertad de Austria obtuvo el 27,5 por ciento de los votos en las elecciones europeas de 1996 y el 26,9 en las generales de 1999, tras lo cual acabó entrando en el Gobierno. Fuera de Europa, en los años noventa cabe destacar la entrada en el Parlamento de Israel de partidos de extrema derecha, cuyas posiciones, cada vez más influyentes, acabarían siendo asumidas por un partido conservador convencional como el Likud.

La cuarta ola comenzaría con el tránsito al siglo XXI. La ultraderecha creció a ritmo trepidante en casi todas partes a partir de la Gran Recesión de 2008. El incremento electoral fue correlativo a la desmarginación de los partidos de derecha radical, que empezaron a ser aceptables como socios para formar coaliciones de Gobierno. Sus postulados comenzaron a ser atendidos por numerosos medios de comunicación, y sus marcos de debate fueron aceptados por otras fuerzas políticas. En esta última fase, las proclamas nacionalpopulistas se instalaron en algunas presidencias del Gobierno, especialmente a partir del desplazamiento de algunos partidos conservadores tradicionales hacia la extrema derecha. El caso más impactante fue el de Donald Trump, que transformó el talante característico del Partido Republicano en lo que fue una especie de mutación sin precedentes en Estados Unidos, al menos de semejante envergadura. Además, la conmoción tuvo carácter mundial: el trumpismo no fue el primer movimiento nacionalpopulista conservador, pero estimuló notablemente procesos similares que ya estaban en marcha en otros lugares.

Como apunta Ezra Klein, el ascenso de Trump se produjo en un contexto de vertebración de dos grandes identidades políticas en Estados Unidos. En contraste con la débil identificación política inicial que existía en la sociedad norteamericana, las dinámicas de la polarización radicalizaron las diferencias existentes, lo que provocó una potente amplificación de identidades esenciales, en los ámbitos ideológicos, raciales, culturales o geográficos, desde parámetros irreconciliables entre esas dos visiones identitarias. Dicho proceso se reforzó con la articulación de un ingente movimiento de masas en las plataformas virtuales, tal y como explicaremos más adelante. Sea como fuere, el discurso de Trump se dirigía contra el sistema y atacaba a las élites, pero lo cierto es que el Partido Republicano siempre ha formado parte del *establishment*. Cuando llegó al gobierno, Donald Trump tampoco puso en riesgo los privilegios de los poderes económicos, a pesar de su retórica de que el pueblo debía ser el beneficiario de la riqueza nacional. En este sentido, Enzo Traverso considera que Trump siempre ha pretendido defender a las clases populares, que han sido duramente golpeadas por la crisis económica y por la desindustrialización del país; sin embargo, no ha denunciado al capital financiero como principal responsable, sino que se ha limitado a señalar a determinados chivos expiatorios.

El nacionalpopulismo conservador norteamericano incorporó aspectos nuevos en las formas, pero el fondo presentaba caracteres menos originales. Como apunta acertadamente Federico Finchelstein, el trumpismo no surgió de la nada: Donald Trump no es más que otra manifestación de la larga historia de racismo y xenofobia que se opuso a los avances del movimiento por los derechos civiles, a la igualdad racial y a las olas de inmigración que afectaron a Estados Unidos. Parafraseando a Finchelstein, Trump habría incrementado sensiblemente las adhesiones a esos postulados y habría desplazado esa tradición más hacia la derecha.

Una vez en el poder, Trump se dedicó a debilitar las defensas institucionales de la democracia, a amenazar a los políticos rivales, a intimidar a la prensa libre y a normalizar los bulos difamatorios más variados, como señalan Steven Levitsky y Daniel Ziblatt. Su primer mandato tuvo como colofón el cuestionamiento infundado de los resultados en las elecciones presidenciales de 2020 y el posterior asalto al Capitolio, que puso en riesgo la democracia en el país. En todo caso, el trumpismo ha logrado consolidarse como un movimiento de masas contrario a la democracia pluralista liberal. Y sus tonos, tácticas y estrategias han irradiado hacia el resto del mundo desde un punto tan central como Estados Unidos.

En Hungría, el partido Fidesz, de Viktor Orbán, obtuvo una amplia mayoría absoluta en 2010 y después encadenó otros tres triunfos consecutivos. Era un partido conservador convencional, integrado en el Partido Popular Europeo, que había gobernado democráticamente entre 1998 y 2002. Sin embargo, una vez que volvió al poder comenzó el desguace de todo tipo de órganos institucionales imparciales, entre ellos los electorales y los judiciales, que fueron sustituidos por organismos integrados por redes clientelares partidistas, en un contexto de evolución hacia un régimen autoritario. Cabe añadir que, como ha indicado Ruth Ferrero-Turrión, este proceso de degradación institucional ha sido posible gracias a la pasividad de la Unión Europea, que apenas ha querido intervenir en la política interna húngara por razones estratégicas, relacionadas con los múltiples equilibrios internos que Bruselas debe mantener. Con un argumentario en el que destacan la xenofobia, el patriotismo excluyente y la defensa de los valores religiosos, Orbán ha defendido que Hungría sea un «Estado iliberal», basado en fundamentos nacionales, en concepciones cristianas y en la familia tradicional. En palabras de Yascha Mounk, las medidas con las que se ha desmontado la democracia pluralista fueron paulatinas, pero en conjunto han llevado a la anulación de las instituciones independientes y a la falta de respeto por los derechos individuales.

Un proceso similar se produjo en Polonia a partir de la vuelta al poder del partido Ley y Justicia en 2015, cuando obtuvo una amplia mayoría parlamentaria que fue renovada en 2019. Esta formación partía de un ideario nacionalista muy conservador, pero hasta entonces había respetado las reglas del juego democrático. Sin embargo, el Gobierno de Ley y Justicia impulsó una enérgica ofensiva contra el poder judicial y apostó por un control férreo de los medios públicos, todo ello combinado con una política de intensas limitaciones de los derechos fundamentales y de medidas marcadamente xenófobas. En este sentido, Anne Applebaum ha descrito minuciosamente cómo en Polonia se fueron adulterando los organismos propios de una democracia plural para ser sustituidos por entidades copadas por personas afines al partido, con las más variadas finalidades autocráticas. Estas reformas legales provocaron diversas sanciones de la Unión Europea, más severas que en el caso de Hungría, a partir de las señales de alarma que se activaron por parte de varias entidades internacionales. El descontento democrático quedó evidenciado tras las elecciones generales de 2023, en las que los gobernantes de Ley y Justicia fueron desalojados por un pacto entre la derecha moderada polaca y las distintas formaciones de izquierda.

Otro giro hacia la derecha radical llevado a cabo desde el poder se ha producido en los últimos años en Israel. Durante décadas hubo alternancia en el gobierno entre el Likud y los laboristas. Se trataba de dos partidos de orientación ideológica similar a sus homólogos en Europa occidental, con los que mantenían bastantes vínculos. Sin embargo, a partir del retorno como primer ministro de Benjamín Netanyahu en 2009, cuyo mandato ha sido revalidado en sucesivas reelecciones, se han intensificado los discursos teocráticos y etnonacionalistas, con un constante rechazo a los derechos de los palestinos, según han reiterado numerosos organismos internacionales. Como refiere Cas Mudde, el Likud ha ido aproximando su línea programática a la de los partidos ultraderechistas con los que comparte la coalición de gobierno.

La anexión de facto de Cisjordania por parte de Israel, defendida por el Likud, ha desembocado en la creación de guetos con notables limitaciones de los derechos de los palestinos y enormes discriminaciones. A ello debe añadirse la situación inhumana que se ha vivido en la franja de Gaza en los últimos años. Ante la gravedad de estos hechos, contrarios a los derechos humanos, el relator especial de la ONU calificó como apartheid la situación en la que viven los palestinos. Asimismo, el ataque terrorista perpetrado por Hamás en octubre de 2023 tuvo una respuesta extremadamente desproporcionada en Gaza por parte de Netanyahu, con el asesinato de decenas de miles de personas, la mayoría menores. Estas acciones del Gobierno israelí fueron acompañadas de arengas religiosas nacionalistas de carácter islamófobo, lo cual ha provocado que el Tribunal Internacional de Justicia abra acciones judiciales contra Israel por actos de genocidio.

La profesora de la Universidad Hebrea de Jerusalén Eva Illouz ha subrayado que el estilo político de tintes nacionalistas y populistas del Gobierno israelí se ha convertido en un paradigma muy difundido por el mundo, además de describir las conexiones de Netanyahu con los principales líderes de la ultraderecha internacional. Como ya advirtieron algunos intelectuales tras la constitución del Estado de Israel, en la comunidad judía de este país se ha acabado desarrollando una mezcla de ultranacionalismo, misticismo religioso y superioridad racial. Illouz también ha hecho notar que en las dos últimas décadas se han fomentado concepciones de supremacía judía con criterios de preferencia jurídica que son contrarios a los valores liberales. Las perspectivas ultraconservadoras de Netanyahu y del Likud basan la identidad auténtica de Israel en la etnia y en la religión, lo que supone la negación de las visiones inclusivas cívicas de ciudadanía. Son continuas las proclamas de los dirigentes israelíes sobre la inferioridad racial de los palestinos, sobre la conveniencia de no mezclarse con ellos y sobre la necesidad de restringir al máximo sus derechos.

Asimismo, al igual que otros Gobiernos ultraconservadores, Netanyahu ha intentado actuar contra la separación de poderes a través de reformas legales con las que limitar las posibilidades de controlar judicialmente los posibles abusos del poder político o a través de medidas con las que se pretende configurar los tribunales de forma partidista. La justificación de los dirigentes del Likud es similar a la de otros gobernantes de extrema derecha: la voluntad de los representantes del pueblo debe prevalecer sobre la actuación de los órganos que ejercen como contrapeso. Se trata de concepciones abiertamente opuestas a los principios de la democracia pluralista, de la independencia judicial y del Estado de derecho.

Por otro lado, la derecha radical llegó al poder en Brasil y en Argentina valiéndose de la personalidad singular de líderes como Jair Bolsonaro o Javier Milei, dos políticos que están muy conectados con las peculiaridades de las nuevas tecnologías de la comunicación y que deben en gran parte su popularidad a estos nuevos formatos. En el primer caso, tras su amplia victoria en las elecciones presidenciales brasileñas de 2018, Bolsonaro se distinguió por sus proclamas machistas y homófobas, así como por sus posiciones autoritarias en materia de orden público. Con un estilo discursivo similar al de Trump en algunos aspectos, Bolsonaro tampoco aceptó su derrota ante Lula da Silva en las elecciones de 2022 y sus seguidores protagonizaron un asalto a la plaza de los Tres Poderes de Brasilia, en una actuación que recordaba la invasión trumpista del Capitolio. A consecuencia de ello, el Tribunal Supremo Electoral de Brasil condenó a Bolsonaro a una pena de ocho años de inhabilitación por alentar falsedades sobre el proceso electoral.

En cuanto a Javier Milei, venció de forma sorpresiva en Argentina en las elecciones presidenciales de 2023, con el apoyo de la coalición La Libertad Avanza, creada un par de años antes, y sirviéndose de un discurso económico neoliberal extremo que repite sin cesar. Junto a esto, también ha propuesto penalizar el aborto, así como endurecer las políticas de orden público. Suele participar en foros internacionales con otros líderes ultraconservadores y ha mostrado constantemente su proximidad con Vox. A partir de esa sintonía, Milei ha llegado a afirmar que los gobernantes españoles ponen en riesgo a las mujeres del país al permitir la inmigración ilegal de quienes atentan contra su integridad física.

En Italia, bastantes expertos han coincidido en la importancia que tuvo la etapa de Silvio Berlusconi, quien debe entenderse, según indica Alba Sidera, como un referente inicial del populismo de derechas, aunque sin rasgos tan radicales como los del actual nacionalpopulismo conservador al que habría allanado el camino. En los últimos años, la ultraderechista y xenófoba Liga de Matteo Salvini obtuvo unos resultados destacados y llegó hasta el 34,3 por ciento de los votos en las elecciones europeas de 2019. Sin embargo, en las elecciones generales de 2022, la Liga se vio superada por el partido Hermanos de Italia, de Giorgia Meloni, con el que concurría en coalición. El partido de Meloni consiguió el 26 por ciento de los votos, lo cual acabó llevando a esta última a la presidencia del Gobierno, mientras que Salvini quedó estancado en el 8 por ciento. Alba Sidera ha explicado las continuas referencias favorables de dirigentes de Hermanos de Italia hacia el legado histórico del fascismo de Mussolini, entre ellas las efectuadas por la propia Giorgia Meloni.

Aunque no ha conseguido la presidencia del Gobierno, la extrema derecha ha obtenido también una destacada presencia en países europeos como Austria, Suiza, Dinamarca, Suecia o Finlandia. Con amplios apoyos electorales que han llegado a alcanzar entre el 17 y el 29 por ciento, estos partidos han podido condicionar Gobiernos o incluso entrar a formar parte de algunos de ellos. En la misma dirección, otro acontecimiento significativo ha sido la victoria en las elecciones holandesas de 2023 del Partido por la Libertad, con el 23 por ciento de los votos. Conocido por sus arengas abiertamente islamófobas, su líder, Geert Wilders, no ha logrado el cargo de primer ministro, al no contar con el apoyo de los restantes partidos conservadores, pero ha contribuido sensiblemente a la formación del nuevo ejecutivo holandés y ha podido imponer bastantes de sus líneas ideológicas de actuación.

En cuanto a Francia, la extrema derecha sigue siendo una alternativa muy seria para suceder al actual presidente Emmanuel Macron. Tras llegar a alcanzar Marine Le Pen el 33,9 por ciento de los votos en la segunda vuelta de las elecciones presidenciales de 2017, el Frente Nacional se refundó con el nombre de Reagrupamiento Nacional. En las elecciones presidenciales de 2022, Le Pen logró en la segunda ronda el 41,4 por ciento de los sufragios, y son ya varias décadas de presencia muy relevante en Francia del nacionalpopulismo conservador, desde los primeros pasos de Jean-Marie Le Pen, padre de la actual lideresa del Reagrupamiento Nacional. Como ha subrayado Guillermo Fernández-Vázquez, la derecha radical de Marine Le Pen se ha ido reafirmando en sus propias particularidades, con una presencia social creciente, en virtud de un patriotismo en clave autoritaria y comunitaria que excluye a quienes no forman parte de los «valores franceses». Además, añade, a diferencia de otros movimientos similares, la ultraderecha francesa ha tomado prestados de los sectores progresistas algunas reivindicaciones, mitos, elementos del vocabulario, referencias históricas y determinadas visiones sobre los servicios públicos, aunque desde una óptica nacionalista radical. En palabras de este autor, Marine Le Pen fue allá donde no la esperaban, «a los sindicatos, a las capas populares, a las regiones pobres, a los funcionarios o a los jóvenes».

Un caso de un simbolismo especial es el de Alemania, un país que ha realizado un gran esfuerzo para rememorar con mirada democrática lo que fue el nazismo y evitar que se repitan hechos dolorosos del pasado. Hasta tiempos recientes, la presencia de la extrema derecha era testimonial. Sin embargo, la crisis de los refugiados de 2015 desencadenó multitud de protestas xenófobas en el país ante las decisiones de Angela Merkel, quien abordó el asunto con una responsable actitud integradora. A partir de ahí, comenzó el crecimiento del partido nacionalista de ultraderecha Alternativa para Alemania, que pasó de un 4,7 por ciento de los votos en las elecciones federales de 2013 a un 12,6 en las de 2017. En las elecciones europeas de 2024, obtuvo la segunda posición, con el 15,9 por ciento de los sufragios, por delante de los socialdemócratas. Además, su implantación es elevada en Alemania del Este, pues en varios Parlamentos regionales supera el 20 por ciento. En los últimos tiempos han causado cierta conmoción en la sociedad alemana las alusiones de dirigentes de este partido que, desde la ambigüedad en el lenguaje, han minimizado el nazismo o los horrores perpetrados por las SS.

En comparación con los ejemplos anteriores, entre los analistas sobre las fuerzas políticas de extrema derecha resultaba llamativa la denominada excepción ibérica, es decir, la ausencia relevante de partidos de este tipo en la península. Sin embargo, dicha singularidad ha finalizado tras la amplia entrada en las instituciones españolas de Vox, como se explicará posteriormente, y también la de Chega! en el Parlamento portugués.

Hay democracias consolidadas que están retrocediendo en materia de calidad democrática. Pero también hay situaciones como la de Turquía, un país que había llevado a cabo importantes avances democráticos, hasta el extremo de postularse para ingresar en la Unión Europea, pero que en los últimos años ha realizado un giro muy marcado hacia el autoritarismo, en el marco referido de la oleada mundial de retrocesos democráticos. Como señalan Steven Levitsky y Daniel Ziblatt, la declaración del estado de excepción en 2016 por parte del presidente Erdoğan le permitió lanzar una oleada masiva de acciones represivas, con la purga de unos cien mil funcionarios, el cierre de varios medios y la detención de decenas de miles de personas, entre ellas numerosos jueces, periodistas y opositores políticos. En palabras de Federico Finchelstein, las estructuras formalmente democráticas se convirtieron en meros artefactos de aclamación plebiscitaria. Asimismo, Erdoğan logró imponer reformas constitucionales y legales para blindarse en el poder y anular los mecanismos de control de la autoridad presidencial. En un esfuerzo por analizar lo sucedido, la escritora turca Ece Temelkuran ha detallado los siete pasos con los que Turquía, un país que progresaba hacia una democracia, ha retrocedido hasta un sistema autoritario represivo, con mención especial a cómo se han desmantelado los contrapesos del sistema judicial y de la libertad de información.

La deriva autoritaria ha alcanzado también a la India, considerada habitualmente la democracia más poblada del mundo. El ascenso al poder de Narendra Modi en 2014 fue el inicio de un periodo de prácticas autoritarias, amparadas en un discurso nacionalista hindú de carácter islamófobo y marcadamente excluyente en relación con las minorías. El radicalismo conservador del partido de Modi se acompaña incluso del apoyo de grupos violentos que perpetran ataques contra la población musulmana.

Desde una perspectiva de conjunto, se puede constatar el enorme incremento del respaldo electoral que en numerosos países reciben las distintas fuerzas políticas de extrema derecha. Los efectos para el futuro de la democracia pueden ser decisivos. Resulta necesaria la comprensión de los rasgos generales de estas transformaciones en el panorama político mundial, pues, además, los patrones globales son la forma más directa de entender lo que puede ocurrir en España. No obstante, aquí contamos con nuestras propias singularidades.

Las causas del ascenso de la extrema derecha

Las razones de la creciente implantación e influencia de la ultraderecha son diversas. Algunas han sido más decisivas que otras. En síntesis, a finales del pasado siglo empezaron a producirse una serie de transformaciones estructurales de cierta entidad. Y estas, a su vez, provocaron otros cambios, como un dominó progresivo en el que unas piezas van moviendo a otras. La revolución digital provocó alteraciones cruciales en las relaciones económicas, que afectaron a la actividad de las entidades financieras, a la organización empresarial y a la movilidad humana. La contratación piramidal masiva en el sector bancario, sin apenas vigilancia estatal y con la introducción de nuevos instrumentos tecnológicos, llevó en cascada a una profunda crisis económica en Occidente. Se aplicaron duros ajustes en el mundo empresarial, laboral y social, que ocasionaron elevados niveles de desempleo y la caída de los ingresos de millones de trabajadores en todo el mundo. La Gran Recesión, en definitiva, aumentó la desigualdad social en bastantes países.

Al mismo tiempo, el incremento de la movilidad humana, favorecida igualmente por las innovaciones tecnológicas, chocó con la precarización que sufrían los países de acogida. Y se acentuaron las actitudes de rechazo hacia la inmigración. Como explicó Zygmunt Bauman, la manipulación de la incertidumbre favoreció que las iras por la gestión de la mala situación económica se desviaran hacia los extranjeros. Todo ello fue posible por la incapacidad del sistema democrático de modular esas desigualdades o de implementar medidas de protección de los nacionales y de integración de los inmigrantes. Mientras tanto, la misma revolución digital que había propiciado todo tipo de transformaciones económicas también empezó a incidir en el debate político y en la discusión colectiva, a través de formatos que auspiciaron la implantación progresiva de la extrema derecha.

Sin duda, antes de esa cuarta ola ya había partidos xenófobos en las instituciones de algunos países, como se ha relatado anteriormente. Sin embargo, su presencia era más bien residual. Ahora estos cambios estructurales han convertido a la ultraderecha en una opción seria de gobierno. De hecho, el nacionalpopulismo conservador ha llegado a formar parte del poder ejecutivo en diversos Estados. Los datos sobre comportamiento electoral nos indican que el auge de la ultraderecha se produjo especialmente a partir del hundimiento económico de 2008. Suele objetarse que el crecimiento más significativo tuvo lugar inicialmente en países que habían padecido en menor medida los calamitosos efectos de la debacle económica. Desde esta perspectiva, en Europa la respuesta inicial contra la crisis en los países más castigados se organizó sobre todo a través de movimientos políticos de izquierdas, especialmente en España, Portugal y Grecia (aunque no conviene ignorar que en ellos también se han consolidado partidos de extrema derecha). En todo caso, lo relevante no radica únicamente en los efectos directos de la crisis sobre las personas, sino también en el temor de estas a perder lo que poseen.

El miedo al futuro favoreció en países acomodados la disconformidad con cualquier propuesta de compartir con los foráneos los recursos del menguante Estado del bienestar. Así, el conflicto étnico se mezcló con la insolidaridad de la aporofobia. El fenómeno del trumpismo, por ejemplo, ha sido muy elocuente a la hora de reflejar estas tendencias en Estados Unidos. Se han escrito numerosos estudios sobre la reacción de amplios sectores de los llamados hombres blancos enfadados, precarizados y olvidados, con una creciente autopercepción de pérdida de relevancia social, que reaccionan ferozmente contra la inmigración latinoamericana. Con los más diversos matices, ese malestar se ha exteriorizado de forma similar en buena parte del mundo occidental. Además, según Jürgen Habermas, en determinados sectores se ha introducido una conciencia defensiva, pues se sienten abrumados por el crecimiento de la complejidad social impulsada por la tecnología y la economía. Hay cierto temor hacia las consecuencias de la reconversión digital. Como indica José María Lassalle, la robotización, la automatización y los más diversos cambios tecnológicos en el mundo laboral están provocando precarización y una creciente pérdida de puestos de trabajo en determinados ámbitos.

Sin duda, hay razones económicas que explican el incremento de la adhesión social a los postulados autoritarios. Pero este tipo de argumentos no siempre lo explican todo. Pocas personas matarían a cambio de dinero, pero bastantes pueden hacerlo por venganza, por cuestiones de honor o por reacciones de machismo exacerbado. Lo mismo ocurre a nivel colectivo: a lo largo de la historia ha habido masas enardecidas que por euforia patriótica a veces han empujado a su país para que entrara en guerras desastrosas, sin motivos económicos que justificaran esas apuestas suicidas. La economía puede aportar perspectiva para tales contextos, pero no determina automáticamente todas las conductas humanas.

Francis Fukuyama destaca que los agravios económicos se agudizan cuando se unen a sentimientos de humillación y de falta de reconocimiento social. Como recuerda el politólogo norteamericano, el nivel de renta de la vieja clase obrera estadounidense ha ido menguando en las últimas décadas, especialmente a partir de la crisis de 2008, y la desindustrialización ha incrementado el desempleo y la inestabilidad laboral. Estas circunstancias han comportado que la identidad de estos sectores se vea amenazada y que se acreciente el malestar ante la invisibilidad de unos problemas de los que no hablan los dirigentes políticos, mientras se centran en resolver la marginación de otros grupos sociales. Todo ello ha hecho que el sentimiento más presente en esos sectores estadounidenses de clase trabajadora (extrapolables a otros países occidentales) no sea la percepción de angustia económica en forma de privación de recursos, sino de pérdida de identidad desde la perspectiva de ausencia de reconocimiento, y ha acabado provocando conflictos identitarios en unos términos que favorecen las estrategias de la derecha radical.

Por otro lado, en los últimos años hay factores culturales que han acentuado la intolerancia social, sobre todo a partir de la sucesión de atentados islamistas en bastantes países democráticos. El temor al terrorismo avivó los discursos xenófobos y la islamofobia, con ataques reiterados contra las comunidades musulmanas. Esa aversión creció aún más en Europa con los diversos episodios migratorios. Y también con los relacionados con el derecho de asilo, como la llamada crisis de los refugiados de 2015, provocada por las discrepancias en la distribución de cerca de un millón de refugiados a causa de la guerra de Siria. La intransigencia contra la inmigración se acompañó de intentos de vincularla con la delincuencia y el terrorismo, a través de las más diversas movilizaciones de la extrema derecha. Como señalan Manuel Rodrigo y Maximiliano Fuentes, «los diversos grupos de las derechas radicales crecieron a partir del fomento de una sensación de inseguridad que exigía una intervención dura».

La repulsa de la inmigración desde los argumentos de protección económica de los nacionales se combina con un relato de defensa de la identidad cultural, que según la ultraderecha se vería amenazada en un mundo cada vez más globalizado, como consecuencia de los citados cambios estructurales. Antes las referencias sobre diferencias culturales, en sociedades con menos mestizaje, estaban mucho más encapsuladas desde la mirada de unos países a otros. Un mundo cada vez más abierto, en cambio, conlleva una mezcolanza social inherente a la presencia foránea. Todo ello moviliza a quienes ven en peligro las esencias culturales de su comunidad nacional.

Por otro lado, los referidos cambios estructurales desbordaron problemas preexistentes, pero hasta entonces contenidos, como la crisis de la mediación política representativa, derivada del descrédito bastante generalizado de unos partidos muy desgastados, en un contexto de desconfianza galopante hacia las instituciones públicas. Este desprestigio de las principales fuerzas políticas coincidió con la labilidad de unos Estados sociales cada vez menos robustos. Todo ello erosionó tanto a los partidos conservadores convencionales como a los socialdemócratas, porque estos últimos también aceptaron en bastantes países europeos el desmantelamiento de muchos andamiajes sociales.

Ante el descrédito de la política tradicional y los efectos perturbadores de las modificaciones estructurales, se despertó el interés de ciertos sectores de la ciudadanía hacia los alegatos de quienes no estaban contaminados por la gestión. Los dirigentes de la extrema derecha hablaban a su manera, con rotundidad, de preocupaciones que inquietaban a la ciudadanía. Como indica Beatriz Acha, se demandaron respuestas políticas ante las dificultades sociales que desatendían los partidos convencionales. Junto a esto, con las más diversas variaciones, a menudo el voto protesta de ultraderecha fue favorecido también por el hecho de que las dos principales orientaciones políticas de derecha e izquierda, en sus luchas por pescar en amplios caladeros electorales, habían ido virando hacia el centro. Quedó un hueco en la derecha que fue aprovechado por el nacionalpopulismo conservador. Incluso, en algunos países la extrema derecha logró atraer a antiguos votantes de izquierda desencantados con las insuficiencias del sistema democrático.

Al mismo tiempo, la apropiación sobrevenida por parte de las fuerzas políticas mayoritarias de algunas proclamas ultraconservadoras, para competir en el ámbito electoral, acabó legitimando y normalizando a la propia extrema derecha. Como regla general, los partidos clásicos no apostaron por plantear una batalla directa para profundizar en la mejora del sistema democrático; más bien se inclinaron por la tarea, más sencilla, de abordar algunas de las fijaciones más recurrentes de la derecha radical. Los partidos convencionales empezaron a competir con el nacionalpopulismo en la dureza de algunas de sus banderas temáticas. El resultado de esta estrategia no ha sido especialmente exitoso para los partidos tradicionales, como lo demuestra el ascenso de la ultraderecha, pues se ha acabado aceptando el marco de debate que le resultaba más favorable. Como ha explicado George Lakoff, los sectores más conservadores han enmarcado determinados temas, de modo que la mera discusión de sus matices, en los términos inherentes a ese enfoque, ya supone aceptar implícitamente las premisas autoritarias. Como es comprensible desde ese entorno discursivo, hay sectores sociales muy convencidos de que la ultraderecha puede gestionar mejor que nadie el rechazo a la inmigración, la protección de los nacionales o la defensa firme del orden público, tal y como plantea Beatriz Acha.

Todo ello ha llevado a una notable normalización del nacionalpopulismo conservador en los países democráticos. Mientras que antes eran percibidos como grupos más bien marginales y provocaban recelos en la mayoría de la sociedad, ahora, sin haber variado sus planteamientos, despiertan simpatías en amplios sectores, especialmente en los votantes de la derecha. Lo llamativo es que sus ideas no han cambiado desde los años ochenta. Lo que se ha transformado ha sido la sociedad, como resultado de modificaciones estructurales, de las nuevas estrategias políticas y de las insuficiencias de los sistemas democráticos. No deberíamos olvidar que esas transformaciones no son provisionales. En algunos ámbitos han venido para quedarse.

RASGOS COMUNES, PARTICULARIDADES DIFERENCIADAS

Los partidos de derecha radical presentan una fisonomía similar en casi todos los lugares, aunque también puedan existir particularidades entre ellos. Como indica Cas Mudde, se trata de un fenómeno global que cuenta con variables locales. Las versiones nacionales tienen más o menos éxito en función de la capacidad de las organizaciones ultraderechistas y de sus líderes de conectar con las insatisfacciones, el descontento y los temores de la ciudadanía. Esas semejanzas acreditan que nos encontramos ante una manifestación estructural que se produce en todo el mundo, motivada por las grandes transformaciones económicas, tecnológicas y sociales de las dos últimas décadas.

La perspectiva comparada nos muestra patrones comunes muy evidentes, tanto en sus actuaciones en el Gobierno como en la oposición. Podríamos destacar ciertos rasgos compartidos: el rechazo a la inmigración, la apuesta por el nativismo, la práctica de un nacionalismo excluyente, las apelaciones a la seguridad desde una visión autoritaria del orden público, el populismo en sus narrativas colectivas, la crítica de la corrupción de las élites, la defensa de valores tradicionales y la oposición a los avances del feminismo.

El empeño contra la inmigración es una obsesión central en todos los casos. Este tipo de partidos coinciden en un discurso xenófobo que se conjuga con la defensa de los derechos de los nacionales. Una característica muy extendida es el nativismo, como combinación de nacionalismo y xenofobia, en palabras de Cas Mudde, con postulados que a veces son abiertamente racistas. Se trata de una concepción que propugna que en cada Estado deberían residir únicamente los nativos. Y, al mismo tiempo, se sostiene que los no nativos, estigmatizados por su carácter foráneo, constituyen una amenaza existencial para la pervivencia o identidad de la nación homogénea. Por ello, como advierte el politólogo neerlandés, el principal objetivo de la derecha radical es la instauración de una etnocracia, es decir, una democracia en la que la ciudadanía esté basada en la etnia. Apuestan por un Estado monocultural que cierre las fronteras a los inmigrantes y que únicamente ofrezca a los extranjeros residentes la opción de asimilarse. Quienes no acepten tal condición deberían ser expulsados. Todo ello se formula desde perspectivas peyorativas, de carácter supremacista, en las que subyace la idea de que la cultura nativa es muy superior a la considerada intrusa.

En relación con el blanco de sus ataques, la islamofobia suele ser la línea de embate principal, en sustitución del viejo antisemitismo que enarbolaron determinados sectores conservadores y ultraconservadores en todo el mundo a finales del siglo xix y durante la primera mitad del siglo xx. La islamofobia es el nuevo antisemitismo. Contra los musulmanes se repiten ahora todo tipo de bulos, leyendas urbanas y exageraciones absurdas, igual que se hizo contra los judíos en gran parte de los países europeos. Se suele culpabilizar únicamente al nazismo de aquellos hechos, pero en realidad el odio antisemita estaba muy presente en bastantes países.

Esta variación en las fobias está relacionada con diversos factores, como la paulatina inmigración llegada desde países musulmanes. Además, el abandono del discurso antisemita también debe relacionarse con la creación del Estado de Israel. Como argumenta Cas Mudde, en Europa occidental gran parte de la extrema derecha se ha vuelto filosemita, pues toma a Israel «como ejemplo de la etnocracia ideal y a los judíos como aliados naturales en la lucha contra el islam». Hay cierta admiración entusiasta hacia la uniformidad cultural y religiosa israelí, que actúa con mano de hierro contra los étnicamente diferentes. En definitiva, la xenofobia, el racismo y el malestar hacia la inmigración son esenciales para entender el crecimiento de la extrema derecha, y se repiten de manera muy insistente en sus discursos. Al tratarse de un rasgo de especial trascendencia, más adelante lo analizaremos con mayor detenimiento.

Por otro lado, estos grupos también comparten una concepción nacionalista de carácter emocional, a menudo empapada de símbolos, himnos y relatos históricos. La afirmación nacional particularista suele fundamentar las acometidas contra la Unión Europea, así como la defensa a ultranza de la soberanía. El caso que ha tenido más éxito ha sido el del Brexit, a instancias de un partido xenófobo de ultraderecha como el UKIP que logró impulsar un proceso que concluyó con la salida del Reino Unido de los organismos europeos. En otros países se han recorrido las más distintas variantes del euroescepticismo. Por ejemplo, el proyecto de Constitución europea se hundió especialmente con el no en el referéndum de 2005 que se registró en Francia y Holanda, a instancias de los partidos de extrema derecha.

La incorporación a la Unión Europea de los países del este también vino acompañada de nuevas formaciones ultraderechistas con planteamientos marcadamente xenófobos. La disconformidad con las políticas de integración europea se avivó tras la Gran Recesión de 2008, ante las dificultades durante los años siguientes de construir una política económica común y ante las críticas a la gestión de la burocracia financiera de la UE. El desastre económico reforzó los discursos nacionalistas más críticos por parte de los grupos de derecha radical. Como señala Yascha Mounk, la Unión Europea abrió los sueños de un futuro posnacional, pero la primacía del Estado-nación ha regresado con fuerza. En la misma línea, los grupos conservadores nacionalpopulistas coinciden en el repudio del globalismo, de las iniciativas mundiales y de los organismos internacionales. La ONU, las entidades multilaterales o la Agenda 2030 suelen ser denostadas sin ningún titubeo.

Otro rasgo común en estas formaciones políticas es una inflexible defensa del orden público desde perspectivas autoritarias. Se inspiran en una política criminal fuertemente punitivista: cualquier alteración del orden debe ser castigada con la mayor severidad. Según su punto de vista, los delitos vinculados al desarraigo no se solucionan con medidas sociales de intervención, sino con el máximo rigor penal. Y, especialmente con todo lo que afecta a la inmigración, resulta obligatoria una dureza implacable: expulsiones, penas desmesuradas, contundencia policial. Se exagera sin mesura todo lo que guarda relación con la inseguridad ciudadana y se asigna la responsabilidad de la delincuencia a la tibieza de los políticos convencionales. La fijación obsesiva con estas cuestiones puede constatarse en la decisión de Trump de poner en marcha en 2017 una oficina para víctimas de delitos cometidos por extranjeros, una suerte de organismo específico para vincular inmigración y delincuencia. Una variante de este discurso trumpista ha sido magnificar los actos de violencia de negros contra blancos y minimizar las situaciones de discriminación racial.

Por otro lado, los grupos de extrema derecha suelen reivindicar un monopolio moral de la representación, como apunta Mounk. Desde los postulados del populismo, como explicaremos con más detalle en el próximo capítulo, afirman que solo ellos encarnan la nación auténtica. El resto suelen ser calificados como enemigos del pueblo, en una visión que puede llevar a arremeter contra las distintas instituciones estatales, con la excusa de considerarlas ilegítimas en la medida en que no favorecen sus designios, desde los Parlamentos y los Gobiernos hasta los órganos judiciales. En esa categoría de traidores pueden entrar los medios de comunicación que desvirtúan sus argumentos. El nacionalpopulismo conservador, como fidedigno intérprete moral del país, tendría necesariamente la razón en todos sus postulados. El mandato de un rival al frente de un Gobierno sería ilegítimo, incluso si se le ha votado ampliamente.

Existiría una categoría de inclusión, según la cual solo serían nacionales auténticos los nativos que comparten esos puntos de vista y tienen convicciones políticas compartidas. Serían el pueblo real. La categoría de exclusión estaría integrada por los extranjeros, los periodistas críticos, las diversas minorías y los representantes o votantes de otras fuerzas, los cuales no representarían a la patria verdadera. Es el caso del partido finés Verdaderos Finlandeses, que muestra en su denominación que son los nativos indiscutibles. Es el mismo espíritu de los auténticos franceses o de los españoles genuinos en sus respectivos países. Los demás no son compatriotas legítimos, en una idea que supone el rechazo implícito del pluralismo. Estos partidos se arrogan la representación del todo y no reconocen la legitimidad de las restantes opciones políticas o la igual dignidad de quienes proceden de otros lugares.

También toman del populismo la receta de aportar soluciones fáciles, simplistas y sencillas de entender, aunque puedan no ser muy efectivas en la práctica. Sus programas políticos suelen ser bastante básicos y casi no han pasado por un proceso de reflexión y debate interno. Como apunta Yascha Mounk, muchos votantes potenciales de los partidos de extrema derecha no desean demasiadas complicaciones, circunstancia que también explica que las diatribas incendiarias de los líderes de la ultraderecha en países muy distintos puedan ser tan similares. Por ejemplo, como pone de manifiesto dicho politólogo, para la ultraderecha, si hay atentados terroristas islamistas, la solución es prohibir que haya musulmanes. Si llegan muchos inmigrantes, lo que debe hacerse es construir muros, vallas y alambradas. Si el empleo se está deslocalizando, bastará con impedir que otros países vendan sus productos en el nuestro. Y, por encima de todo, será suficiente con que el líder del pueblo auténtico llegue al poder para solucionar enseguida todos los problemas.

La actuación en nombre del pueblo los lleva a ser muy exigentes en la crítica de los casos de corrupción. Sin duda, se trata de un problema real que afecta seriamente a nuestras democracias. Pero sus críticas se hacen desde una hipotética pureza que no siempre se corresponde con la honestidad de sus miembros. Además, no suelen ir más allá de inclementes y altisonantes exigencias de mano dura contra los corruptos, sin un análisis profundo de cuáles son las soluciones necesarias para mejorar la calidad democrática del país. A menudo, si los resultados en las urnas no han ido bien, el discurso contra la corrupción acaba convirtiéndose en infundadas acusaciones de fraude electoral.

Los movimientos de derecha radical tienen una base conservadora. Defienden valores morales de orden, educación fundamentada en la disciplina y respeto a las antiguas tradiciones, reales o inventadas. Suelen observar con desconfianza las reivindicaciones sobre nuevos derechos, porque a veces implican cambios en las sociedades tradicionales sobre costumbres que se consideran idílicas. La defensa de la noción tradicional de familia implica un papel subordinado de la mujer en la sociedad, pues ordinariamente se niegan las situaciones de discriminación o el hecho de que los roles de género son desiguales. Como indica Cas Mudde, en ese tipo de planteamientos las mujeres son principalmente madres que resultan esenciales para la supervivencia de la nación, según la citada concepción del nativismo, lo que guarda relación con que la mayoría de los grupos conservadores nacionalpopulistas sean contrarios al derecho al aborto. Tales valores son compatibles con que haya mujeres dirigentes en estos partidos, siempre que actúen desde los mismos principios tradicionales.

En relación con esto, dichos grupos acostumbran a posicionarse en contra de las políticas sobre igualdad de género, al negar las situaciones de discriminación. Consideran que las mujeres no necesitan la protección de las instituciones y que las medidas en materia de igualdad han llegado demasiado lejos. Como advierte Enzo Traverso, desde la extrema derecha solo se defienden con tesón los derechos de las mujeres si ello resulta útil para disparar ideológicamente contra el credo islámico. En esos casos sí se denuncian de forma enérgica las situaciones de sometimiento de las mujeres musulmanas. Pero suele guardarse un silencio paradójico ante discriminaciones equivalentes en los ámbitos nativos.

Los discursos antifeministas que se enmarcan en planteamientos de defensa de la familia tradicional, de base heterosexual, sirven también como cobertura para descalificar las disidencias sexuales. A menudo, son cuestionados los derechos de las miembros de la comunidad LGTBI, el matrimonio entre personas del mismo sexo o la educación sexual en las escuelas. Como indica Nuria Alabao, un ataque frecuente contra las disidencias sexuales consiste en esgrimir teorías conspirativas sobre poderosos lobbies al servicio de oscuras élites globales.

Todas estas visiones se han materializado con la acción de gobierno de la derecha radical. En Hungría, el partido Fidesz, liderado por Orbán, reformó la Constitución para remarcar que el matrimonio heterosexual debía ser protegido, al ser la base de la supervivencia de la nación. Se han prohibido estudios sobre perspectiva de género y se ha negado tajantemente la existencia de roles construidos socialmente. También en Hungría se aprobó en 2021 una ley que prohíbe hacer referencia a la homosexualidad en los colegios o en programas de televisión dirigidos a menores. Y algunos cargos políticos del partido gobernante han comparado reiteradamente la homosexualidad con la pedofilia. Asimismo, durante la etapa en el gobierno del partido Ley y Justicia, en Polonia se incidió en todo tipo de medidas para fomentar la familia tradicional. Apoyados por este partido, multitud de municipios y regiones se declararon zonas libres de ideología LGTBI y anunciaron que las personas homosexuales no eran bienvenidas. El principal líder del partido, Jarosław Kaczyński, manifestó que la ideología homosexual era importada y contraria a las tradiciones de Polonia, así como un ataque a la familia y a la infancia.

Como señala Alba Sidera, en Italia el Gobierno de Giorgia Meloni ha mostrado su sintonía con algunas de las medidas adoptadas en Hungría y Polonia, entre las que cabe destacar las restricciones de derechos de las parejas homosexuales, los esfuerzos por garantizar la prevalencia de la «familia tradicional» y la voluntad de entorpecer el derecho al aborto. En el ámbito europeo, bastantes grupos de extrema derecha han incorporado elementos religiosos propios del cristianismo como fundamento de su cultura nacional, en especial en los países con mayoría de católicos, y, a partir de esos valores religiosos nativos, también critican con dureza al islam.

Finalmente, otra característica del ideario de la derecha radical es un acusado antiintelectualismo, casi siempre presente a lo largo de la historia en los movimientos tradicionalistas. Se acompaña de una oposición visceral a las corrientes culturales progresistas. Muchos de estos grupos formulan discursos negacionistas sobre el cambio climático, basándose en perspectivas acientíficas y teorías conspirativas a partir de las cuales cuestionan los compromisos internacionales y los acusan de querer transformar los modos tradicionales de vida.

También hay bastantes coincidencias en el perfil de los votantes. Se trata mayoritariamente de hombres, circunstancia que debe relacionarse con sus visiones contrarias a los derechos de las mujeres. En buena parte, los discursos de la derecha radical populista conectan directamente con los recelos de muchos varones ante los avances igualitarios que ha propiciado el movimiento feminista. Mudde cifra esa asimetría en el sexo del electorado en unos porcentajes superiores al 60 por ciento. Diversos estudios, entre ellos uno publicado por Beatriz Acha, han confirmado la sobrerrepresentación masculina en la adhesión a la ultraderecha en Austria, Bélgica, Dinamarca, Noruega, Suiza o Alemania, entre otros países. Este rasgo se repite también entre su militancia, que está compuesta principalmente por hombres.

Por otro lado, el respaldo a la extrema derecha está presente en todas las clases sociales, aunque es sensiblemente superior en hombres de clase baja-media sin estudios superiores. Como apuntan Javier Rodrigo y Maximiliano Fuentes, el 64 por ciento de los blancos sin estudios superiores apostó por Trump en 2016 y estas altas cifras de apoyo a la ultraderecha en ese grupo social se repiten en países como Francia o Alemania, entre otros; en sentido similar, el 75 por ciento de las personas sin formación universitaria votó a favor del Brexit.

Beatriz Acha ha destacado que la juventud es un factor que incrementa las posibilidades de votar a la extrema derecha, cuando se combina con el género masculino, el hecho de pertenecer a la clase trabajadora y un menor nivel educativo. Además, según esta autora, en relación con el componente de clase social, los niveles de adherencia se acentúan entre los denominados perdedores de la globalización y de la modernización cultural, quienes serían los sectores más afectados por los intensos cambios económicos, laborales y sociales que se están produciendo. No se trata, sin embargo, de las personas que se encuentran en los estratos sociales más bajos, porque estas no suelen acudir a votar, sino sobre todo de trabajadores manuales con escasa cualificación, desplazados de sus puestos de trabajo por la automatización, la deslocalización y la competencia de trabajadores extranjeros.

Por otro lado, a pesar del éxito continuado en las urnas del nacionalpopulismo conservador, también se constatan como rasgo común elevados niveles de volatilidad en el voto. Se trata de partidos que en Europa pueden experimentar subidas sorprendentes y descalabros aún más llamativos, aunque la línea general haya sido muy ascendente. Como recuerda Cas Mudde, es remarcable el contraste entre la estabilidad en sus porcentajes más bien marginales en los años noventa y el respaldo electoral cambiante en las dos últimas décadas en bastantes países. En parte esta falta de estabilidad electoral puede estar relacionada con sus frecuentes divisiones internas. Como indica Beatriz Acha, el espacio de la ultraderecha suele estar densamente poblado y esas escisiones dificultan la estabilidad electoral y la implantación organizativa.

Los grupos de extrema derecha forman una gran familia, con rasgos compartidos, que actualmente disfruta de momentos dulces. Pero también hay peculiaridades que pueden distinguirlos en algunos aspectos, y que, a menudo, están basadas en las singularidades de los distintos países. En este sentido, como se ha indicado, un aspecto muy presente es el cuestionamiento de los derechos de las personas homosexuales, desde la perspectiva de la defensa de la familia tradicional. En cambio, en algunos países no se mantiene esa posición. Por ejemplo, era abiertamente homosexual el líder histórico de la ultraderecha holandesa, Pim Fortuyn, asesinado en 2002. Y es lesbiana la principal dirigente de Alternativa para Alemania, Alice Weidel. Debemos valorar que, cuando se expandió la extrema derecha en las democracias más avanzadas, como la propia Alemania y los Países Bajos, los derechos de las personas homosexuales ya estaban más reconocidos que en otras sociedades.

Asimismo, la mayoría de las fuerzas políticas ultraconservadoras son neoliberales en lo económico. Un caso muy paradigmático es el de Donald Trump y su defensa de los recortes de impuestos a los más ricos y a las grandes empresas, o el de Milei, cuyo neoliberalismo radical es la característica más acusada de su gestión política en Argentina. También en otros países la ultraderecha sigue estas doctrinas económicas. Sin embargo, en algunos lugares la extrema derecha defiende posiciones más sociales, como en Francia o en los países escandinavos. En todo caso, debemos especificar que en esas últimas posturas siempre prevalece una perspectiva de exclusión de los inmigrantes y de protección de los nacionales. Como indica con precisión analítica Pablo Simón, así se apela a algo tan sustancioso como «la redefinición del perímetro de la comunidad de solidaridad y de derechos».

Otra característica común en las fuerzas de ultraderecha es la comunicación política a través de discursos emocionales. Eva Illouz ha señalado que lo que se busca con ellos es reforzar la identidad del grupo mayoritario, reparar heridas simbólicas y enfrentar a varias identidades entre sí. No se trataría, pues, de un enfoque de cohesión emotiva colectiva desde el respeto a la pluralidad del país, sino de una búsqueda muy consciente del conflicto identitario. La escritora franco-israelí parte de la sociología de los afectos para fijar cuatro emociones básicas en las proclamas ultraconservadoras: el miedo, el asco, el resentimiento y el orgullo nacional. Se trataría de emociones que pretenden dar sentido al malestar de determinados grupos sociales y canalizarlo hacia estas líneas partidistas. Como recuerda Eva Illouz, los discursos emocionales reorientan las contradicciones sociales y explican que sectores de la clase trabajadora puedan ser proclives a medidas de la derecha radical, como bajar impuestos a los ricos, desregular las leyes laborales o aminorar las prestaciones sociales.

Eva Illouz también señala que, en los discursos ultraconservadores, la difusión emocional del miedo permite dividir a la sociedad en amigos (los buenos) y enemigos (a través de la invención de malos a los que se debe deshumanizar y convertir en un peligro). Este antagonismo radical justifica las exigencias de más dureza en las medidas de seguridad y orden público. Por otro lado, la propagación del sentimiento de asco es una característica del racismo: hay que evitar la proximidad o la mezcla con quienes «no son como nosotros».

La emoción del resentimiento suele basarse en visiones legítimas de descontento ante la falta de solución a problemas verdaderos. Sin embargo, como observa Illouz, el discurso emocional de las derechas radicales permite que el resentimiento popular aparte la mirada de las estructuras de opresión y, valiéndose del conflicto identitario, desvíe ese rencor hacia otros nacionales y hacia los extranjeros sin recursos. Las iras victimistas se acaban dirigiendo a las mujeres que reivindican la igualdad, a las minorías étnicas que tratan de mejorar su integración social y a los inmigrantes que llegan al país. Asimismo, la defensa del orgullo nacional como emoción posibilita incidir «en el profundo apego que algunos grupos sienten hacia los símbolos, valores e historia» que definen a su comunidad. El amor patriótico sería a la vez inclusivo y excluyente: traza una línea entre el propio grupo y aquellos a los que no se ama. Como concluye Illouz, el orgullo nacional estimula sentimientos de hermandad, de pertenencia y de anclaje de la identidad, pero con una visión selectiva sobre quiénes son considerados miembros de la nación.

Estas características son generalmente compartidas por el nacionalpopulismo conservador. Javier Rodrigo y Maximiliano Fuentes remarcan que la derecha radical es un fenómeno transnacional, con intensas conexiones a través de una amplia red de *think tanks*, fundaciones, asociaciones, fuentes de financiación y los más diversos organismos cooperativos. Celebran a menudo encuentros internacionales en los que intervienen sus líderes principales. Hay personalidades como Steve Bannon, ex jefe de estrategia de Trump, que realizan actividades frenéticas de coordinación para robustecer los vínculos en todo el mundo entre las fuerzas de la extrema derecha.

También hay matices, particularidades y rivalidades que han impedido la unificación de las diversas corrientes de extrema derecha en el ámbito de la UE. Tras las elecciones de junio de 2024, se ha constituido el grupo parlamentario Patriotas por Europa, que incluye al partido húngaro Fidesz de Orbán, al Reagrupamiento Nacional francés de Marine Le Pen, a la Liga Italiana de Salvini, al Partido Popular Danés o al Partido de la Libertad de Austria; en este espacio se ha integrado Vox, la principal formación de la derecha radical española. Por otro lado, el Grupo de Reformistas y Conservadores Europeos ha reunido a Hermanos de Italia, a los polacos de Ley y Justicia, a Nueva Alianza Flamenca, a Demócratas de Suecia y a Solución Griega, entre otras fuerzas políticas. Además, Alternativa para Alemania lidera el pequeño grupo Europa de las Naciones Soberanas, junto a diversas formaciones de ultraderecha, que proceden principalmente del este de la UE.

Las distintas tendencias ultraconservadoras han realizado intentos de unificación que hasta ahora no han prosperado. Sin embargo, comparten bastantes actividades y escenifican públicamente pronunciamientos comunes en defensa de sus exigencias más distintivas. Resulta previsible que continúen las tentativas de fusión, porque se trata de partidos que están conectados a través de los más diversos foros internacionales.

En relación con las estrategias comunicativas de la nueva extrema derecha, Pablo Stefanoni ha destacado el uso de un estilo transgresor, rebelde, provocador, que se regocija en la incorrección política, en contraste con los valores conservadores de fondo que se defienden. La ruptura con las formas políticas convencionales es seña de identidad de líderes como Trump, Bolsonaro o Milei, entre otros, que cuentan con equivalentes en dirigentes de la ultraderecha española. Stefanoni ha subrayado el modo en que, cuando se cuestionan los acometimientos despectivos de la derecha radical contra los derechos de las personas o contra la dignidad de determinadas minorías, la respuesta por parte de la ultraderecha suele ser que se pretende imponer una dictadura en las ideas o una «policía del pensamiento». Esa victimización es un rasgo muy característico en el auge de los discursos autoritarios.

El final de la excepción española

En las últimas décadas, las organizaciones de ultraderecha han crecido vertiginosamente en casi toda Europa y en otras partes del mundo, pero no obtenían resultados significativos en España. Se repetía el tópico de que nuestro país siempre se incorpora con retraso a los acontecimientos internacionales. Cas Mudde resumió las teorías que explicaban esta ausencia: el recuerdo aún reciente y doloroso de la dictadura de Franco, con claros tintes fascistas en su origen, así como el hecho de que España no contaba aún con una economía posindustrial, a diferencia de otros países europeos. Poco antes de la irrupción de Vox, otro de los grandes expertos internacionales, Enzo Traverso, objetó que en España la nostalgia del franquismo seguía muy presente en algunos ámbitos, sobre todo en los estratos más conservadores de la sociedad, que apoyaban al PP. La situación, sin embargo, ha cambiado. Ahora los analistas coinciden en que, a partir de la entrada de Vox en las instituciones españoles, ya somos completamente europeos en ese aspecto. Debemos añadir el rápido crecimiento de Aliança Catalana en su ámbito territorial, con coincidencias y diferencias con Vox, y el surgimiento en las elecciones europeas de 2024 de la candidatura Se Acabó La Fiesta, del activista ultraconservador Alvise Pérez.

Lo cierto es que, tras la muerte de Franco, la extrema derecha nunca llegó a desaparecer completamente de nuestro panorama político. En la Transición, las secuelas del régimen anterior llevaron al Parlamento al partido franquista Fuerza Nueva, cuyo líder, Blas Piñar, fue diputado entre 1979 y 1982. Tras pasar a ser un partido extraparlamentario, se refundó años después como Frente Nacional, imitando el estilo de su equivalente francés y el discurso de Jean-Marie Le Pen. Sus apoyos electorales fueron insignificantes, igual que ocurrió en España con otras formaciones ultraderechistas en las décadas siguientes. Tampoco obtuvieron representación, salvo en algunos ayuntamientos, partidos como Democracia Nacional, España 2000, Alianza por la Unidad Nacional o las distintas Falanges. Las organizaciones políticas de extrema derecha que cuestionaban el sistema democrático apenas tuvieron influencia en la sociedad. En cambio, sí que adquirieron cierta resonancia trágica en las primeras décadas de esta etapa democrática los más diversos grupúsculos ultraderechistas, sobre todo por sus acciones vinculadas al odio, a la violencia, al asesinato y al terrorismo, en ocasiones amparadas por la complicidad de ciertos sectores de la policía y de otros aparatos estatales, como ha documentado meticulosamente Miquel Ramos.

Esta situación de irrelevancia política cambiaría a partir de la fundación de Vox en 2013, con un discurso que ya no era equivalente al de la extrema derecha anterior. Se asemejaba al del nacionalpopulismo conservador europeo, pues no cuestionaba frontalmente la democracia. El propio origen de este partido nos da algunas pistas sobre su orientación: el nacimiento de esta formación procede principalmente de una escisión del ala más conservadora del PP, a la que se unieron antiguos militantes de sectores del falangismo y de otros colectivos de extrema derecha.

El hecho de que el núcleo fundacional de Vox tenga su origen en el PP resulta significativo. Como señala Steven Forti, siete de sus diez fundadores habían desempeñado cargos muy destacados en ese partido. Se trataba de personas próximas a José María Aznar, en especial Santiago Abascal, Alejo Vidal-Quadras y José Luis González Quirós. Por otro lado, según Forti, el discurso más duro habría que atribuírselo al «alma» neofalangista del partido, representada por dirigentes como Javier Ortega Smith, Jorge Buxadé y Kiko Méndez-Monasterio. Esta simbiosis entre ambas procedencias se reproduce entre los cuadros del partido en las distintas agrupaciones territoriales. Cas Mudde considera que el hecho de que surgiera principalmente como una escisión del PP, un partido en el que Santiago Abascal ocupó numerosos cargos, lleva a que Vox sea una versión ligeramente más radical y nativista del conservadurismo convencional, antes que una organización vinculada al neofascismo, como lo habían sido la mayoría de los partidos ultraderechistas en España.

Los resultados iniciales de Vox fueron más bien modestos. En su primera cita electoral en las elecciones europeas de 2014 consiguió el 1,56 por ciento de los votos. Después, en las elecciones generales de 2015, obtuvo el 0,23, y en las de 2016, el 0,20. Parecía que seguía sin existir espacio electoral en España para un partido de extrema derecha, aunque hubiera modulado el discurso en comparación con las formaciones precedentes.

El gran avance cuantitativo se produjo en las elecciones autonómicas andaluzas de diciembre de 2018, en las que obtuvo el 10,96 por ciento de los sufragios, con la inercia favorable de las banderas rojigualdas en los balcones y la ola de ferviente españolismo desatada a causa del conflicto independentista catalán. Empezó a ser considerado un partido emergente que muy probablemente acabaría situándose en los porcentajes de la ultraderecha europea. En el ámbito estatal, este impulso se consolidó al conseguir Vox el 10,26 por ciento de los votos en las elecciones generales de abril de 2019. Y llegó a su mejor resultado en la repetición electoral de noviembre de ese mismo año: obtuvo el 15,09 por ciento de los sufragios y se situó como tercera fuerza política del país, con 54 diputados y más de 3,5 millones de votos, en un contexto de crispación de alto voltaje tras los altercados causados al poco de dictarse la sentencia del procés.

En las elecciones generales de julio de 2023, Vox sufrió un leve retroceso. Bajó al 12,39 por ciento y se quedó con 33 diputados. En todo caso, esta formación política mantuvo un apoyo de más de tres millones de ciudadanos, lo cual indica una implantación importante. Además, el partido de Abascal ejerce un poder territorial indiscutible en muchísimos ayuntamientos, con cerca de mil setecientos concejales. Y en bastantes comunidades autónomas es una fuerza determinante, como lo demuestra el hecho de que formó parte de los Gobiernos autonómicos de Castilla y León, Comunidad Valenciana, Extremadura, Aragón y Murcia, hasta que los abandonó en julio de 2024.

El ascenso de la derecha radical española fue rapidísimo, a la velocidad de un contenido viral en las redes. Resulta pertinente preguntarse cómo pudo pasar Vox de la irrelevancia de unos 58.000 electores en 2015, en momentos de difícil situación económica para el país, a más de tres millones de votantes en 2019, solo cuatro años después. A partir de numerosos estudios, todos los politólogos coinciden en que el conflicto territorial catalán fue el hecho decisivo que favoreció el crecimiento de la extrema derecha en España. Como dato esclarecedor, tras su nacimiento, Vox había utilizado sin demasiado éxito el programa que había funcionado en otros países europeos: críticas a la inmigración, defensa del orden público, ultranacionalismo conservador. Pero, desde la sacudida del conflicto del procés, a partir de octubre de 2017, empezó a cosechar adhesiones importantes. Tras sus primeros éxitos electorales y con una amplia visibilidad en los medios, las proclamas de Vox comenzaron a formar parte de la agenda de debate en el espacio público.

Por otro lado, también contribuyó al ascenso inicial de Vox en 2018 el desgaste del PP, tras casi siete años en el gobierno, muy erosionado por las protestas ciudadanas contra los recortes sociales y seriamente acosado por numerosos procesos por corrupción. De hecho, la moción de censura que desalojó ese mismo año a Mariano Rajoy de la presidencia del Gobierno tuvo como justificación la sentencia inicial del caso Gürtel. Vox se pudo presentar como un competidor directo de la derecha convencional para disputarle parte de su espacio. Era un actor novedoso, sin la incómoda losa de la gestión previa, y no estaba contaminado por tramas corruptas condenadas en los tribunales.

Además, resulta significativo que en España no se llegó a intentar consensuar en ningún momento la fijación de un cordón sanitario contra Vox, como el aplicado contra la extrema derecha en Francia o Alemania. Al contrario, el PP siempre consideró al partido de Abascal como un interlocutor válido para negociar acuerdos en todos los organismos públicos, por lo que desde el principio se produjo una plena normalización institucional del nacionalpopulismo conservador en España.

En relación con sus referencias ideológicas, Vox ha incidido en lemas muy similares a los de sus aliados europeos, aunque también ha optado por exhibir algunas particularidades. La actuación contra la inmigración ha sido uno de sus discursos más recurrentes, y ha aprovechado todo tipo de incidentes relacionados con el fenómeno de la extranjería para marcar su propio territorio. Precisamente, en junio de 2018, Vox ya empezó a cobrar protagonismo por sus reproches al recién estrenado Gobierno de Pedro Sánchez, quien decidió acoger por razones humanitarias urgentes al buque Aquarius, con más de seiscientos refugiados y migrantes a bordo, tras la negativa del Gobierno italiano a que atracara en sus puertos, en medio de las diatribas xenófobas de Matteo Salvini. Como indica Beatriz Acha, el discurso de Vox se ha centrado en reclamar la expulsión de inmigrantes ilegales, en presentar la inmigración como un problema conectado con la criminalidad y el orden público, en demandar el fortalecimiento de las fronteras (incluso con la petición de construcción de muros infranqueables en Ceuta y Melilla) o en aumentar las exigencias para la concesión de la nacionalidad, entre otras medidas. Según José Antonio Sanahuja y Camilo López Burian, la inmigración es presentada por este partido como «una amenaza externa que puede disgregar elementos como la identidad, la soberanía, la unidad nacional y el bienestar social».

La extrema derecha española también coincide con la de los países vecinos en sazonar con islamofobia el rechazo a la inmigración. Los extranjeros serían un peligro, sobre todo los pobres, pero los musulmanes se llevarían el premio de honor. Resulta llamativa esta fijación con el mundo islámico, porque es contraria a la visión que tiene de la historia un sector del nacionalismo cultural español, que asimiló a menudo lo árabe como parte de nuestro propio legado. Como explica José Álvarez Junco, aunque hubo miradas históricas del nacionalismo español del siglo XIX que se basaron parcialmente en los episodios míticos de la Reconquista, también concurrieron perspectivas que valoraron muy positivamente las contribuciones a nuestra cultura de Al-Andalus.

Para conformar el sentimiento nacionalista alemán en el siglo XIX, Wagner se centró en las valkirias de la mitología nórdica y en los nibelungos de las leyendas germanas, mientras que Dvořák estimuló el espíritu nacional checo con sus danzas y rapsodias inspiradas en antiguos ritmos populares eslavos. En esa misma línea de integración de lo propio, los compositores españoles de la época, desde la perspectiva del mestizaje en la cultura, acogieron la herencia cultural árabe como inspiración de buena parte de sus aportaciones a partir del denominado alhambrismo musical. Entre ellos destaca el máximo exponente del nacionalismo musical español, Isaac Albéniz, quien se basó en todo tipo de piezas populares, entre ellas bastantes obras inspiradas en cadencias arábigas, para componer *Serenata árabe*, *Zambra granadina*, *Albaicín* y *Lindaraja*, entre otras. Del mismo modo, grandes maestros de la guitarra clásica como Francisco Tárrega presentaron algunas de sus piezas más célebres con los títulos de *Danza mora*, *Capricho árabe* o *Recuerdos de la Alhambra*. La perspectiva de la cultura islámica como parte sustancial de nuestra historia fue una constante entre los compositores del nacionalismo musical español.

En sentido contrario a la realidad de ese sustrato cultural, el discurso islamófobo de la extrema derecha española se centra actualmente en la constante apelación a mitos históricos, como el de la Reconquista, para afirmar que los auténticos españoles expulsaron valientemente a los infieles foráneos que nos habían invadido, lo cual es una forma de sugerir que ahora deberíamos hacer lo mismo. Se parte del relato falaz, desmentido rotundamente por los historiadores, de que en la península entraron en aquellos tiempos millones de árabes y arrinconaron a los autóctonos en el norte, pero que finalmente los invasores pudieron ser desalojados.

Sin embargo, como explica el historiador Eduardo Manzano, experto en Al-Andalus, los datos históricos nos dicen que en el siglo VIII entraron una minoría de árabes, en comparación con la población peninsular, y hubo una amplia asimilación de la cultura arábiga por parte de los autóctonos. Sucedió igual que había pasado con la romanización: los invasores fueron minoría, pero la mayoría ibérica acabó asimilando su lengua, cultura y costumbres. En ningún caso hubo una guerra rápida entre unos invasores que entraron y otros que los expulsaron; el islam estuvo presente más de siete siglos en la península, y en bastantes periodos hubo una convivencia pacífica entre integrantes de distintas religiones: musulmanes, cristianos y judíos.

No olvidemos que la población era mayoritariamente descendiente de la autóctona, aunque profesaran distintas religiones. Por ello, la expulsión, que se produjo en el ámbito de las guerras religiosas de aquellos tiempos y que fue consumada por los Reyes Católicos, no consistió en desterrar a quienes habían entrado más de setecientos años atrás, sino en echar principalmente a los descendientes de la población peninsular que habían asumido el credo musulmán. De hecho, se trata del mismo patrón que siguió la expulsión posterior por motivos religiosos de los moriscos a principios del siglo XVII, a pesar de que estaban muy integrados en aquella sociedad y étnicamente eran indistinguibles de los cristianos, como lo demuestran los episodios dedicados a Ricote y a otros personajes en las obras de Miguel de Cervantes.

Las invocaciones exaltadas a Covadonga y don Pelayo, al Cid Campeador o a Isabel de Castilla no son meramente anecdóticas. Según Zira Box y Jesús Casquete, estas apelaciones a las leyendas pseudohistóricas de la Reconquista poseen carácter funcional, al vincularse con un relato de defensa cerrada del nativismo, en oposición a los elementos musulmanes que amenazarían la homogeneidad española. Este discurso de exclusión de los foráneos es conectado por Beatriz Acha con la afirmación ultranacionalista interna de Vox: se trataría de una defensa de la unidad nacional que se proclama por oposición a la anti-España de independentistas, comunistas y otros enemigos de la patria. Steven Forti explica que este discurso no es nuevo y fue acuñado a principio del siglo XIX «por las corrientes reaccionarias del nacionalismo español y asumido por el franquismo». El gran ideólogo de la España eterna fue Marcelino Menéndez y Pelayo, con su *Historia de los heterodoxos españoles,* en la que describió en ocho tomos las herejías de quienes se opusieron durante siglos a la tradición de la verdadera nación católica: protestantes, ilustrados, librepensadores, afrancesados, liberales progresistas o krausistas, entre otros.

En la adaptación de estas perspectivas nacionales a la actualidad, como señalan Zira Box y Jesús Casquete, el discurso de la derecha radical afirma hiperbólicamente que España es la nación más antigua del mundo y que hay que devolverle su grandeza imperial. Por ello, se acentúa el discurso de la hispanidad en un mar de referencias a la conquista de América, como portadora únicamente de cultura, civilización y beneficios, con fundamento en una historiografía «de dudosa solvencia científica», en palabras de José Antonio Sanahuja y Camilo López Burian. Desde este punto de vista, el máximo enemigo en el presente sería el separatismo, que en los últimos años se ha convertido en el principal catalizador de la extrema derecha en nuestro país. A diferencia del nacionalpopulismo europeo, centrado en la inmigración como cabeza de turco exterior, en el caso de Vox se identifica también un enemigo interior. El independentismo catalán propulsó al ultranacionalismo español. La exacerbación del discurso nacionalista español lleva a Vox a cuestionar incluso el propio sistema autonómico. Esta perspectiva llevaría, como indican José Antonio Sanahuja y Camilo López Burian, a apostar por un Estado unitario y centralista, que haría desaparecer las comunidades autónomas.

Las concepciones ultranacionalistas de Vox conducen necesariamente a la defensa del antiglobalismo y a la desconfianza de la derecha radical europea hacia los organismos internacionales. Desde esta perspectiva, la Agenda 2030 de Naciones Unidas atacaría a la familia, liquidaría la soberanía de las naciones y destruiría las raíces comunes de Occidente, según esta formación política. Vox también cuestiona el incremento de competencias por parte de Unión Europea, en detrimento de las instituciones de nuestro país, afirmaciones que han llevado a este partido a rechazar la jurisdicción del Tribunal Europeo de Derechos Humanos.

En materia de memoria democrática, Vox ha tratado de blanquear con su discurso las graves violaciones de derechos humanos cometidas durante el franquismo y ha mostrado una benevolente comprensión hacia las motivaciones del golpe de Estado de 1936, al asignar la responsabilidad a las fuerzas políticas republicanas. En esta línea debe situarse el rechazo frontal de este partido hacia las leyes de memoria democrática.

Dichos planteamientos guardan relación, como refieren José Antonio Sanahuja y Camilo López Burian, con el uso que Vox hace del discurso populista de la ultraderecha europea, que consiste en arrogarse la única representación del pueblo verdadero. Además, Vox incide en calificar como enemigos de España (e incluso los acusa de traidores) a quienes no comulgan con sus ideas. Se trata de un discurso opuesto a las nociones de sociedad abierta, plural y diversa, y que choca frontalmente con los principios de la democracia representativa cuando este partido reclama ilegalizar a partidos independentistas, nacionalistas o de izquierdas.

Los valores de Vox se inspiran en posturas tradicionalistas, próximas al nacionalcatolicismo, que Steven Forti ha equiparado en algunos aspectos con el «ultraconservadurismo radical y combativo» de las extremas derechas de Europa del Este. Nuria Alabao también ha conectado el antifeminismo y el rechazo de las disidencias sexuales de Vox con la línea de sus homólogos europeos, por sus posiciones contrarias a la legislación en materia de igualdad y violencia de género, al derecho al aborto, a la educación sexual en los colegios o al matrimonio entre personas del mismo sexo.

Sus dirigentes acostumbran a denominar «ideología de género» o «dictadura de género» a las medidas legales derivadas de los tratados internacionales suscritos por España en materia de igualdad. Por otro lado, como explica Nuria Alabao, los dirigentes de Vox han comparado los programas de educación sexual en las escuelas con la «corrupción de menores», además de negar que actualmente las mujeres sufran en España situaciones de discriminación. Otro de los grandes caballos de batalla de este partido es la legislación sobre violencia machista, a la que acusan de ser innecesaria y de vulnerar la presunción de inocencia.

En cuanto a sus ideas económicas, Vox ha defendido postulados neoliberales, como otros grupos de derecha radical, que se basan en propuestas de baja fiscalidad, reducción del déficit y del gasto, austeridad y adelgazamiento del Estado, como indica Beatriz Acha. Posteriormente ha ido modulando su posición para introducir posturas de mayor gasto público, construcción de viviendas sociales o medidas proteccionistas para la reindustrialización del país. En todo caso, la apuesta por más prestaciones sociales se enmarca en el llamado chovinismo del bienestar, inspirado en la ultraderecha francesa, para proteger a los nativos y excluir a los extranjeros. Es un cambio de orientación que ha provocado algunos enfrentamientos entre sus dirigentes. Según Steven Forti, dicho giro está relacionado con el mayor protagonismo del sector neofalangista del partido, liderado por Jorge Buxadé.

Y, en la misma línea que otras organizaciones de derecha radical, Vox impugna la realidad del cambio climático, que es calificado por algunos de sus dirigentes como «camelo climático» dirigido por las élites globalistas, a pesar del consenso existente entre la comunidad científica sobre la materia, como explican Marina Muñoz y Javier de la Casa. En el programa electoral de las elecciones generales de 2023, Vox aludía expresamente a las «imposiciones ideológicas arbitrarias en nombre de la religión climática» y rechazaba la Agenda 2030.

El perfil de los votantes de Vox tiene bastantes similitudes con otros partidos europeos de derecha radical. Predominantemente son hombres de clase media-baja y sin estudios superiores, aunque cuenta con menos votantes de extracción obrera que la ultraderecha europea, según Beatriz Acha. Por otro lado, como ponen de manifiesto Javier Rodrigo y Maximiliano Fuentes, también se han constatado apoyos notables a Vox en barrios con niveles elevados de renta y en zonas con una fuerte presencia militar. En cualquier caso, Steven Forti destaca que, aunque la cosmovisión de Vox «sea deudora en gran medida del tradicionalismo reaccionario español de principios del siglo pasado», este partido es perfectamente homologable a las nuevas ultraderechas que se han consolidado en Europa en las últimas tres décadas, porque comparte la mayoría de sus referencias ideológicas y de sus estrategias comunicativas.

En el Parlamento de la UE, el partido de Abascal forma parte del grupo Patriotas por Europa, como ya se ha mencionado anteriormente. Y es evidente su proximidad con formaciones como la húngara Fidesz o el Reagrupamiento Nacional de Marine Le Pen. Además, Vox es el partido europeo de referencia para la ultraderecha de América Latina, a través de contactos muy estrechos en Brasil con Bolsonaro o en Argentina con Milei. Asimismo, la admiración que los dirigentes de Vox sienten por Trump y por las estrategias del trumpismo ha sido una de sus señas de identidad.

A pesar de sus pocos años de existencia, las divergencias internas han estado ya a punto de provocar una escisión en Vox, al igual que ha ocurrido con otros de sus socios europeos. La marcha de Macarena Olona causó cierto daño al partido, pero no llegó a arrastrar a amplios sectores de la militancia. Además, la salida de Iván Espinosa de los Monteros de la cúpula del partido, por sus conflictos con Jorge Buxadé, mostró que dentro de Vox había profundas diferencias en materia de programa económico. El último movimiento relevante en el espacio de la ultraderecha ha sido la presentación a las elecciones europeas de junio de 2024 de la candidatura Se Acabó La Fiesta, liderada por el activista ultraconservador Alvise Pérez; esa plataforma ha logrado atraer a anteriores votantes de Vox y ha conseguido entrar en el Parlamento Europeo con tres diputados y un resultado del 4,6 por ciento que es llamativo para una formación tan reciente.

También ha sido significativa la evolución del nacional-populismo conservador en el ámbito catalán. Inicialmente se generó un movimiento de extrema derecha de carácter españolista y, posteriormente, en el marco de los efectos del procés, se ha articulado una ultraderecha catalanista. Plataforma per Catalunya fue un partido de orientación ultraconservadora y regionalista, fundado en 2002 por Josep Anglada, antiguo militante de Fuerza Nueva. Tuvo una presencia especialmente local, aunque rozó la entrada en el Parlamento autonómico en 2010. Consiguió 67 concejales en 40 ayuntamientos en las elecciones municipales de 2011. Como señala Xavier Casals, esta fuerza política fue la primera iniciativa de entidad en este ámbito ideológico que rompió con la línea de los anteriores partidos franquistas o neofascistas. Intentó homologarse a la nueva extrema derecha europea a través de un discurso contra la inmigración, basado en la islamofobia y con rasgos etnonacionalistas, que defensaba el chovinismo del bienestar y reivindicaba más dureza en materia de orden público. Plataforma per Catalunya decidió autodisolverse en 2019 y recomendó a sus militantes integrarse en Vox.

El relevo en los alegatos xenófobos ultraconservadores en este ámbito territorial fue asumido por Aliança Catalana. Pero se produjo una mutación significativa, porque se trata de una formación política que reclama proclamar un Estado catalán independiente a través de una declaración unilateral. Sus discursos antiespañoles se combinan con planteamientos xenófobos y de rechazo a la inmigración. La máxima dirigente del partido y alcaldesa de Ripoll, Sílvia Orriols, reitera constantemente proclamas contra el islam y afirma que se trata de una religión incompatible con los valores occidentales. Muy poco después de su constitución como partido, en la primera ocasión en la que se presentó a las elecciones autonómicas, en mayo de 2024, Aliança Catalana logró entrar en el Parlament con el 3,8 por ciento de los votos.

 El crecimiento de Aliança Catalana y de Vox ha afectado a los discursos de partidos conservadores tradicionales, como Junts y el PP. Además de modificar las estrategias en el debate público, también ha generado una evidente disputa por los apoyos electorales en un espacio político fronterizo e incluso a veces equivalente. Desde una perspectiva de conjunto, se puede constatar que los apoyos electorales a Vox proceden esencialmente del ámbito conservador. Se ha producido un trasvase de votos, como se puede comprobar con la suma matemática de los sufragios en el ala derecha del tablero político durante los últimos años. Beatriz Acha destaca que «dos tercios de los votantes de la ultraderecha española lo fueron previamente de la derecha conservadora» y que sus votantes se autoubican en la zona más escorada a la derecha del eje ideológico. Por otro lado, los estudios realizados por Mariano Torcal muestran que el tránsito mayoritario de votos hacia Vox tuvo su origen en la disminución de los sentimientos positivos respecto del PP y de Ciudadanos.

 Hasta ahora no se ha producido en España un desplazamiento relevante de votantes de izquierda hacia el nacionalpopulismo conservador, como ha ocurrido en algunos países europeos, sobre todo en Francia. Si ese proceso tuviera aquí lugar, rompería los actuales equilibrios entre derecha e izquierda. En todo caso, como remarca Steven Forti, Vox ha logrado la centralidad mediática, al situar gran parte de sus temáticas en el corazón del debate público. Además, en sus proclamas ha utilizado un estilo que refuerza lo que es calificado por Miquel Ramos como «victimismo del privilegiado»: el hombre se siente amenazado por el feminismo; los heterosexuales, por el *lobby* gay; los autóctonos, por las personas migradas cuando consiguen derechos; los castellanohablantes sienten inquietud si las lenguas minorizadas del Estado quieren igualdad.

La presencia significativa de la extrema derecha, en conclusión, era un fenómeno inexistente en nuestro país hace solo diez años. Ahora sus discursos están condicionando el debate público, están afectando a las estrategias de los restantes partidos, están teniendo consecuencias en la orientación de las instituciones más diversas. Resulta necesario analizar los efectos que todo ello puede generar en nuestro sistema democrático.

3

Los riesgos de deriva autoritaria

El fascismo como precedente

El auge de los nuevos partidos de extrema derecha, convertidos en protagonistas políticos cada vez más relevantes, ha provocado reacciones de todo tipo. Una de las más habituales ha sido la de calificarlos como fascistas, y también la de advertir del peligro de que puedan dinamitar la democracia e instaurar dictaduras, como ocurrió en otros tiempos. Es una afirmación bastante frecuente en las discusiones parlamentarias, en las tertulias televisivas o en las sobremesas de los restaurantes.

Lo cierto es que, en un contexto de lucha política muy polarizada, el término *fascista* se utiliza más como descalificación que como definición ajustada de lo que realmente representa el nacionalpopulismo conservador. Resulta previsible que se lancen ese tipo de reprobaciones en las refriegas políticas, que suelen estar cargadas de hipérboles ofensivas de mayor o menor calidad literaria. La elevada crispación lleva a cierto tremendismo lingüístico en el debate público. Probablemente, seguirá pasando por más aclaraciones históricas o politológicas que se publiquen. No obstante, más allá de los cachiporrazos verbales de las contiendas partidistas, resulta aconsejable cierta precisión en el pincel descriptivo a la hora de catalogar lo que representan estos partidos, si es que queremos entender de verdad este fenómeno.

Aunque están ubicados en la misma franja ideológica, situada más allá del conservadurismo convencional, el fascismo y la derecha radical contemporánea no son lo mismo. Hay diferencias sustanciales en aspectos como el origen, los métodos y los fines. Los fascismos surgieron en una etapa histórica muy concreta, exactamente en el periodo de entreguerras, en los años veinte y treinta del siglo XX. Como indican Javier Rodrigo y Maximiliano Fuentes, a pesar de los problemas sociales actuales, «estamos muy lejos de acercarnos al contexto económico, político, social, cultural y posbélico en el que se generó el fascismo».

Los movimientos que desembocaron en el fascismo parten de una reacción contra los valores de la Ilustración, propagados por la revolución norteamericana, la Revolución francesa y todo tipo de movimientos democráticos posteriores. Según Federico Finchelstein, el fascismo fue un ataque contrarrevolucionario contra las libertades políticas, sociales y económicas que se fueron consolidando en las décadas anteriores. Es el continuador de las corrientes antiparlamentarias del siglo XIX, aunque en una versión mucho más radicalizada. Además, las visiones contrarias a los sistemas democráticos se acentuaron tras un terremoto tan rupturista como la Revolución rusa: había un riesgo real de que se extendiera a otros países y temor en las élites económicas a que las democracias no pudieran contener el contagio.

El fascismo perseguía la destrucción de la democracia liberal mediante la violencia política y el nacionalismo radical. La receta alternativa era la imposición de un régimen totalitario. En palabras de Hannah Arendt, el totalitarismo representa una quiebra histórica, pues rompe con las tradiciones políticas, filosóficas y económicas anteriores con la finalidad de invadir todos los espacios de la sociedad. Perseguía una estructura institucional jerarquizada, en la que el Estado se fusionaba con un partido único. Además, como explicó Juan Linz, abarcaba todos los aspectos de la vida, tanto pública como privada.

Para imponer ese nuevo orden, los movimientos fascistas contaban con todo tipo de organizaciones paramilitares y procuraban la unidad interna mediante la cohesión con elementos simbólicos que rendían culto a la violencia, a través de banderas, ritos espectaculares, ceremonias plagadas de coreografía soldadesca, disciplinados desfiles, uniformes marciales y gestos en los que primaba una rigidez fanatizada. Como indican Javier Rodrigo y Maximiliano Fuentes, sus líderes proclamaban que la guerra era el estado natural del fascismo. El uso del terror por parte de esta ideología era una herramienta política en tiempos de paz y un arma eliminacionista en la guerra total. Los fascismos se distinguieron sobre todo por el afán de aniquilar a sus enemigos: necesitaban rivales a los que eliminar, porque arremeter contra ellos cohesionaba sus propias filas.

Enzo Traverso subraya que Benito Mussolini, Adolf Hitler y Francisco Franco prometían una respuesta eficaz a la depresión económica, de la que consideraban culpables a las exhaustas democracias liberales, que, a los ojos de mucha gente, «encarnaban los vestigios de un orden político en ruinas». Los líderes fascistas se consideraban revolucionarios y pretendían construir su proyecto político sobre una nueva civilización. Como argumenta Finchelstein, el fascismo no fue meramente una posición reaccionaria, sino un plan para instalar dictaduras modernas, con supresión de las libertades, de la pluralidad y del propio imperio de la ley. Todo ello desde un liderazgo divino, mesiánico, carismático. Como escribió Stefan Zweig, en su obra maestra *El mundo de ayer*, en referencia a la enorme hecatombe moral que supuso el nazismo: «He sido testigo de la más terrible derrota de la razón y del más enfervorizado triunfo de la brutalidad».

El fascismo intentó crear un nuevo orden mundial a través de una escalada progresiva de guerras y de violencia política extrema, desde una visión del darwinismo social según la cual los más fuertes debían imponerse. En palabras de Finchelstein, el embrutecimiento fascista de la política creó y legitimó las condiciones necesarias para que se produjeran formas extremas de represión política, guerra y genocidio. Los fascismos estaban constituidos por partidos militaristas que crecieron con retóricas de asalto al poder a través de un golpe. Una vez que estuvieron al frente de las instituciones, cumplieron sus promesas: un dominio dictatorial, exterminio de toda disidencia y militarización de la sociedad en su conjunto.

El fascismo italiano liderado por Benito Mussolini fue la base en la que se inspiraron varios movimientos similares en Europa y en otras partes del mundo. A partir de 1919, en el contexto de las convulsiones sociales de la posguerra, Mussolini impulsó una formación política con aspiraciones totalitarias que practicaba la violencia paramilitar contra huelguistas, rivales políticos o dirigentes sindicales. Con la llegada al poder en 1922, tras la Marcha sobre Roma, Mussolini no tardó en disolver las instituciones democráticas e implantar un sistema dictatorial de partido único, marcadamente caudillista y con elementos corporativos, que persiguió firmemente a la disidencia política y no tardó en mostrar sus deseos colonialistas e imperialistas en África, donde los etíopes fueron tratados con suma crueldad.

Como variante alemana del fascismo, el nacionalsocialismo llevó a su máxima expresión las doctrinas totalitarias, el culto a la violencia, el uso agresivo de la guerra, las obsesiones racistas y la eliminación de rivales políticos, acciones que desembocaron en el genocidio de millones de personas. Al igual que el fascismo italiano, el nazismo creció a raíz de la desolación social y los sentimientos de humillación tras la Gran Guerra. Su ideario quedó plasmado en *Mein Kampf*. No puede alegarse que Hitler ocultara sus intenciones, ni que engañase a ningún lector del libro: su objetivo era destruir la república democrática de Weimar. El nazismo creció con esos discursos agresivos y se expandió especialmente a partir de la crisis bursátil de 1929, que agravó sensiblemente las condiciones de vida en Alemania.

En 1933, Hitler comenzó a iniciar sus planes. Suprimió los organismos democráticos y dejó fuera de la ley a los restantes partidos. El Führer acumuló todo el poder y jerarquizó las estructuras estatales dotándolas de un carácter totalitario. Las organizaciones paramilitares que habían flanqueado al nazismo en la oposición pasaron a formar parte de las instituciones del país, con plena confusión entre el partido y el Estado. Se produjo un intenso proceso de fanatización y movilización social, desde la infancia y en todos los sectores de la sociedad, como ha detallado Daniel Goldhagen, quien especifica que Hitler pudo disponer entre los alemanes de cientos de miles de verdugos voluntarios.

En ese contexto, la oposición a un régimen político semejante era realmente heroica. Como explicó Sebastian Haffner, el adoctrinamiento generalizado impedía cualquier tipo de resistencias por parte de quienes discrepaban. Inicialmente, se crearon campos de concentración para disidentes políticos, que después se expandieron en función de las leyes raciales y de las posteriores prácticas genocidas de exterminio. La expansión bélica imperialista y la búsqueda de un nuevo orden mundial provocaron millones de muertos, con el símbolo específico de Auschwitz como definición más despiadada de los ideales del nazismo.

La influencia del fascismo italiano y del nacionalsocialismo alemán se propagó por bastantes países, cada cual con sus propias particularidades. En el caso de España, la sublevación armada de 1936 contó con el respaldo militar, económico y diplomático de Mussolini y Hitler, que fueron decisivos en el propio nombramiento de Franco. El nuevo régimen dictatorial español se inspiró en los ideales de sus aliados, sobre todo hasta el final de la Segunda Guerra Mundial. Posteriormente, la presión internacional obligó a suavizar algunos de sus rasgos totalitarios, lo cual permitió la supervivencia de la dictadura. De hecho, los organismos internacionales de la época calificaron al régimen como abiertamente fascista. Lo cierto es que el franquismo siguió las características esenciales del fascismo: culto a la violencia, organización militarizada de la sociedad, uniformidad en la simbología, rechazo de la democracia liberal, configuración de un partido único, caudillismo divinizado y aniquilación de los disidentes políticos.

Como se ha indicado en el capítulo anterior, la derrota de los fascismos en la Segunda Guerra Mundial fue decisiva para apartarlos de la hegemonía ideológica y arrinconarlos con prohibiciones legales. Además, la inmensa deslegitimación internacional acumulada, como responsables de los desastres ocasionados, limitó bastante sus posibilidades de continuidad. Los millones de muertos de la guerra, el impacto de la tragedia del Holocausto y las penurias sufridas engendraron un nuevo sentir democrático que rechazaba frontalmente la violencia política propia del fascismo.

Los nuevos partidos surgidos en el ámbito de la extrema derecha se basaron en narrativas populistas que se desmarcaban de las estrategias fascistas. A partir de 1980, la evolución que llevó a la tercera y a la cuarta ola de la ultraderecha, con movimientos de afirmación nacional contrarios a la inmigración, se hizo desde el acatamiento del sistema democrático como regla general. Esos planteamientos también escondían un cierto pragmatismo: las formaciones que habían intentado reeditar discursos estrictamente fascistas solo habían conseguido una manifiesta irrelevancia, con pocas excepciones.

En este sentido, debemos tener en cuenta que las diferencias con los partidos fascistas son importantes, pues la actual derecha radical no actúa con medios violentos ni a través de organizaciones paramilitares; tampoco su objetivo declarado es implantar una dictadura de partido único. Federico Finchelstein destaca que no hay fascismo sin violencia política. No basta que haya militantes o simpatizantes de la derecha radical implicados en casos violentos puntuales. En los movimientos fascistas, toda la acción del partido defendía la violencia y dirigía su actividad desde ella. Primo Levi decía que en el fascismo la violencia se volvía un fin en sí mismo, lo cual no sucede con las formaciones políticas del nacionalpopulismo conservador en la actualidad.

Como explican Javier Rodrigo y Maximiliano Fuentes, las actuales formas de derecha radical se alejan sensiblemente de los fascismos y no responden a los contextos en que estos se desarrollaban; tampoco despiertan expectativas que puedan compararse. Son fuerzas políticas que concurren a las elecciones y que no amenazan con derribar el sistema democrático; tampoco desfilan con uniformes paramilitares. Se puede objetar que los partidos fascistas se presentaban a elecciones y que después destruyeron la democracia desde dentro, y es cierto que, en algunos países, como Alemania o Italia, llegaron al poder a través de las urnas o por medio de mecanismos legales. Sin embargo, antes de presentarse a las elecciones, anunciaban claramente que su propósito era aniquilar la democracia.

En palabras de Enzo Traverso, los fascismos nacieron en un continente devastado por la guerra total y crecieron en una atmósfera de guerras civiles, «dentro de Estados profundamente inestables y con mecanismos institucionales paralizados por agudos conflictos políticos». En cambio, como apunta el historiador italiano, a diferencia del fascismo, los nuevos movimientos de extrema derecha no pueden calificarse como revolucionarios ni por asomo: más bien defienden un conservadurismo basado en las culturas tradicionales y una respetabilidad burguesa que se opone a las «desviaciones» sexuales, todo lo cual queda muy lejos de las utopías fascistas.

La presencia excepcional de partidos fascistas o neonazis puede mostrar la diferencia con el nacionalpopulismo conservador. Un caso claro es el del partido griego Amanecer Dorado, con postulados neonazis que incluían el uso de símbolos parecidos a esvásticas, y que propugnaba dinámicas paramilitares y un uso constante de la violencia política que incluso condujo a la perpetración de asesinatos. En el periodo de inestabilidad social que afectó a Grecia durante la Gran Recesión, este partido llegó a obtener el 9,4 por ciento de los votos en las elecciones europeas de 2014. En 2020, los tribunales griegos declararon que Amanecer Dorado era una organización criminal violenta y condenaron a sus principales dirigentes a elevadas penas de prisión.

En sentido contrario, Traverso argumenta que no sería fascista un partido representativo de la derecha radical, como el Reagrupamiento Nacional francés de Marine Le Pen, que defiende la alternancia política, la transformación del sistema desde dentro o la aplicación de medidas xenófobas para amparar a los franceses puros. Tampoco sería fascista un movimiento como el trumpismo, al carecer de una orientación nacionalista revolucionaria y no promover un uso funcional de la violencia. Los alegatos de Trump representarían más bien una versión reaccionaria del americanismo contrario a la inmigración.

Desde dichos parámetros, Vox no podría ser calificado como una formación política fascista, pues acepta el marco del sistema democrático y no usa la violencia de forma instrumental para lograr el acceso al poder. Ha de ser categorizado como una formación nacionalpopulista conservadora, en la misma línea de los partidos de otros países que forman parte de sus alianzas internacionales y que integran la nueva extrema derecha.

Sin embargo, según plantea Federico Finchelstein, aunque no sean lo mismo, el nacionalpopulismo reproduce algunos rasgos muy característicos del fascismo. Hay determinadas continuidades ideológicas, temáticas y estratégicas que no deberían ignorarse. Entre las características comunes se encuentran el discurso emocional, el nacionalismo exacerbado, la búsqueda xenófoba de enemigos y el autoritarismo en sus perspectivas.

Pablo Simón, por su lado, indica que puede haber simpatías mutuas entre militantes del fascismo y de partidos de derecha radical, pero que son fuerzas políticas distintas. Algunos guiños al pasado de los líderes nacionalpopulistas son recurrentes. Alba Sidera ha recordado los elogios de Giorgia Meloni a la figura de Mussolini. Varios cargos de la ultraderechista Alternativa para Alemania han aludido al nazismo en términos complacientes. En España, hay dirigentes de Vox que hablan del franquismo con una benevolencia poco disimulada. No obstante, lo relevante es la orientación política de las organizaciones actuales.

Así pues, el fascismo no resulta equiparable a la ultraderecha contemporánea. Asimilar ambos fenómenos históricos supone devaluar la gravedad del significado de los crímenes fascistas. No se debe banalizar lo que fue el fascismo y lo que supuso muy especialmente el nazismo. Como apuntan Javier Rodrigo y Maximiliano Fuente, negar tal equiparación no supone blanquear a la extrema derecha actual, sino analizar con solidez sus características; en palabras de estos autores, igualarlos de forma forzada es una falta de respeto a las víctimas de los fascismos y muestra un desconocimiento de lo que representaron aquellos regímenes de terror. En realidad, analizar rigurosamente las particularidades de la nueva derecha radical puede ayudar a prevenir algunos riesgos para el sistema democrático.

Algunas dificultades terminológicas

Existe consenso entre los principales especialistas a la hora de excluir el término *fascismo* para definir a los nuevos movimientos políticos de extrema derecha, pero hay divergencias a la hora de clasificarlos. Las denominaciones pueden ser trascendentes, porque acaban condicionando los significados. Traverso califica estos movimientos políticos como posfascismo, mientras que algunos autores hablan de partidos neofascistas. En cambio, Cas Mudde defiende un concepto amplio de ultraderecha que englobaría dos subcategorías: la derecha radical (que etiquetaría a las nuevas organizaciones políticas emergentes) y la extrema derecha (en la que situaría a los partidos estrictamente fascistas, en el pasado y en el presente). Por otro lado, Steven Forti califica a estos partidos como extrema derecha 2.0, para remarcar sus características contemporáneas. Beatriz Acha, por su parte, se inclina por el término *ultraderecha*, a partir de los estudios sociológicos de los expertos sobre los programas de estos partidos en la escala izquierda/derecha, así como por la propia ubicación de los votantes de tales formaciones políticas.

Uno de los términos más difundidos, sobre todo en las etapas iniciales, fue el de partidos populistas. El uso de dicho concepto puede ser bastante problemático. Como explica Cas Mudde, el populismo divide a la sociedad en dos grupos homogéneos y antagonistas: el pueblo puro y la élite corrupta. Las fuerzas populistas serían siempre la auténtica representación del pueblo, al que se dirigen con recursos discursivos emocionales en los que denuncian la traición de las clases dirigentes. En palabras de Fernando Vallespín y Máriam M. Bascuñán, todo populismo se construye sobre una *manía persecutoria* «a partir de un antagonismo maniqueo esencial entre el buen pueblo y sus enemigos, entre las virtudes de unos y los vicios de otros». Esa dualidad es un rasgo esencial. A su vez, Pierre Rosanvallon ha destacado los efectos perniciosos que pueden desplegar estas concepciones sobre el pluralismo democrático, pues los populistas tienen la pretensión de «encarnar la comunidad total de los ciudadanos».

La aproximación a las dinámicas del auge autoritario global desde el punto de vista del populismo presenta dificultades, pues no aporta definiciones ideológicas suficientes, al tratarse más de un estilo, un lenguaje, una retórica o una estrategia, como apunta Forti. El populismo puede usarse con fines muy distintos. Los alegatos populistas de la extrema derecha guardan escasa relación con la elaboración progresista realizada por Ernesto Laclau. En su profundo análisis sobre el tema, Federico Finchelstein ha detallado bastantes matices que diferencian a los movimientos populistas de derechas, de izquierdas o centristas, transversales o interclasistas. En cambio, consideramos que puede ser apropiado el término *nacionalpopulismo*, utilizado por Roger Eatwell y Matthew Goodwin, si añadimos como referencia el perfil conservador de este tipo de partidos. Es un concepto que engloba el carácter identitario nacional de estas fuerzas políticas, sus estrategias discursivas y sus miradas ideológicas.

En todo caso, en este libro nos inclinamos por utilizar como referencia base la distinción entre derecha e izquierda. Históricamente, la diferencia arranca en Francia, durante las sesiones de la Asamblea Nacional Constituyente que tuvieron lugar en 1789. Al pronunciarse sobre los poderes de la autoridad real, los representantes de la aristocracia, el clero y la alta burguesía se colocaron a la parte derecha del presidente de la asamblea. Los partidarios del poder popular, en cambio, se situaron en el lado izquierdo. Desde entonces, las visiones más conservadoras se han calificado de derechas, mientras que las más progresistas se han considerado de izquierdas.

En su conocida reflexión sobre esta díada, Norberto Bobbio destacó que la izquierda está más implicada en el igualitarismo social, mientras que la derecha se muestra más dispuesta a aceptar las desigualdades derivadas de la naturaleza, la costumbre o la tradición. La izquierda apuesta más por la redistribución institucional en materia social, mientras que la derecha defiende una menor intervención del Estado y amplios márgenes para la libertad económica. En las posiciones más radicalizadas de ambos lados se encontrarían la extrema derecha y la extrema izquierda.

A partir de las anteriores reflexiones, debemos considerar que términos como *posfascismo* o *neofascismo* podrían generar imprecisiones al designar a estos nuevos partidos, ya que se corre el riesgo de identificarlos con el fascismo de entreguerras, que presenta una fisonomía muy distinta. Por otro lado, en castellano no hay divergencias semánticas entre los términos *ultraderecha* y *extrema derecha*, por lo que la distinción propuesta por Mudde podría resultar confusa.

En esta obra, por tanto, hemos optado por calificar como ultraderecha o extrema derecha a todo el espacio situado más allá de la derecha convencional, que suele estar formada por partidos conservadores, democristianos o liberales. Ese espacio de ultraderecha o extrema derecha englobaría en su parte más radical a las organizaciones neonazis y neofascistas (seguidoras de las ideas de Hitler o Mussolini) y, por otro lado, a las fuerzas políticas emergentes que integran el auge autoritario global, a las que denominamos partidos de derecha radical o nacionalpopulistas conservadores. Cuando nos referimos a estas últimas organizaciones como fuerzas de ultraderecha o de extrema derecha, lo hacemos en ese sentido genérico.

Los términos *ultraderecha* o *extrema derecha* no se usan en este ensayo de forma peyorativa, sino con un sentido meramente descriptivo, al tratarse de partidos que objetivamente están situados en un plano ideológico más allá de la derecha convencional. A ello debe añadirse la citada autoubicación política de sus votantes y los análisis sociológicos realizados sobre sus programas, sin olvidar que se trata de la denominación más habitual que utilizan los medios de comunicación. En todo caso, resulta conveniente reiterar que sobre tales delimitaciones terminológicas no hay coincidencia entre los politólogos y que se trata de una cuestión que sigue abierta.

Visiones autoritarias y peligros para la democracia

Más allá de la terminología utilizada, la deriva autoritaria mundial presenta aspectos peligrosos para el sistema democrático que no deberíamos ignorar. Algunos retrocesos resultan bastante visibles. Sería importante analizar en qué situaciones se producen tales regresiones y cuál podría ser su alcance.

Steven Levitsky y Daniel Ziblatt señalan cuatro indicadores de comportamiento político autoritario que deberían hacer saltar las alarmas. En primer lugar, el rechazo o la débil aceptación de las reglas democráticas del juego, con muestras de no querer acatar las normas constitucionales o los resultados electorales, entre lo que se incluye la restricción de derechos y libertades de las minorías. En segundo lugar, la negación de la legitimidad de los adversarios políticos o la afirmación de que otros partidos no deberían participar de manera plena en la esfera política. En tercer lugar, la tolerancia o el fomento de la violencia, junto con la negativa a condenar los actos agresivos de sus partidarios o a justificarlos. Y, en cuarto lugar, la restricción de las libertades de los opositores políticos, con inclusión de los medios de comunicación o de entidades de la sociedad civil.

Además del respeto a la legislación vigente, son especialmente relevantes las normas no escritas o ciertas reglas informales. Se trata de creencias y prácticas compartidas que contribuyen al buen funcionamiento de las instituciones. Como indican Levitsky y Ziblatt, hay dos principios fundamentales en ese ámbito: el acuerdo de los partidos rivales en aceptarse como adversarios legítimos y, por otro lado, la contención de fuerzas políticas cuando despliegan sus prerrogativas institucionales, para evitar una lucha a muerte por el poder.

En palabras de estos autores, «la tolerancia mutua es la disposición colectiva de los políticos a acordar no estar de acuerdo». Implica que los adversarios tienen el mismo derecho a existir, a competir por el poder y a gobernar. Deben concebirse como contrincantes legítimos y no como una amenaza existencial, aunque ninguna ley regule literalmente esa forma de conducta democrática. Como ocurre en el deporte o en la abogacía, los rivales no tienen por qué ser enemigos mortales. Asimismo, la contención institucional consiste en asumir que la mayoría no representa estrictamente a la totalidad de la sociedad y que los adversarios también la representan, aunque estén en minoría. Esta regla no escrita supone no ocupar todos los espacios de los organismos públicos, incluso aunque las leyes lo permitan formalmente, pues los comportamientos abusivos vulneran el espíritu de las normas. Es una pauta relacionada con el pluralismo democrático.

En democracia, las formas afectan al fondo. En palabras de Michael Ignatieff, los políticos deben ser capaces de distinguir entre un enemigo y un adversario: «Un adversario es alguien a quien quieres derrotar. Un enemigo es alguien a quien tienes que destruir». Como recuerda Yascha Mounk, el pluralismo político implica aceptar que las diferencias deben dirimirse sobre la base de unas elecciones libres y justas, con la aceptación de que la derrota en las urnas legitima al oponente político para tomar el relevo en el gobierno del país. Toda victoria es provisional y obliga a mantener las normas del sistema democrático.

La falta de respeto por estos principios acaba teniendo consecuencias perturbadoras sobre los fundamentos democráticos. Cas Mudde señala que la derecha radical, en teoría, está a favor del sistema democrático, pero cuestiona «ciertas instituciones y valores clave de la democracia liberal, como son los derechos de las minorías, el Estado de derecho y la división de poderes». Como pone de manifiesto Beatriz Acha, aunque estas formaciones políticas no abogan por recurrir a la violencia para subvertir los sistemas democráticos, no comulgan con valores igualitarios y defienden una ideología de la exclusión.

En las transformaciones del sistema democrático impulsadas por la nueva extrema derecha no nos encontramos ante golpes de Estado militares. Tampoco desaparecen las elecciones ni se materializan las gravísimas violaciones de derechos humanos perpetradas por los fascismos. Se trata de algo distinto, aunque no debería minimizarse. Son procesos capaces de conducir a una sociedad hacia una democracia autoritaria, con reducción de derechos y libertades, con limitaciones de la pluralidad política, con ataques al funcionamiento regular de las instituciones, con mecanismos de afirmación plebiscitaria, con apuestas nativistas poco compatibles con el principio de igualdad. Además, en estas situaciones queda afectado el tejido mismo que sostiene la convivencia, como apunta Fernando Vallespín.

Según Steven Levitsky y Daniel Ziblatt, la erosión de la democracia por parte de la nueva derecha radical cuando esta ejerce el poder «tiene lugar poco a poco, a menudo en pasitos diminutos». Son pasos que por separado pueden pasar por insignificantes; aisladamente, ninguno de ellos parece amenazar realmente la democracia. Pero van todos en la misma dirección. Se debilita el sistema judicial, los organismos reguladores, los medios libres, las instituciones electorales. Se debilita la posibilidad de control por parte de los partidos de la oposición. Como apuntan los dos politólogos estadounidenses, al llevarse a cabo estas medidas de forma paulatina, la ciudadanía suele tardar en darse cuenta de que la democracia está siendo desmantelada.

Sin duda, las actuaciones autoritarias pueden proceder de cualquier parte del espectro ideológico. En el pasado y en el presente hemos asistido a movimientos desde posiciones de izquierda o de centro que han tratado de erosionar la democracia. Sin embargo, como subraya Francis Fukuyama, la característica común de la actual deriva autoritaria global es que está enfocada desde postulados de derecha radical. Además, se trata de formaciones políticas que están estrechamente coordinadas en la esfera internacional.

Las experiencias en algunos países revisten una singular importancia. El trumpismo provoca un efecto de amplia proyección, al situarse en el país occidental más poderoso. El sostenido avance de la extrema derecha en Francia, hasta convertirse en la fuerza política mayoritaria, también representa efectos simbólicos muy potentes, al producirse en el corazón de Europa. Por otro lado, la experiencia de Hungría merece analizarse con atención, porque se trata del país en el que se ha consolidado más claramente un sistema de democracia autoritaria. Debe añadirse que Orbán es el líder del nacionalpopulismo más venerado por sus homólogos en otros países; sus políticas suelen recibir muchos aplausos. Además, el caso de la ultraderecha húngara resulta paradigmático para comprender el fenómeno en su conjunto.

Quizá la explicación más lúcida para entender algunos de los procesos de arraigo del nacionalpopulismo conservador es la realizada por Ivan Krastev y Stephen Holmes. Según ellos, el mundo occidental ganó la Guerra Fría, pero después perdió la paz. Tras el hundimiento en 1989 del bloque soviético, la democracia representativa liberal parecía la única alternativa política posible. Así comenzó lo que Krastev y Holmes denominan la Era de la Imitación. Numerosos países empezaron a importar el sistema democrático, entre ellos los Estados de la Europa oriental. La Unión Europea favoreció los procesos de integración a medida que estos países fueron democratizando sus instituciones. Incluso Rusia inició un proceso de apertura democrática.

Sin embargo, en esta nueva etapa empezaron a desencadenarse imprevistos cambios de orientación, tanto en los antiguos países comunistas como en las democracias occidentales. Los procesos de imitación en Europa del Este comenzaron a encontrar resistencias, en Hungría, en Polonia y en otros países. Sus ciudadanos no querían regresar a la situación política anterior, pero tampoco se sentían cómodos al interpretar que se les estaba imponiendo el sistema democrático desde fuera. Los valores que definen a una democracia liberal, abierta, igualitaria, cosmopolita, donde no se discrimina a las mujeres y se respeta la orientación sexual de todas las personas, afectaban al sistema de familia tradicional de estos países. Además, el hecho de pertenecer a la UE implicaba tener que tratar a refugiados e inmigrantes dentro de los parámetros de los derechos humanos, lo cual empezó a ser cuestionado en países con bajos niveles de multiculturalidad.

En Rusia no tardó en consolidarse un firme cerramiento autocrático de la mano de Putin que incluía altas dosis de afirmación patriótica. En los países que se habían incorporado a la UE empezaron a surgir reticencias sobre las ventajas de la adhesión. También se popularizaron las proclamas nacionalistas excluyentes, en las que se defendían los valores tradicionales de esos países. Como recuerdan Krastev y Holmes, proclamaban que no querían seguir copiando, sino mantener su estilo de vida.

La adscripción a la democracia apenas había tenido recorrido temporal, por lo que estaba poco enraizada en la mentalidad individual y colectiva. El fracaso económico de la crisis de 2008 también cuestionó la superioridad del sistema que se debía imitar. Un claro ejemplo de disconformidad hacia las premisas democráticas es el enorme ascenso de la ultraderecha germana en los estados federados de Alemania oriental, donde fue la fuerza más votada en las elecciones europeas de junio de 2024.

En ese contexto, Hungría fue el país que evolucionó de una forma más completa hacia un sistema de democracia autoritaria; no solo se volvió frecuente la manipulación de los mecanismos electorales y se rompieron las estructuras del Estado de derecho, sino que se apostó por un nativismo que excluía los derechos de los extranjeros y por la defensa de las tradiciones familiares mediante elementos discriminatorios. Es lo que Orbán definió como una «democracia iliberal». En este sentido, podemos calificarlo de un sistema más húngaro que democrático.

Los desacatos de Hungría, al igual que los de Polonia y otros países vecinos, alentaron a los movimientos nacional-populistas en Europa occidental. Si Orbán podía triunfar, hubo lugares en los que pensaron que sus propios discursos quedaban reforzados y que también podrían llegar más lejos. Se intensificó el euroescepticismo. De hecho, el trumpismo observó con gran interés los avances de la ultraderecha en Hungría, a través de la actuación de coordinadores del movimiento global como Steve Bannon.

Además, como indican Ivan Krastev y Stephen Holmes, en el mundo occidental ocurrió un fenómeno paralelo a la hora de gestionar la paz tras la Guerra Fría. El derrumbe de la Unión Soviética también socavó el argumentario occidental de defensa de la democracia liberal. Ya no era tan imperioso divulgar las bondades de ese sistema, al haber desaparecido su principal antagonista ideológico. El descenso de la sensibilidad democrática facilitó el auge de los postulados autoritarios en Estados Unidos y diversos países occidentales, en el contexto de otras transformaciones estructurales, tecnológicas, económicas y sociales, como se ha indicado anteriormente. Por ello, no resulta difícil establecer equivalencias entre Trump, Putin, Orbán y otros líderes que desdeñan los principios del pluralismo democrático. La deriva autoritaria cuenta con particularidades locales, pero su tendencia es general.

Todo ello ha originado secuelas muy negativas en la construcción europea, la cual ya contaba con deficiencias de configuración institucional. El eje franco-alemán impulsó la UE, y en estos dos países ha crecido de forma especialmente significativa la extrema derecha en las últimas elecciones europeas de junio de 2024. En Francia se registró una rotunda victoria del partido de Marine Le Pen, mientras que Alternativa para Alemania obtuvo la segunda posición, por delante de los socialdemócratas, que se encuentran en el Gobierno. También han salido reforzadas en otros países diversas organizaciones de la derecha nacionalpopulista que no comparten los valores fundacionales de la Unión Europea.

Como ha señalado Javier de Lucas, ante la presión de las arengas de la extrema derecha, una crisis de la Unión Europea supondría el fracaso de un proyecto de espacio común de libertad, seguridad y justicia, presidido por la noción de los derechos humanos. La alternativa de la ultraderecha es constituir una agrupación de democracias autoritarias. Los organismos europeos se crearon desde concepciones de cooperación entre sistemas democráticos pluralistas, que incluían una visión solidaria como territorio de acogida, a partir de un pacto entre democristianos y socialdemócratas, apoyados por otras formaciones. Los partidos de extrema derecha han impugnado constantemente tales propósitos. En palabras de Cas Mudde, resulta inquietante la pujanza de Gobiernos ultraderechistas como el de Hungría dentro de la UE, «una comunidad de naciones que se fundó para evitar que surgieran precisamente esa clase de regímenes».

En este ámbito, resulta obligatorio observar el vuelco hacia posiciones ultraconservadoras de algunos de los partidos de derecha convencional que hasta ahora habían apostado por el sistema fundacional de construcción europea. Como plantea Miquel Ramos, «no se trata únicamente de los mayores o menores éxitos electorales de las formaciones de extrema derecha, sino de cómo sus ideas, sus marcos, sus odios, han ido penetrando poco a poco en el sentido común de Europa».

En líneas generales, la influencia del nacionalpopulismo no solo ha radicalizado a los partidos convencionales de derecha, sino que en algunos casos los ha transformado completamente, como ha ocurrido en Estados Unidos o en Hungría. Daniel Innerarity dice que lo realmente inédito es la radicalización de los partidos conservadores, pues están pasando de ser formaciones tradicionales de orden a adoptar algunos de los discursos de agitación propios de la extrema derecha. Las tensiones competitivas en el espacio político conservador también son frecuentes.

Según Miquel Ramos, las formaciones conservadoras empezaron a parecerse cada vez más a sus competidores de extrema derecha porque creían que así pondrían freno a la fuga de votos hacia el fondo ultra, al tiempo que ignoraban que el consumidor siempre prefiere el original a la copia, y que lo que estaban haciendo era legitimarla. La penetración de las proclamas ultraderechistas ha afectado incluso a los socialdemócratas en países como Dinamarca, que han acabado aplicando políticas de corte xenófobo. El protagonismo de estos discursos es indiscutible. Como apunta Steven Forti, «los temas en el centro del debate público son, a menudo, los que la extrema derecha lleva como estandartes, y la manera en la que se habla de ellos es la que plantea la extrema derecha».

Por ello, en algunos países, el debate sobre los cordones sanitarios a la ultraderecha ha empezado a quedar superado ante las alianzas casi generales que los partidos conservadores tradicionales han ido aceptando. Para Pablo Simón, la fuerza creciente de los partidos de extrema derecha hace imposible ignorarlos en la contienda electoral. A menudo, el debate público puede clarificar bastantes inconsistencias en sus planteamientos, sin conceder los beneficios del victimismo. Desde el punto de vista de Innerarity, las prohibiciones todavía serían más negativas, porque la democracia solo se cuida a través de la discusión colectiva y con medidas democráticas.

Entre los futuros escenarios que pueden darse, tendremos que esperar a la evaluación de los resultados de los primeros Gobiernos de la extrema derecha y los efectos del posible desgaste en su gestión. No es lo mismo reprender a las élites políticas que pasar a formar parte de ellas. Otra posibilidad es que se consoliden como Gobiernos posdemocráticos, igual que el de Hungría: la estabilización de sistemas democráticos autoritarios parece uno de los riesgos existentes.

En todo caso, como hipótesis muy extrema, podría suceder que determinadas circunstancias imprevisibles de inestabilidad llevasen a Gobiernos autoritarios a actuaciones aún más lesivas para los principios democráticos, como ha ocurrido en Turquía. Las crisis de cierta gravedad pueden ser la antesala del declive democrático, a partir de guerras, riesgos reales o ficticios de desestabilización de un país, emergencias sanitarias como una pandemia o atentados terroristas de cierta entidad. La instrumentalización del miedo social por razones de seguridad es habitual cuando se pretenden implantar retrocesos democráticos en sociedades que se han debilitado institucionalmente y que no cuentan con contrapesos adecuados.

Reforzar la calidad democrática siempre será la mejor medida para evitar retrocesos. Es obligatorio reflexionar con detenimiento sobre nuestras instituciones para intentar mejorarlas. Ante las debilidades de nuestros sistemas democráticos, bastante necesitados de autocrítica, el auge del autoritarismo ha adquirido velocidad de crucero.

Los riesgos de regresión democrática en España

El ascenso de la extrema derecha en España ha suscitado inquietudes en diversos sectores ciudadanos por el sombrío recuerdo de la etapa franquista. Además, en el imaginario colectivo está muy presente que los golpes de Estado han sido especialmente frecuentes en la historia de nuestro país. Desde 1800, Ignacio Sánchez-Cuenca ha contabilizado trece, además de multitud de intentonas y más de trescientas declaraciones de estado de excepción o estado de guerra. Junto con Grecia, podemos presumir de la trayectoria más convulsa de toda Europa occidental.

Sin duda, el recuerdo más traumático es el del golpe militar de 18 de julio de 1936, que fue el punto de partida que llevó a la atroz dictadura de Franco. También suele recordarse la entrada algo esperpéntica de Tejero el 23-F en el Congreso de los Diputados, flanqueado por agentes armados de la Guardia Civil, con los disparos al techo y los parlamentarios resguardados bajo sus escaños. Una de las leyendas más extendidas es la del golpe del general Pavía en 1874 entrando a caballo en las Cortes, durante la Primera República, para impedir la elección de un nuevo presidente del Gobierno que sustituyera a Emilio Castelar; en realidad, se trata de un relato ficticio de carácter ecuestre, aunque muy popular, pues Pavía se limitó a presentarse ante el edificio con sus tropas y a ordenar su desalojo. En cambio, es menos conocido el caso verdadero del golpe de Estado realizado por telegrama por parte del general Miguel Primo de Rivera en 1923: cuando agonizaba el turno dinástico del sistema de la Restauración, Primo de Rivera remitió desde Barcelona un telegrama al rey, en el que le comunicaba el golpe de Estado; después de pensárselo un poco y tras unas breves consultas, Alfonso XIII concedió el poder al militar golpista.

Que se pueda constituir una dictadura en España actualmente es más que improbable. Todos los estudios rigurosos confirman que las democracias jamás han caído a partir de ciertos umbrales de renta y desarrollo económico. Según Yascha Mounk, si tomamos como referencia el producto interior bruto per cápita de Argentina en 1976, cuando se perpetró el golpe, ninguna democracia con niveles económicos superiores ha sido desplazada por una dictadura militar. Además, como hemos indicado anteriormente, tampoco se puede considerar que Vox sea un partido fascista o que pretenda alentar un golpe de Estado. Según Javier Rodrigo y Maximiliano Fuentes, los principios ultraconservadores de Vox y el contexto actual tienen poco que ver con los postulados de entreguerras y las estrategias de los fascismos. El nacionalpopulismo conservador español está en la línea de la ola global de esos partidos similares que hemos ido enumerando.

Sin embargo, puede ser pertinente preguntarnos si resulta posible que en España se produzca una evolución hacia un sistema de democracia autoritaria como el de Hungría. No olvidemos que Orbán es uno de los grandes referentes de la extrema derecha internacional y que sus políticas reciben constantes elogios por parte de los dirigentes de Vox. Los riesgos consistirían en que se produjesen retrocesos en materia de igualdad de género y de respeto a los derechos de las personas por su orientación sexual, así como una ruptura de la separación de poderes, del sistema de contrapesos y de otros elementos esenciales del Estado de derecho. Además, como en Hungría, podría darse la posibilidad de que se produjesen manipulaciones en el ámbito electoral, que se obstaculizase la actividad de otros partidos políticos y que se restringiese el papel de los medios de comunicación. Todo ello en el contexto de una sociedad más autoritaria en materia de derechos y libertades y con mayores niveles de desigualdad económica.

Si aplicamos los criterios enunciados por Steven Levitsky y Daniel Ziblatt, se pueden enumerar algunas señales de alarma. En la extrema derecha española hay un discurso constante de negación de la legitimidad de los adversarios políticos y suele afirmarse que algunos partidos no deberían participar de manera plena en la esfera política. Son frecuentes las soflamas que defienden la ilegalización de los partidos nacionalistas, independentistas o izquierdistas. Incluso es muy habitual la falta de reconocimiento del Gobierno salido de las urnas, que se considera ilegítimo, con planteamientos a los que, en ocasiones, incluso se une la derecha política tradicional del PP.

Acusar al Gobierno de traidor o al Parlamento de ilícito sigue la tendencia negativa indicada de no aceptar el resultado de unas elecciones democráticas y de apostar por perspectivas contrarias al pluralismo político, que pueden ser la antesala de derivas autoritarias. Lo preocupante no es que se critique con dureza el sentido de las resoluciones de un Gobierno o que se rechacen las leyes aprobadas por el Parlamento; lo preocupante es que se cuestione la legitimidad para adoptar decisiones de un Gobierno democrático y de unas cámaras parlamentarias representativas.

Por otro lado, en la extrema derecha española son habituales los discursos contrarios a las políticas de igualdad, desde una perspectiva negacionista de la violencia machista y desde una defensa de la familia tradicional similar a la apoyada por Fidesz en Hungría. También son frecuentes los discursos nativistas que estigmatizan de manera indiscriminada a los inmigrantes, con cierta obsesión hacia los menores, lo que podría llevar a que se restringieran sus derechos, al favorecerse la exclusión social. Por otro lado, como indica Miquel Ramos, es habitual en la extrema derecha española llamar «dictadura progre» a los consensos en materia de derechos humanos reconocidos internacionalmente, lo cual puede llevar a retrocesos en ese campo si llegan al poder hipotéticos Gobiernos de signo autoritario.

Estas tendencias regresivas podrían tener acogida en un país como España, que ha avanzado en materia democrática en bastantes aspectos, pero que presenta ciertas insuficiencias en otros. De partida, el sistema democrático ha estado vigente en nuestro país durante bastante menos tiempo que en la mayoría de nuestros vecinos europeos. En los dos últimos siglos, hemos sufrido demasiados periodos absolutistas o dictatoriales. Como explica Josep Maria Colomer, España se encuentra a la cola de los países de Europa occidental, al haber contado con vida democrática únicamente en un porcentaje del 33 por ciento de ese periodo, en contraste con Gran Bretaña (63 por ciento), Francia (59 por ciento), Alemania (56 por ciento desde 1868) o Italia (45 por ciento desde 1861).

Como indican Roger Eatwell y Matthew Goodwin, al comparar los resultados en los distintos países a partir de las investigaciones realizadas por el Pew Research Center, España es el país occidental donde hay un porcentaje mayor de ciudadanos que rechazan la democracia; también tenemos los niveles más altos de gente que está en desacuerdo con la afirmación de que la democracia es una buena forma de gobierno. Obviamente, en ningún Estado democrático tales porcentajes son mayoritarios, pero resulta elocuente el bajo apoyo a la democracia en algunos sectores de nuestro país, comparativamente con lo que sucede con otros Estados de su entorno. En este mismo sentido, en los estudios analizados por Mariano Torcal, los votantes de la extrema derecha en España se muestran altamente partidarios de concentrar el poder en pocas manos, incluso con mecanismos que no emanen de la voluntad popular y que permitan políticas antiliberales.

Todo ello debe relacionarse con la oposición permanente de la extrema derecha española hacia las políticas sobre memoria democrática, lo cual también comparte la derecha convencional del PP. En nuestros ámbitos conservadores, no es raro que se justifique la dictadura de Franco. Estos datos los debemos conectar con las continuidades políticas de una parte del régimen anterior, por las particularidades de nuestro proceso transicional, que careció de una depuración de responsabilidades de los crímenes de la dictadura franquista.

A partir de estas apreciaciones, en un contexto de auge internacional de la extrema derecha, no deberíamos descartar la posibilidad de que pudiera instalarse un Gobierno autoritario en nuestro país que implementara ciertos retrocesos democráticos similares a los de Hungría. De todos modos, también hay algunos datos que operarían en sentido contrario. Desde las filas del nacionalpopulismo español no se han cuestionado los mecanismos del Estado de derecho, ni tampoco se han respaldado acciones violentas. En los Gobiernos autonómicos en los que han participado, no se han llevado a cabo políticas especialmente antiliberales, más allá de la gestión esperable que implica la ejecución de sus programas ultraconservadores. Por ello, los posibles riesgos democráticos quedan abiertos en función de la evolución de la propia ultraderecha española.

Conviene aclarar que no es lo mismo la disconformidad con las líneas ideológicas de la extrema derecha que calificarlas como contrarias a la democracia pluralista. Por ejemplo, Vox está en su perfecto derecho de reivindicar un Estado más centralista o incluso la desaparición de las comunidades autónomas, siempre y cuando lo reclame desde los mecanismos establecidos en el ordenamiento jurídico. En un sentido similar, la extrema derecha puede no promover campañas que visibilicen los derechos de las personas LGTBI, lo cual agradará a unos y generará las críticas de otros, pero todo ello entraría dentro de los márgenes propios del sistema democrático. En cambio, como ha ocurrido en Hungría o en Polonia, aplicar medidas discriminatorias y opuestas a los derechos de las personas por su orientación sexual sí que sería contrario a los principios de la democracia liberal.

El pluralismo político ampara todas las apuestas ideológicas que se expresen sin violencia. Como señala Miguel Pasquau, la política es la elección entre varias opciones posibles para alcanzar intereses generales. Es la ciudadanía la que decide libremente con su voto quiénes son sus representantes, y el nacionalpopulismo conservador tiene el mismo derecho a estar presente en las instituciones que otras opciones políticas. El acuerdo o el desacuerdo con sus propuestas forma parte del debate democrático. Como indica Daniel Innerarity, todos los Gobiernos que consiguen una mayoría son igualmente respetables, porque han contado con el respaldo ciudadano, aunque eso no nos impide criticar sus políticas. El límite estaría en los derechos fundamentales de las personas, en el respeto a los principios del Estado de derecho o en el mantenimiento de los valores liberales del pluralismo político.

Los hipotéticos riesgos apuntados no vendrían solo de la extrema derecha; podríamos conjeturar un triunfo en solitario del nacionalpopulismo, pero también un posible Gobierno de coalición con la derecha tradicional, como ha sucedido en otros lugares. Hemos observado que en bastantes países se ha producido una mutación de los partidos conservadores convencionales. De la moderación anterior han pasado a verse arrastrados por algunas líneas ideológicas de la ultraderecha. En España, la derecha radical ya ha influido en el PP en algunos discursos sobre la inmigración o acerca de la aplicación de mano de hierro contra la delincuencia. Curiosamente, un fenómeno muy similar está ocurriendo en el ámbito catalán: Junts ha empezado a reclamar competencias para rechazar la inmigración, para negar la entrada de menores migrantes o para vincular extranjería con delincuencia, a partir de la irrupción de Aliança Catalana, que empieza a mostrarse bastante influyente en Cataluña. Este tipo de interrelaciones están afectando a todo el ámbito conservador. De hecho, puede relacionarse la mayor institucionalización de Vox con la aparición de la plataforma Se Acabó La Fiesta, de Alvise Pérez, que presenta un discurso más duro en algunas materias y que le ha permitido absorber a antiguos votantes del partido de Abascal.

Todas estas dinámicas se producen en contextos de intensa polarización que dificultan los acuerdos de Estado. Como apunta Lluís Orriols, durante mucho tiempo, PP y PSOE decidieron no usar la inmigración como un elemento de confrontación política; sin embargo, si se propagan discursos xenófobos entre las élites políticas, «es probable que nos encontremos con una ruptura de consensos en esa cuestión». Los riesgos sobre una posible involución autoritaria en España dependerán del propio desarrollo de la extrema derecha y de la influencia que ejerza en el mundo conservador tradicional.

Como elemento que puede servirnos de cierta referencia en este sentido, podemos pensar en que no es igual la extrema derecha danesa que la húngara. En Dinamarca, el nacionalpopulismo conservador es marcadamente crítico con la inmigración, pero no cuestiona los mecanismos del Estado de derecho, la democracia pluralista o los derechos de las personas LGTBI. Sin embargo, por su parte, Hungría ha evolucionado hacia estructuras institucionales marcadamente autoritarias, como han indicado todos los expertos en la materia o los organismos de la propia Unión Europea.

Sin duda, se pueden mantener concepciones conservadoras o ultraconservadoras dentro del marco de la democracia representativa liberal. También puede suceder lo contrario, y que esas ideas puedan resquebrajar los principios del sistema pluralista. Todo dependerá de la orientación que se adopte desde un Gobierno o un Parlamento. A la vista del contexto internacional, no conviene sobredimensionar los riesgos, pero tampoco minimizarlos. En todo caso, el sistema democrático puede protegerse para evitar posibles regresiones autoritarias, vengan de donde vengan, como se explica en los siguientes capítulos.

4

De la revolución digital a la polarización política

El impacto de las nuevas tecnologías de la comunicación

La irrupción del mundo virtual ha desencadenado numerosas rupturas respecto de los hábitos sociales precedentes, algunas más obvias, otras más sutiles. Internet, los algoritmos y las redes sociales sin duda han alterado nuestras vidas. Los cambios se han presentado en el ámbito financiero y en la forma de viajar, en las compras más rutinarias y en la manera de disfrutar del ocio, en los centros de enseñanza y en el mundo deportivo, en las relaciones de amistad y en la búsqueda de pareja, en las costumbres lectoras y en la investigación científica, en las dietas saludables y en la eficacia para matar en las guerras.

Sería ilusorio pensar que no se han producido igualmente consecuencias muy relevantes en el ámbito político, en el funcionamiento de la democracia, en la configuración de las instituciones. En ese gran universo digital, debemos destacar la omnipresencia de las redes sociales. Es un serio error minimizar su impacto o considerar que son un mero pasatiempo más, como salir al cine de vez en cuando. Por el contrario, son usadas en España por más del 83 por ciento de la población. Si excluimos a los menores de corta edad, se trata de la inmensa mayoría de las personas adultas. En 2023, YouTube contaba con 40 millones de usuarios, WhatsApp con 35 millones, Instagram con 21 millones, Facebook con 19 millones, TikTok con 16 millones y X (antes Twitter) con 10 millones. Como en otras partes del mundo, su uso está absolutamente generalizado.

Las redes nos condicionan cada día. Seguirán estando ahí durante bastante tiempo. Para José María Lassalle, la revolución digital ha provocado una resignificación de las relaciones humanas: resulta habitual para mucha gente estar más pendientes del *smartphone* que de las personas con quienes compartimos nuestra vida. Estamos asistiendo a un proceso de sustitución del comportamiento social. Gran parte de las horas que antes compartíamos con otras personas ahora las pasamos ante una pantalla relacionándonos virtualmente con los demás. Zygmunt Bauman nos explicó sabiamente que en las redes el hilo moral con el que se tejen los vínculos humanos es cada vez más frágil y sus texturas se descosen. Mantenemos relaciones con más personas, pero son menos hondas y más superficiales.

La revolución digital ha introducido mejoras valiosas en nuestras vidas, con notable incidencia en las transacciones comerciales, en la protección de la salud o en los procesos de aprendizaje. Las redes sociales facilitan que podamos comunicarnos desde la distancia con nuestros familiares y también nos permiten conocer a nuevas personas con las que nunca habríamos tropezado sin la existencia de internet. Sin embargo, algunas consecuencias negativas de este proceso de modernización están pasando más desapercibidas. La comunicación virtual se desarrolla con otras reglas. Y suscita otras reacciones, emociones y sentimientos. Desde una perspectiva general, las transformaciones en la deliberación colectiva ya están afectando notablemente al propio sistema democrático.

En cuanto a la información, no debemos olvidar que resulta esencial en una democracia. Y el panorama mediático también ha sufrido una mutación considerable. Los periódicos en papel han reducido sus tiradas a niveles mínimos, cada vez hay menos gente que mira la televisión, buena parte de los programas de radio se acaba escuchando en formato pódcast. En conjunto, la información emitida por la prensa, la televisión y la radio se sigue de manera creciente a través de su difusión por las redes sociales, un cambio de formato sustancial que afecta también a la orientación de la propia actividad periodística.

En contraste con el monopolio de los medios, cualquiera puede emitir información y opinión a través de las plataformas virtuales con enorme facilidad, de manera infinitamente más provechosa en sus resultados que un viandante con un megáfono en mano. Hay *influencers* que disfrutan de más seguimiento en una materia concreta (o hasta en cuestiones generales) que bastantes medios de comunicación. Es frecuente incluso que personas anónimas logren viralizar una información o una opinión y consigan que su aportación llegue a cientos de miles de usuarios. Algo así era irrealizable antes sin contar con los medios de comunicación.

Al principio, la aparición de las redes sociales fue saludada muy positivamente en el ámbito de la participación cívica. En una primera fase, las redes impulsaron espacios alternativos a los oficiales. Dieron voz a discursos proscritos o apenas existentes en la esfera pública. Las redes fueron determinantes en la Primavera Árabe, en los movimientos de los indignados contra los estropicios económicos de la Gran Recesión, en la configuración de plataformas sectoriales de todo tipo. El sociólogo Manuel Castells destacó en esta etapa inicial que los movimientos sociales en red generaban empoderamiento, autonomía e incremento de la sociabilidad, porque conectaban el ciberespacio con el espacio urbano en una interacción incesante que podía conducir a prácticas transformadoras. Las nuevas plataformas expandieron la difusión de la información crítica de manera prodigiosa y activaron canales alternativos de cooperación ciudadana.

La trascendencia de estas innovaciones eclipsó otras dinámicas que también empezaban a desarrollarse, agazapadas bajo las maravillas deslumbrantes de las pantallas multicolores. En función de los intereses económicos de los propietarios de las corporaciones digitales y de la naturaleza de las propias redes, empezaron a desplegarse otras tendencias, con recorridos que aún no se podían intuir. Y la evolución de estos modernos sistemas comunicativos comenzó a activar algunas alarmas. Por ejemplo, el almacenamiento masivo de datos personales empezó pronto a cuestionarse desde la perspectiva de la privacidad y por la posibilidad de que se acabase controlando nuestra conducta. Las plataformas empezaron a absorber nuestra identidad y nuestros secretos. En poco tiempo supieron más sobre nuestro comportamiento que nosotros mismos. La distopía inquietante de Orwell en *1984* quedó superada de una forma paradójica: no solo hay un Gran Hermano que controla todos nuestros movimientos, sino que somos nosotros mismos, de manera voluntaria, con despreocupación candorosa, quienes entregamos el rastro de nuestras huellas para que nos vigilen. En palabras de Byung-Chul Han, cuantos más datos generemos y cuanto más intensamente nos comuniquemos, más eficaz será la vigilancia, aunque sigamos sintiéndonos completamente libres.

La gestión de los datos tiene derivadas que pueden ser perturbadoras. A través de cálculos matemáticos, se puede predecir nuestra conducta futura con un alto nivel de probabilidad, lo cual facilita inducirla, como si fuéramos marionetas en un escenario gigantesco de guiñol virtual. Las plataformas pueden estimular comportamientos a partir de nuestros registros previos. Además, los dueños de nuestros datos son grandes compañías multinacionales, sin apenas competidores, que se benefician de una regulación bastante magra. No debemos olvidar que se trata de corporaciones privadas y que, sin embargo, están imponiendo mecánicas regladas que afectan muy directamente al debate público y a las actitudes políticas.

Por otro lado, la propia tipología de estos espacios virtuales dificulta el debate profundo y la generación de propuestas articuladas. Las redes sociales, en sus inicios, ya mostraron una característica chocante: poseían una portentosa capacidad para levantar movimientos a la contra, pero no para articular propuestas elaboradas con soluciones para las deficiencias institucionales que en ellas se denunciaban. Como explica Yascha Mounk, las redes fueron determinantes para derrocar Gobiernos de países árabes o para promover protestas ciudadanas en el mundo occidental, pero no sirvieron como espacios posteriores de vertebración cívica permanente, aunque a partir de ellas se gestaron movimientos organizados en otros ámbitos. A veces las formas pueden ser el fondo. En las redes no resulta fácil procesar un discurso colectivo estable, basado en la reflexión común, a causa de su inmediatez, de la volatilidad de sus debates y de las limitaciones inherentes a su formato.

Uno de los análisis más brillantes sobre el funcionamiento de estas plataformas ha sido elaborado por Max Fisher, destacado periodista de *The New York Times*. En su excelente obra *Las redes del caos*, desmenuza estos problemas a partir de la información aportada por los programadores, ingenieros informáticos y analistas de datos que han creado los algoritmos de las redes sociales. Según relata, estas grandes empresas fueron creciendo progresivamente en su implantación territorial. Obtener más participantes implicaba más publicidad, más datos para vender a otras empresas y más dividendos para los propietarios de estas corporaciones. La ampliación internacional fue continua, hasta que se alcanzaron límites cada vez más arduos de superar. Entonces los directivos de las empresas se marcaron objetivos periódicos para optimizar el rendimiento económico que solo podían cumplirse con herramientas que retuvieran a los usuarios dentro de cada plataforma durante el mayor tiempo posible. Actuaron con contundencia sobre las formas y sobre los contenidos, y lograron un enorme incremento del tiempo medio que los participantes dedican a las redes sociales. En pocos años las plataformas consiguieron que los usuarios pasaran a diario mucho más tiempo navegando en las redes que socializando con otras personas de manera presencial.

En ese sentido, la revolución digital ha creado un mundo virtual de impactos abrumadores que se repiten constantemente y en el que se nos somete a océanos diarios de información. En función de sus posibilidades, los agentes que emiten los mensajes buscan captar a toda costa nuestro interés. Y lo cierto es que la atención es un bien escaso, en comparación con todo lo que puede ser potencialmente atendido. Como advierte Max Fisher, para alcanzar ese propósito de mantener a las personas pegadas a las redes sociales, los programadores han elaborado técnicas extremadamente eficaces para manipular fríamente nuestra atención.

Las herramientas de esta peculiar hipnosis tecnológica han sido variadas. En relación con las formas, los psicólogos y los neurocientíficos de las plataformas han ideado mecanismos similares a los de las máquinas tragaperras o los casinos, con cuadros de colores, iconos expresivos, pulsaciones táctiles y sonidos vibrantes. En los formatos de las redes sociales no hay nada que esté puesto allí por casualidad. A través de sistemas inspirados en la teoría del refuerzo de Pávlov, se han implantado instrumentos de validación social, a través de la función «me gusta», los sistemas de comentarios o las formas de compartir los contenidos. Esas inyecciones continuadas de dopamina, a través del refuerzo variable intermitente, nos aportan sensaciones gratificantes que nos inducen a seguir en la plataforma, aunque eso no sea necesariamente positivo para nosotros. Se trata de estructuras tecnológicas diseñadas con mecanismos que incrementan las posibilidades de causar adicción. De hecho, en los últimos años han proliferado las investigaciones sobre conductas compulsivas de carácter adictivo que pueden estar vinculadas al uso de las redes sociales.

Al mismo tiempo, en relación con los contenidos, los creadores de los algoritmos, que cuentan con la ventaja de conocer nuestros registros, concibieron fórmulas para ofrecernos siempre después de cada publicación otras que puedan gustarnos o engancharnos aún más, con predicciones matemáticas de alta probabilidad. Ese propósito se completó con la actuación de los algoritmos para primar determinados contenidos. Los analistas de datos comprobaron pronto que los contenidos emocionales, odiosos, conspiranoicos, verbalmente agresivos o de rechazo al diferente generaban más reacciones y favorecían la permanencia en las plataformas. Por ello, la programación de los mecanismos matemáticos de las redes posibilitó que estas publicaciones se propagaran más.

Los algoritmos están programados para dar preferencia a los contenidos en función de votos favorables, número de *likes*, retuits, veces que se comparten y parámetros similares. En líneas generales, lo que se prioriza es la publicación a la que los usuarios prestan atención durante más tiempo. Y también se promueve más el contenido que desencadena mayor participación. Las publicaciones emocionales, los arrebatos desde la indignación moral, los acosos virtuales, las humillaciones públicas contra personas anónimas o las campañas de linchamiento contra famosos cuentan con muchas más posibilidades de viralizarse y de que aparezcan en nuestro muro. En esas mismas pautas están basadas las sugerencias de grupos para incluirse en Facebook, las recomendaciones de vídeos en los que continuar la navegación en YouTube o las formas de realzar a personajes públicos a los que seguir en X.

Estos sistemas de programación tienen consecuencias realmente asimétricas, aunque nos hayamos habituado a ellas. Una aportación racional para solventar un problema dispone de bajas posibilidades de difundirse entre los usuarios en comparación con un comentario incendiario que incite al linchamiento grosero a un político, porque así lo han configurado los algoritmos. Los miedos, las conspiranoias o los bulos tóxicos son igualmente premiados por el sistema. De hecho, en un mundo sin redes pasarían desapercibidos incidentes locales poco significativos que ahora se pueden convertir en vejaciones colectivas aplaudidas por millones de personas en la caótica barra de bar de dimensiones ilimitadas que son las plataformas virtuales. Como indica José María Lassalle, la transformación digital de nuestra identidad, al prescindir de la relación personal corpórea, facilita la crueldad y la falta de empatía hacia otras personas. El algoritmo favorece los comportamientos coléricos, porque un contenido racional detrás de otro en la red social no puede provocar la misma avidez adictiva que una lapidación tras otra, con todo el fervor exaltado que suelen despertar las pedradas virtuales.

Las grandes redes sociales que construyen opinión en el ámbito político, como Facebook, YouTube o X, priorizan ese tipo de contenidos emocionales en el menú que contemplamos al entrar en una red social o les dan ventaja en las recomendaciones más visibles. Sus sistemas computacionales saben lo que nos puede mantener pegados a los dispositivos inteligentes, como si fueran un imán que atrapa a nuestra mente y a nuestros ojos, a causa de los comportamientos precedentes que han quedado almacenados. De ahí se deriva esa sensación tan frecuente en los usuarios de las redes de no poder apartar la vista de la pantalla aunque se desee hacerlo, porque no resulta sencillo desconectar.

La preferencia por promocionar esas tendencias ha llevado a consecuencias sociales de gran calado. Estamos hablando de magnitudes de muchos millones de personas. Y se trata de una tecnología presente a todas horas en nuestras vidas, que está alterando nuestra manera de pensar, de comportarnos y de relacionarnos con otras personas. También está condicionando los comportamientos políticos. Uno de los peligros estriba en que las posibilidades de persuasión fraudulenta son elevadas. Facebook realizó en 2012 un experimento de manipulación social, sin el consentimiento de los 700.000 usuarios afectados. Al segmentar de forma deliberada las noticias que recibían dichos usuarios, se comprobó que se podía influir en sus estados emocionales, en el tipo de contenido que después compartían o en el tono de los comentarios que escribían. Este uso de cobayas humanas desprevenidas demostró a Facebook que los usuarios publicaban mensajes positivos o negativos en función de las publicaciones a las que habían sido expuestos por la propia plataforma.

Otro de los escándalos más sonados fue el de Cambridge Analytica, entidad de la que era vicepresidente Steve Bannon, lugarteniente de Donald Trump. Esta consultora británica, a través de Facebook, recopiló datos de más de 87 millones de usuarios sin su consentimiento. Se les clasificó, según su comportamiento en la red, a través de perfiles psicológicos e ideológicos, y los datos se usaron en la campaña del Partido Republicano a las elecciones presidenciales de Estados Unidos de 2016, que finalmente llevaron a la presidencia a Trump. Se sigue discutiendo sobre los efectos reales de la campaña de la consultora en el conjunto del resultado electoral. Sin embargo, se pudo conocer que, a partir de dichos datos, se había practicado una segmentación de los mensajes. Si el votante era simpatizante de los republicanos, se le enviaban contenidos adecuados para afianzar el voto. Si el elector estaba indeciso o el sentido de su voto era dudoso, los mensajes intentaban persuadirle para que votara a Trump o procuraban disuadirle de apoyar a Hillary Clinton sirviéndose de comunicaciones abiertamente negativas sobre ella. La Comisión Federal de Comercio de Estados Unidos acabó sancionando a Facebook con 5.000 millones de dólares por malas prácticas en la gestión de los datos de los usuarios y por violar su privacidad.

Resulta también destacable que la implantación de las redes ya había provocado un incremento de los grupos antivacunas antes de la llegada del covid-19. El motor de recomendaciones de las redes sociales incentivaba las páginas web de todo tipo de agrupaciones, así como vídeos y discursos de líderes virtuales con argumentos conspiranoicos, irracionales y acientíficos. A partir de la pandemia de 2020, la actividad de estos colectivos en las plataformas virtuales llegó a una especie de apogeo apocalíptico. De forma parecida, y como dato curioso, después de siglos sin apenas discusión sobre el carácter esférico del planeta, las redes facilitaron el desarrollo de un movimiento terraplanista. Ahora hay miles de adeptos que, con la convicción absoluta de vivir en una planicie inacabable en forma de disco, celebran congresos y denuncian oscuras tramas de las élites de la ciencia contemporánea. Del mismo modo, han surgido bastantes grupos que especulan sobre las más diversas conjuras de los poderes ocultos o sobre teorías pseudocientíficas estrafalarias de todo tipo.

Natalia Velilla ha relacionado este contexto con lo que denomina «crisis de la autoridad», un concepto con el que se refiere a la pérdida progresiva de respeto por las autoridades tradicionales, que estaban basadas en criterios morales, institucionales o académicos, y que han sido sustituidas por líderes de opinión que pontifican sobre asuntos para los que no están cualificados. En el nuevo mundo virtual han proliferado los taifatos plagados de charlatanería, con el aplauso de masas crédulas o poco informadas.

La complejidad de la nueva sociedad digital y la sobreabundancia de información son factores que favorecen conductas simplificadoras de carácter emocional. Son actitudes que suprimen las dudas de razonamiento. Pensar poco facilita algunos consensos. Como apunta Antonio Gutiérrez-Rubí, la acumulación de datos, opiniones, informaciones y rumores conduce a una simplicidad reconfortante que siempre puede resultar más cómoda. Pasar con rapidez relajante de un contenido a otro, sin grandes indagaciones intelectuales, es una tónica muy frecuente en las redes. En palabras de José María Lassalle, en los espacios virtuales los seres humanos «son programados a través de una especie de embriaguez digital o euforia electrónica» que altera el juicio libre y crítico.

Como se ha mencionado, las plataformas registran todos nuestros movimientos, el tiempo pasado con cada contenido, el conjunto de nuestra actividad en la red social. Se analizan todas nuestras conductas y de ese modo se fijan patrones sobre lo que nos interesa. Los sistemas automáticos nos ofrecen las informaciones que potencialmente nos pueden mantener el mayor tiempo posible en la plataforma. Y lo hacen con un añadido: cada vez los contenidos son más emotivos, porque esta dinámica genera mayor atracción adictiva. Más tiempo en la plataforma son más anuncios y más ganancias para los dueños de las empresas. Estas prácticas, que se dan a escala masiva, originan consecuencias importantes para el sistema democrático, como advierte Max Fisher.

En el ámbito político, la selección del algoritmo por afinidades temáticas implica que cada usuario reciba esencialmente contenido vinculado a sus propias inclinaciones ideológicas. Estas reglas modelan nuestros comportamientos y engendran burbujas virtuales, con comunidades muy cohesionadas. Se conforman así las llamadas cámaras de eco, en las que los participantes reciben esencialmente contenidos que refuerzan sus convicciones previas y facilitan los sesgos de confirmación. La contradicción puede resultar sorprendente: en un mundo aparentemente abierto como el virtual, con capacidad casi ilimitada para intercambiar perspectivas distintas con otras personas, las interacciones constructivas desde la discrepancia son más bien escasas. Lo que prevalece, en cambio, es la adhesión a la comunidad propia y el rechazo a los que se considera enemigos. Más que aportar espacios de reflexión compartida, los sistemas matemáticos explotan insensiblemente los impulsos enfervorecidos de los usuarios. La polarización grupal y la relación entre los integrantes de la burbuja redobla incluso las más variadas actitudes de arrogancia soez contra los adversarios, según indica Gonzalo Velasco. Las plataformas obtienen así más y más visualizaciones en el mercado de la atención.

Sin duda, la virulencia de los discursos puede afectar a contenidos de cualquier esfera ideológica, dado que el incremento en la agresividad de los comportamientos está presente en los ámbitos políticos más diversos. En ese sentido, no cabe duda de que en las redes hay poca beatitud ideológica. Pero está acreditado con datos empíricos que los algoritmos estimulan especialmente temáticas ultraconservadoras como la xenofobia, el racismo, el machismo, los bulos conspiranoicos o la difusión de miedos infundados, por sus poderosas matrices emocionales. Todo ello explica la vertebración de una densa red de gurús de extrema derecha, con cientos de miles de seguidores, sin equivalentes en otros ámbitos políticos. Eso ocurre en España y en todas las partes del mundo. Las dinámicas de las plataformas virtuales los priorizan y los favorecen.

El odio es un sentimiento devastador para la convivencia humana. El hecho de que los algoritmos de las redes estén programados para favorecer la difusión de olas de sentimientos malsanos de aborrecimiento debería ser objeto de una profunda reflexión. Obviamente, las redes permiten la difusión de argumentos procedentes de todas las visiones ideológicas. También son compartidos a diario muchísimos razonamientos elaborados y poco pasionales. Pero, en comparación, el contenido emotivo de las arengas ultraconservadoras se viraliza con mucha mayor facilidad, como nos muestran los datos de seguimiento y de implantación en redes. Fernando Vallespín ha analizado cómo la difusión de una columna de opinión depende de lo radical que sea el pronunciamiento a favor de alguna de las opciones enfrentadas o de la visceralidad de la crítica a algún actor político; sin embargo, si el autor argumenta con matices, toma distancia con las partes o entra en una exposición sofisticada, la repercusión en redes disminuye considerablemente.

Además, los discursos ultraconservadores todavía se multiplican más a través de mecanismos fraudulentos muy estructurados, como redes de cuentas falsas automatizadas, ejércitos de bots y mecanismos casi industriales de difusión. Todo ello fabrica un embrutecimiento del debate público, porque estas granjas de amplificación no están diseñadas para dialogar, sino para destruir al adversario político. Son instrumentos que requieren de financiación económica, y que están enfocados a las maniobras de aniquilación política y no a la exposición de propuestas constructivas. El anonimato es un eficaz instrumento para lanzar noticias falsas, programar boicots, desinformar y manipular emociones, en palabras de Fernando Vallespín.

Como señala Steven Forti, ha sido una característica común el uso preferente de las nuevas tecnologías por parte de la extrema derecha para viralizar sus mensajes y «aumentar la desconfianza hacia las instituciones y la democracia». La cronología es bastante exacta: hay un paralelismo temporal en las dos últimas décadas entre el auge del nacionalpopulismo conservador y el desarrollo progresivo de las redes sociales. Sin duda, existen más causas que explican dicho fenómeno, como intentamos mostrar en este libro. Pero convendría no minusvalorar las sacudidas sociales que se están asentando con la revolución digital.

Eva Illouz subraya que las arengas emocionales de los líderes del nacionalpopulismo conservador consiguen «llamar la atención en un campo abarrotado de personas diversas en busca de atención». Las burbujas filtradas de las redes sociales otorgan esos sentimientos de identidad desde el conflicto contra otras identidades. Los sentimientos de miedo, asco, rencor y orgullo nacional se viralizan con facilidad, gracias a la amplificación de las fórmulas matemáticas de las plataformas virtuales. Las dinámicas de las redes entrenan a los usuarios para que reaccionen, se crispen y se violenten con determinados contenidos, como han puesto de manifiesto Ernesto Calvo y Natalia Aruguete. Los mecanismos de dependencia emocional hacia las plataformas acentúan esas conductas. Una consecuencia muy elocuente es que han contribuido a radicalizar a masas de ciudadanos que partían de visiones conservadoras tradicionales, lo cual ha provocado la reconfiguración del mapa político.

La agresividad en redes sociales ha ocasionado también situaciones extremas en algunos lugares, como los intensos brotes de violencia desatados en los últimos años contra minorías religiosas en Sri Lanka, Indonesia o algunas regiones de la India. La expansión de rumores y falsedades desembocó en la acción desquiciada de turbas organizadas desde las propias redes. Los sucesos más trágicos tuvieron lugar en Birmania en 2017, con tumultos multitudinarios contra la minoría musulmana coordinados a través de Facebook que llevaron a perpetrar miles de asesinatos, violaciones a mujeres, agresiones físicas e incendios de poblaciones. La Corte Internacional de Justicia abrió un procedimiento por genocidio, ante matanzas horrendas y actuaciones de limpieza étnica que obligaron a huir de sus casas a unas setecientas mil personas. La misión internacional de la ONU emitió un dictamen en el que desvelaba el carácter absolutamente decisivo de los algoritmos y las dinámicas de Facebook en la formación y propagación de la tormenta de odio. De hecho, Facebook reconoció su responsabilidad en un informe interno y admitió que su tecnología había contribuido a la difusión de la violencia, con el agravante de que no había asignado suficientes medios para controlar la actuación de las hordas agresivas en la red. Evidentemente, siempre se han producido matanzas étnicas, aunque no hubiera redes sociales. Lo que ahora se acrecienta con estas plataformas, según las investigaciones realizadas, es la velocidad a la que se expande el odio y la capacidad de organización de los agresores. El desafecto es preexistente, pero el algoritmo lo agranda de manera considerable y lo convierte en una animadversión iracunda que estalla con rapidez.

También está muy presente la influencia de estas plataformas en países con elevados niveles de cohesión e instituciones democráticas consolidadas. Lo sucedido en una democracia avanzada como Alemania nos muestra cómo las redes sociales pueden ser redes antisociales. Igual que en otros lugares, a partir de la crisis de los refugiados en Europa, en este país los algoritmos de las plataformas fueron decisivos para que crecieran los postulados ultraconservadores. Las investigaciones realizadas por Max Fisher demuestran que los ataques a refugiados aumentaban en las poblaciones cuyos habitantes usaban Facebook más que la media, con independencia de las dimensiones de las ciudades. Y, correlativamente, otras investigaciones acreditaban que, cuando en las poblaciones se producían apagones en el acceso a internet y a las redes sociales, se reducían los actos de violencia xenófoba.

Asimismo, en el ámbito político, el éxito de algunos líderes de la derecha radical no puede entenderse sin las redes sociales. La trayectoria de Jair Bolsonaro es muy significativa. La carrera del político brasileño despegó cuando en 2012 editó un vídeo de la psicóloga Tatiana Lionço para manipular su sentido y hacer creer que ella defendía la homosexualidad entre los niños. La publicación se viralizó en YouTube y se extendió a otras redes sociales, con un linchamiento colectivo de dimensiones colosales en el que la psicóloga llegó a sufrir numerosas amenazas de muerte. En los años siguientes, Bolsonaro incrementó su presencia en el mundo virtual con todo tipo de menciones a teorías conspirativas, en un contexto de proliferación de youtubers de extrema derecha, cada vez más exaltados ante el viento favorable de los algoritmos. En palabras de Max Fisher, YouTube arrastró a los brasileños hacia el bolsonarismo y no al revés. Los sectores conservadores de Brasil empezaron a radicalizarse y a ello también contribuyeron los escándalos de corrupción del Gobierno de su país.

Como refieren Ernesto Calvo y Natalia Aruguete, Jair Bolsonaro ganó las elecciones presidenciales en Brasil de octubre de 2018 gracias a un uso masivo de las redes. La victoria se logró con el respaldo de medios digitales creados expresamente, la actuación en redes de equipos de cuentas falsas automatizadas y la propagación estratégica de mensajes. Con discursos machistas, xenófobos y violentos plagados de sugestiones paranoicas, consiguió movilizar sobre todo a quienes sentían que se les estaba empezando a excluir del sistema en beneficio de sectores históricamente desfavorecidos. La codificación algorítmica de las plataformas, la actuación de los grupos de bots y el empuje en redes de los simpatizantes fueron elementos centrales en la difusión de las arengas de Bolsonaro y en su amplio triunfo electoral.

Ahora bien, si hay que calificar a un político como el más genuino producto de las redes sociales, el título debe ser adjudicado a Donald Trump. Su biografía es una muestra de cómo perfiles personales que antes eran propios de *outsiders* pueden progresar hasta posiciones mayoritarias tras la revolución digital. Max Fisher enfatiza que Trump era exactamente todo lo que premiaban las redes: desinformación, misoginia, burlas, insultos, xenofobia. A la vez, según Fukuyama, carecía de las virtudes asociadas al liderazgo, como integridad, fiabilidad, buen juicio, devoción por el interés público o una brújula moral incuestionable. A través de tuits ultravirales y de furibundas publicaciones en Facebook, Trump logró fomentar la rabia contra demócratas, periodistas y minorías, a menudo difundiendo las más variadas falsedades, con el respaldo servicial de los algoritmos. En ambas plataformas se creó una tupida telaraña de *influencers* en su apoyo, que constituyó una de las estructuras más relevantes del trumpismo.

Como pone de relieve Yascha Mounk, esa fuerza en las redes sociales compensó que los principales medios de comunicación no amparasen a Trump. Cada mensaje suyo o de sus *influencers* más virales llegaba a millones de personas. En los meses previos a las elecciones de 2016, los contenidos trumpistas se habían extendido también a YouTube: el 80 por ciento de los vídeos políticos sugeridos por el motor de recomendaciones era favorable al magnate norteamericano. Sin duda, la victoria en esos comicios se debió a muchas razones, pero todas ellas se agravaron por la multiplicación de las adhesiones en las plataformas virtuales. Durante su presidencia, el trumpismo terminó de legitimarse, lo cual disparó el número de sus militantes, su transversalidad y su unidad interna, especialmente en las redes. El propio Trump utilizó sin cesar el imponente altavoz que le proporcionaba la Casa Blanca para defender el movimiento y muchas de sus causas y teorías conspirativas, como indica Fisher.

En las elecciones presidenciales de 2020 se repitieron muchas de estas dinámicas. Max Fisher ilustra la asimetría de las redes con otro ejemplo: mientras que las encuestas coincidían en la derrota de Trump, la participación en Facebook a su favor era de cuarenta a uno frente a Joe Biden. Los algoritmos de las plataformas no reflejan la realidad, sino que crean una realidad propia. Durante la campaña electoral, Trump y sus aliados ya anunciaron que su derrota solo podría deberse a un fraude electoral y que no entregarían el poder. Se trataba de un cuestionamiento muy peligroso de los principios democráticos. Los agitadores trumpistas repitieron hasta la saciedad las tesis conspirativas más variadas sobre un posible amaño de las elecciones. Al confirmarse la victoria de Biden, las redes del trumpismo lanzaron en tromba todo tipo de acusaciones de fraude con los argumentos más estrambóticos. En consecuencia, las semanas posteriores fueron un hervidero furioso de publicaciones en los grupos de la derecha radical norteamericana, entre las que sobresalían los tuits subversivos del propio Trump, que se negaba a reconocer que había perdido. Los algoritmos colocaban continuamente sus publicaciones entre las más vistas en las redes sociales. Se difundieron multitud de fabulaciones sobre votos amañados y sobre colegios electorales que habían falsificado los resultados. El trumpismo era una olla a presión enloquecida, absolutamente fanatizada.

En ese contexto de demencia colectiva se tramó en las redes el plan de la concentración en Washington y el asalto posterior para impedir que el Congreso certificase los votos electorales, lo cual constituía el paso previo para la proclamación como presidente de Joe Biden. Los sistemas matemáticos de las plataformas siguieron provocando el efecto de que la indignación era generalizada en todo el país, con líderes del trumpismo que hacían llamamientos violentos para impedir el relevo en la presidencia. El propio Trump incitó a la algarada con abundantes vídeos virales, incluso el mismo día de la concentración. Al final, los militantes trumpistas entraron por la fuerza en el Capitolio y con sus teléfonos en las manos retransmitieron en directo el asalto en las redes sociales, convertido en tema del día en todo el planeta, en un ataque a la democracia sin precedentes en la historia de Estados Unidos.

La reacción institucional, mediática y cívica de repulsa al asalto coincidió en atribuir a las redes sociales una gran parte de responsabilidad en todo lo sucedido, con un amargo reproche a los directivos de las principales corporaciones digitales. Mientras se practicaban centenares de detenciones, Facebook, Twitter y YouTube decidieron suspender el perfil de Trump, con lo que se descabezaba al trumpismo en las plataformas. La culpa de las redes en esta amenaza a la democracia estadounidense fue muy debatida a partir del asalto al Capitolio. Y una de las preguntas más pertinentes fue no solo por qué las redes sociales habían potenciado la influencia creciente de un líder tan singular como Donald Trump, sino especialmente cómo había sido posible construir un fenómeno de masas como el trumpismo. Se trata de un movimiento que sigue muy implantado en la sociedad norteamericana.

En España también se han seguido estos patrones, con características en gran parte inspiradas en algunas estrategias del trumpismo. Beatriz Acha subraya que Vox se ha convertido en el partido más activo en las redes sociales, al haber adoptado «agresivas tácticas de campaña» en las que ha priorizado el contacto con los más jóvenes. Los discursos de la derecha radical están enormemente presentes en nuestro país también a partir de una red de *influencers* que cuentan con decenas de miles de seguidores. Los temas preferidos por la ultraderecha están continuamente en la agenda política. Como ejemplo evidente de estas dinámicas se puede constatar el éxito de la candidatura Se Acabó La Fiesta, encabezada por el activista ultraconservador Alvise Pérez, en las elecciones europeas de junio de 2024; sin acceso a los medios de comunicación, le bastó una presencia amplísima en las redes sociales para obtener representación en el Parlamento Europeo.

Como indica Fisher, el diseño de las plataformas configura de manera deliberada las experiencias de los usuarios, y estos acaban siendo moldeados. No es que de manera espontánea se difundan más los postulados de la extrema derecha, en el marco de un intercambio libre de razonamientos, sino que los algoritmos de las plataformas les dan prioridad. Inicialmente, las publicaciones en las redes eran presentadas ante el usuario con un criterio meramente cronológico, sin priorizar otros factores; ahora se propagan más determinados contenidos. En el ámbito político, por ejemplo, los algoritmos no priorizan las publicaciones que favorecen la concordia, ni tampoco se difunden de forma predominante las soluciones más racionales o mejor pensadas. Se trata de fórmulas matemáticas que no estimulan la cohesión social desde una perspectiva de sentido compartido por una comunidad. Al contrario, estas pautas computacionales destacan, incitan y promueven las orientaciones tribales más divisivas.

Todo ello no supone que los directivos de las plataformas busquen azuzar necesariamente los temas más apropiados para la derecha radical. Lo que sucede es que los intereses económicos de estas corporaciones, para conseguir más usuarios y que estos pasen más tiempo conectados, estimulan la propagación de dichos discursos. Según Max Fisher, los sistemas de las redes sociales «no se diseñaron para promover el progreso social o para distribuir la justicia de forma equitativa, sino para maximizar el tiempo pasado en las plataformas, para ganar dinero». A pesar de las reiteradas advertencias y de los informes internos de los expertos de las compañías sobre estas dinámicas asimétricas de difusión, sus directivos nunca han querido revisar tales reglas.

En todo caso, puede ser oportuno subrayar que los nuevos magnates de las tecnologías de la comunicación tampoco son neutros ideológicamente. Sus posturas a favor del neoliberalismo en materia económica y en contra de la regulación estatal coinciden con los postulados habituales de la extrema derecha. Por ello, las dinámicas de las redes no amenazan los intereses económicos de los dueños de estas multinacionales, y no existen incentivos empresariales para abordar modificaciones que serían necesarias. De hecho, esa forma de gestión les ha resultado bastante lucrativa: estas corporaciones han obtenido unos beneficios descomunales y, en pocos años, sus propietarios han logrado situarse entre las personas más acaudaladas del mundo.

Resulta adecuado reseñar una de las pocas excepciones en la pasividad de los propietarios de estas compañías ante las dinámicas más nocivas. Se produjo tras el asalto al Capitolio. Las plataformas suspendieron la cuenta de Donald Trump. Una cosa era permitir el auge del nacionalpopulismo conservador y otra que pudiera acabar produciéndose algún tipo de golpe de Estado o de conflicto militar interno, con todos los riesgos inherentes de desestabilización del sistema económico. Eso sí habría afectado a los intereses empresariales de las propias corporaciones. La pregunta inquietante es qué puede suceder si en otra ocasión similar los propietarios de estas multinacionales optan por no actuar. Cualquier respuesta pasa por constatar el desmesurado poder acumulado por estas plataformas. Como indica Byung-Chul Han, quien manda sobre la información en la red ejerce una forma de soberanía.

Además, los algoritmos apenas se perciben cuando se está navegando por las redes. Los usuarios son transparentes ante los sistemas, pero los sistemas son opacos ante los usuarios. Vemos con plena confianza las noticias que nos condicionan mezcladas con comentarios de nuestras amistades, sugerencias para alcanzar la felicidad o publicidad sobre tiendas de moda. Lo privado se confunde con lo público: la información es una forma más de entretenimiento. Todo ello nos vuelve más influenciables.

Las dinámicas de las redes sociales están siendo decisivas para condicionar la deliberación pública, las iniciativas políticas, la actividad de los medios. Sin duda, sería poco ecuánime desdeñar las aportaciones positivas de las plataformas virtuales. Muchas contribuciones procedentes de todas las ideologías, antes vedadas en los medios tradicionales, pueden ahora acceder libremente al espacio público. A la vez, también se están asentando transformaciones discutibles que afectan al sistema democrático. Y explican el incremento de la polarización en todos los países, también en España.

La mentira como arma política

La mentira se ha convertido en una fuerza fraudulenta de primer orden en la discusión colectiva. La difusión de falsedades en la arena pública no es algo nuevo. La particularidad estriba en que ahora los instrumentos de multiplicación de las redes facilitan una propagación exponencial de los embustes. Y, por consiguiente, no resulta nada fácil desmontarlos. En otros tiempos, los periódicos tradicionales también podían deslizar mentiras, pero el contrapeso de los otros medios podía ser suficiente para contrarrestarlas.

Las redes vomitan *fake news* de manera incesante, como si fueran artefactos siniestros de destrucción masiva de la verdad. A diario los algoritmos derrotan a los argumentos. Como explican Ernesto Calvo y Natalia Aruguete, la propagación de una falsedad puede ser multitudinaria, porque cuenta con montones de artífices para esparcirla; en cambio, la rectificación no es tan intensa: los promotores del bulo nunca están interesados en aclararlo. Es más fácil causar heridas que curarlas. Las fórmulas matemáticas de las plataformas priman la difusión de mentiras que desencadenan indignación moral, con derivaciones muy contagiosas. Byung-Chul Han afirma que un solo tuit con una noticia falsa o un fragmento de información descontextualizada pueden ser más efectivos que un argumento bien fundado.

Las redes sociales no están programadas para que los contenidos virtuosos dispongan de las mismas posibilidades de expansión. Cada día se publican miles de mentiras en las redes sociales sin ningún control previo de calidad, al contrario de lo que pasaba antes con los medios tradicionales, que disponían de sistemas de verificación previa. Este tipo de engaños agrieta los cimientos que sostienen la convivencia de toda sociedad. La confianza mutua es la base de la estructura social y no puede hilvanarse con falsedades tóxicas. En palabras de José María Lassalle, las *fake news* «desarrollan una estrategia de alucinación colectiva que sustituye la realidad por una copia manipulada de ella». Según este autor, así la verdad se relativiza, desaparece una opinión pública informada y se erosiona la existencia de una ciudadanía crítica, con efectos muy negativos para el sistema democrático.

Las oleadas de desinformación recorren las redes en nuestro país, en buena parte espoleadas por la maquinaria de una extrema derecha que excede del ámbito estrictamente político, al estar acompañada por algunos medios muy militantes y por una legión de activistas en las redes. Las mecánicas automatizadas de difusión masiva replican sin cesar las narrativas predilectas de la ultraderecha. Y logran conformar estados de opinión con bastante frecuencia. En España, algunos temas se han convertido ya en clásicos contemporáneos. Resulta habitual que en numerosas violaciones se afirme sin prueba alguna que los agresores sexuales eran magrebíes. En esos casos siempre surgen enjambres virtuales encrespados que agitan las redes con indignación ruidosa. Después los medios más rigurosos suelen aclarar que los autores eran españoles, pero el recorrido del bulo siempre obtiene muchísimos más lectores que el desmentido de esas noticias. En nuestro país hay falsedades odiosas sobre los inmigrantes, para estigmatizarlos y acrecentar contra ellos la repulsa social.

Las mentiras pueden proceder de cualquier ámbito. Pero hay algunas que suelen ser recurrentes entre los perfiles de extrema derecha, como las relacionadas con el racismo o la xenofobia. Federico Finchelstein ha analizado monográficamente las mentiras de los antiguos fascismos para conectarlas con las de la extrema derecha actual y con sus bulos reiterados sobre la inmigración. En el fascismo la deshumanización racista era un aspecto esencial de su ideario, por lo que se lanzaban todo tipo de patrañas, con la premisa de considerar que había razas inferiores. Como apunta el historiador argentino, para la actual derecha radical también la xenofobia es un elemento nuclear, compartido en los más diversos países. Y esta circunstancia explica la invención de los más variados embustes, también desde la premisa falsaria de que hay razas o religiones incompatibles con la comunidad nativa.

A veces la reiteración machacona de una falsedad genérica acaba convirtiendo una afirmación errónea o una leyenda populachera en una certeza indiscutible para muchas personas. Un ejemplo sería el de las supuestas denuncias falsas masivas de las mujeres en casos de violencia de género. Como hemos mencionado anteriormente, uno de los ejes en el relato victimista del nacionalpopulismo conservador es su reacción frontal contra los avances del feminismo y contra la legislación sobre violencia machista. La denuncia falsa no solo es una conducta inmoral. También constituye un delito tipificado en el Código Penal. Y los datos oficiales reflejan que en España las condenas por este tipo de denuncias en materia de violencia de género no superan el 0,01 por ciento del total. Sin duda, hay mujeres que denuncian maliciosamente a sus maridos, pero lo hacen en unos porcentajes muy bajos, similares a las denuncias fraudulentas en otros delitos. Estos bulos se utilizan para cuestionar la legislación contra la violencia machista. Además, también movilizan a sectores que pueden compartir las visiones negacionistas sobre la realidad de la violencia contra las mujeres.

En la última década se han dictado condenas en España contra cerca de trescientos mil hombres por violencia de género. Son cifras indudablemente elevadas y bastante preocupantes. Cuando se producen casos de violencia dentro del ámbito de la pareja, más del 95 por ciento de los condenados son varones. El impacto de la legislación en la materia afecta a los directamente implicados y a sus allegados, ya sean familiares o amistades. Es un fenómeno de dimensiones sociales muy extensas. Estos sectores suelen simpatizar con las prédicas ultraconservadoras que niegan la realidad de la violencia machista y la sustituyen por fabulaciones sobre mujeres malvadas que sistemáticamente acusan a los hombres de manera tramposa.

Asimismo, las teorías conspirativas son compañeras incondicionales de viaje de los bulos tóxicos. Ignacio Ramonet califica estas especulaciones como *complotismo*, desde la perspectiva de que proponen una visión paranoica del mundo a través de narrativas delirantes cuya realidad no está en absoluto demostrada. Durante la pandemia llegaron a niveles altísimos de difusión, alentadas por sectores sociales de la extrema derecha, con todos los riesgos que se generaron para la salud de las personas, al cuestionarse la idoneidad médica de la vacunación o al atribuirle los más desternillantes fines de control social. Entre las creencias más extravagantes, pero ampliamente propagadas, podemos citar la que aseguraba que el virus se gestó en un laboratorio y que su creación formaba parte de un complot mundial, instigado por Bill Gates, para la implantación de microchips a toda la humanidad.

Asimismo, la lucha contra el cambio climático también suele ser atacada con bulos de todo tipo. En nuestro país, otras falsedades conspiranoicas muy populares se inspiran en relatos muy detallados sobre cómo el Gobierno de España se ha vendido por oscuros intereses a Marruecos, a George Soros o a la masonería internacional. En cualquier caso, estas tendencias conspiranoicas facilitan el desarrollo de tribus digitales, con marcados elementos identitarios. Como señala Byung-Chul Han, estas teorías disparatadas son especialmente idóneas para la creación de burbujas virtuales con rasgos irracionales, porque «hacen posibles las delimitaciones y exclusiones que son constitutivas del tribalismo».

Por otro lado, las mentiras presentan más credibilidad cuando son difundidas por medios de comunicación. Muchas personas que no discriminan entre los perfiles de los emisores de las noticias, pues se supone que son espacios creados para la información veraz, les otorgan un aura de objetividad, lo que ha provocado que en España se abra un amplio debate sobre la responsabilidad de los medios en la desinformación. Sea como sea, las dinámicas virtuales han alterado los estilos informativos. En relación con los periódicos, ahora la gran mayoría de los lectores los sigue en internet y no en papel. Se trata de un fenómeno global. Por ejemplo, a principios de 2024, el diario *El País* contaba con más de 314.600 suscriptores en su edición digital, en contraste con unos 36.000 suscriptores en la edición impresa. Más allá de los suscritos, los lectores de este medio y del resto acceden principalmente a las noticias a través de las redes sociales.

Estas transformaciones han afectado también a la televisión y a la radio. Son medios que siguen manteniendo buena parte de sus cuotas de audiencia, pero han modificado el estilo de sus contenidos, en función de los nuevos contextos informativos. En el anárquico bombardeo diario de toneladas de información en redes sociales, se busca incesantemente capturar la atención. Antes los medios filtraban más lo relevante para la sociedad, con criterios periodísticos de excelencia informativa, aunque un contenido no siempre fuera el más deseado por la mayoría de la gente. A menudo, especialmente en la prensa, se prefería la calidad de la información frente a la frivolidad insana de lo que se podía contar. Ahora los controles de calidad se han situado en niveles ínfimos, sobre todo en determinados portales digitales muy centrados en atrapar el interés de los lectores a toda costa. Y esas dinámicas han arrastrado incluso a algunos de los medios tradicionales.

La influencia de las redes sociales ha modificado o suprimido gran parte de las funciones mediadoras que desempeñaban los medios. Como indica Jürgen Habermas, hay una conexión muy directa entre la actividad parlamentaria democrática y la comunicación política que realizan los periodistas. La función desarrollada por las instituciones representativas es primordial, porque engloban a todos los ciudadanos con derecho de voto, por lo que la voluntad política se forma con un criterio formalmente inclusivo. A partir de ahí, resulta imprescindible el papel de los medios para informar desde el pluralismo sobre esa actividad política.

El filósofo alemán enfatiza que ese trabajo periodístico requiere de profesionalidad, de especialización y de la capacidad de filtrar información para transmitir lo más relevante a la sociedad. Esta labor de mediación de los periodistas, practicada desde miradas plurales, posibilita un debate racional sobre la actuación de las instituciones públicas. Sin embargo, según Habermas, la aparición de las redes sociales ha deteriorado estas instancias mediadoras. Ahora cualquier persona, sin criterios profesionales ni tampoco conocimientos sobre materias concretas, puede difundir ampliamente todo tipo de informaciones. Al mismo tiempo, la revolución digital ha causado una profunda crisis en la gestión empresarial de los medios de comunicación, con el cierre de redacciones, despidos de periodistas y cambios de orientación para adaptarse a los nuevos formatos.

Las consecuencias se han manifestado en una elevada reducción de la calidad de la información, aunque la cantidad haya aumentado espectacularmente. Es cierto que resulta positivo que hoy en día sea más sencillo crear medios alternativos y expresar opiniones más libres. Pero es igualmente cierto que esa mejora se ha producido a costa de la proliferación de bastantes dinámicas informativas similares a las de los antiguos tabloides y medios sensacionalistas. La diferencia es que ahora ya no son residuales. Jürgen Habermas subraya que estas transformaciones están provocando daños muy profundos en las estructuras deliberativas de los sistemas democráticos, como explicaremos en el siguiente epígrafe.

Antes de la revolución digital, los medios más respetados separaban en sus noticias la información y la opinión. Ahora incluso algunos de los periodistas más prestigiosos han aparcado las principales reglas deontológicas. Es muy frecuente el ataque polarizado desde el encabezamiento de la información, porque la búsqueda de la viralidad lo condiciona casi todo: lo fundamental es incitar a que cada usuario entre en el enlace de la noticia cuando está navegando por las redes sociales. Algunas claves son el titular ingenioso, la orientación efectista, el garrotazo contra los líderes que son adversarios ideológicos de los seguidores habituales del medio. Resulta clave el enfoque con anzuelo, a través del llamado *clickbait* o cebo de clics, porque «el negocio ya no es la información, es la atención», en palabras de Antoni Gutiérrez-Rubí. Por otro lado, la financiación pública o privada de los medios también puede explicar algunos posicionamientos agresivos contra determinados políticos y el blanqueamiento de la gestión de otros. El que paga también manda.

En ocasiones hay alianzas expresas o tácitas entre la esfera mediática y la política. Los esfuerzos de los discursos ultraconservadores por hacer creer que la inseguridad ciudadana es algo generalizado pueden extenderse gracias a la complicidad de algunos medios, por su propio interés en conseguir audiencia. Hay proclamas de la extrema derecha que causan desasosiego en la sociedad y eso suele traducirse en más público para el medio de comunicación. Un ejemplo de ello sería la exageración grandilocuente sobre los niveles de criminalidad, que sirve para exigir reformas legales que endurezcan las penas. Ni que decir tiene que los datos reales desmienten claramente estos bulos. España se encuentra entre los países más seguros del planeta. Nuestros porcentajes de muertes violentas por habitante están entre los más bajos de Europa y del resto del mundo. Pero en televisión hay programas que repiten una y otra vez imágenes sobre los mismos crímenes, aunque sean pocos. Y ponen el micrófono a disposición de quienes reclaman castigos más severos.

Esta sobrerrepresentación de la realidad delictiva acaba tejiendo artificiosamente una sensación social de inseguridad. En cualquier caso, ninguna democracia avanzada ha reducido sus niveles de delincuencia endureciendo las sanciones penales. Al contrario, los países con penas más extremas, como Estados Unidos, cuentan con porcentajes de criminalidad bastante más elevados que los nuestros. Está demostrado empíricamente que las sociedades democráticas con menor tasa de delitos no son las que aplican correctivos despiadados, sino las que desarrollan mecanismos de intervención social que solucionan desde la raíz los problemas que origina la delincuencia.

Como ha explicado muy acertadamente Jorge Ollero, quien ha acuñado el concepto de *penalismo mágico*, se trataría de una fe casi hipnótica en lo punitivo para adjudicarle un poder sobrenatural. Esa confianza ciega lleva a considerar que, simplemente subiendo las penas, se puede acabar con los robos, con las drogas, con la violencia machista o incluso con el independentismo catalán. El punitivismo de la venganza es un abono muy productivo para que crezcan los frutos discursivos de la ultraderecha. Como afirma George Lakoff, entrar en el juego de discutir los márgenes de las respuestas vengativas, en lugar de exponer otro tipo de soluciones para estos problemas, acaba llevando a la implantación de las premisas autoritarias.

También en relación con la delincuencia, una de las falsedades estelares en España en los últimos años ha sido la de la ocupación. Con este asunto se ha podido constatar nítidamente la coincidencia de intereses entre sectores de la extrema derecha y algunos medios. Se transmite constantemente la idea falaz de que hay centenares de delincuentes que ocupan a diario las viviendas habituales de personas infortunadas que quedan injustamente en la calle y pueden tardar meses o años en recuperar sus hogares. Es comprensible que tales noticias susciten temor, ansiedad e inseguridad entre la ciudadanía. Sin embargo, a poco que se investigue la realidad de esos casos, parece evidente que se trata de ocupaciones de inmuebles vacíos, que en su inmensa mayoría son propiedad de bancos y otras entidades. Incluso en bastantes supuestos las hipotéticas ocupaciones son realmente impagos del alquiler. Pero, a pesar de todo, estos casos son presentados de manera tendenciosa (y difundidos de forma alarmista) por algunos periodistas, dirigentes políticos y activistas de la ultraderecha. Quienes trabajamos en los juzgados sabemos que los casos de ocupación de una vivienda familiar son muy raros, lo cual también confirman los datos oficiales. Además, el desalojo de los ocupantes es inmediato, al tratarse de un delito de allanamiento de morada.

En términos estadísticos, la probabilidad de que alguien nos pueda matar es superior a la de que nuestra vivienda habitual sea ocupada. Sin embargo, la reiteración de este tipo de falsedades en los medios y en las redes provoca una notable intranquilidad en la ciudadanía. Y, además, permite legitimar los relatos de la extrema derecha, porque el miedo es muy contagioso y suele nublar la capacidad de pensar, como nos recuerda Eva Illouz.

Esta clase de falsedades maliciosas puede llegar a alcanzar dimensiones cualitativas repugnantes cuando son vertidas con mala fe para intentar destruir a dirigentes políticos, ya que acaban causando los más diversos perjuicios reputacionales. Son mentiras en las que se imputan hechos inventados, de carácter deshonroso e incluso delictivo. Como apuntan Ernesto Calvo y Natalia Aruguete, en estos casos la difusión de embustes, más que como elemento informativo, debe entenderse como un intento de dañar al oponente y de cohesionar las filas de los emisores de la mentira. Las noticias falsas siempre tienen un origen, una finalidad y unos propagandistas. En este sentido, en España se ha incrementado sensiblemente la toxicidad del debate público a causa de la circulación de todo tipo de patrañas. La desinformación es un serio problema para el sistema democrático. Se trata de un veneno letal para las percepciones sociales, porque manipula la realidad y dificulta la configuración de una opinión pública informada. Si no se adoptan medidas, el desarrollo de la inteligencia artificial agravará aún más esta patología social.

La confección de bulos no está amparada por las libertades. Nuestra Constitución establece el derecho a comunicar o recibir «información veraz». No existe un derecho constitucional a mentir. Una de las argucias más habituales para justificar la desinformación ha sido equiparar libertad de expresión y libertad de información, a pesar de que son categorías muy distintas. Se trata de un revoltijo interesado, que busca llevar el agua al molino propio de la difamación maliciosa. La regulación constitucional indica claramente que la libertad de expresión implica poder difundir pensamientos, ideas y opiniones. En cambio, la libertad de información se encuentra en un plano distinto, pues consiste en divulgar hechos. Con la libertad de expresión se formulan juicios de valor de carácter subjetivo. No resulta relevante para ejercer este derecho el acierto o el error, el buen gusto o el mal gusto, la moderación o la destemplanza. En definitiva, consiste en opinar subjetivamente, mientras que la superchería informativa supone una fabulación de hechos concretos. A diferencia de los juicios de valor, en referencia a la libertad de información, sí se puede establecer con parámetros objetivos que determinados hechos difundidos son veraces o falaces. El principal criterio jurídico para esa distinción consiste en determinar si los datos fácticos se han expuesto con conocimiento de su falsedad o con temerario desprecio hacia la verdad. Lo trascendente será la invención dolosa de la mentira.

En cualquier caso, la propagación de falsedades malintencionadas lesiona el derecho fundamental de la ciudadanía a recibir información veraz. Este perjuicio se amplifica cuando se ejecuta mediante mecanismos de irradiación intensiva a través de las redes sociales. Y más aún si son reforzados con herramientas automatizadas de multiplicación fraudulenta que favorecen los más variados linchamientos públicos. Así se produce un efecto de bola de nieve: la mentira se vuelve más grande y nociva según va rodando. Es la infame concepción atribuida legendariamente a Goebbels de que una mentira repetida mil veces se acaba convirtiendo en verdad.

Los casos más graves que impactan en derechos de personas concretas ya cuentan con respuestas adecuadas en la legislación penal y civil. Pero nuestro ordenamiento jurídico necesita de medidas de protección del derecho a la información de la ciudadanía en supuestos de relevancia colectiva. Como sabía Bertolt Brecht, cuando la verdad se sienta débil para defenderse del acoso de la mentira, ha de pasar al ataque. El Reglamento de Servicios Digitales de la Unión Europea es un paso adelante en materia de actuación de los medios y las redes sociales, pero necesita desarrollarse adecuadamente por parte de nuestro país. Las respuestas jurídicas deberían abordarse con cordura, con firmeza y con prudencia institucional. La censura previa, en este caso, es inadmisible, por su carácter inconstitucional. Y también sería desproporcionado incorporar medidas como cierres gubernativos de medios o nuevos castigos penales, por las peligrosas tentaciones que puede suponer para todo poder político la restricción de libertades como reacción ante críticas molestas. Como nos explicó sutilmente Rabindranath Tagore, si queremos cerrar la puerta a todas las mentiras, corremos el riesgo de que se quede fuera la verdad. Ante los embustes industrializados, las regulaciones penales y civiles de nuestro ordenamiento jurídico son adecuadas, pero deberían complementarse con otras soluciones para neutralizar las secuelas más corrosivas de la revolución digital en el ámbito informativo.

Desde este punto de vista, contamos con un instrumento como el derecho de rectificación, que ha quedado obsoleto ante la amplitud de las innovaciones tecnológicas, pero que puede actualizarse y readaptarse a la situación actual. La ley de 1984 no podía adivinar las transformaciones futuras en materia comunicativa. El derecho de rectificación, aún vigente, permite aclarar informaciones inexactas y obligar a determinadas formas de corrección. Dicho enfoque tenía sentido en un periódico que solo se editaba en papel o en unos programas de televisión que únicamente se veían en un receptor, pero los espacios virtuales han dejado en papel mojado esa regulación y, además, los medios ya no cuentan con el monopolio en materia informativa.

Una nueva regulación civil de esta figura procesal sería viable, con todas las cautelas, como ha planteado el magistrado Miguel Pasquau. Resulta posible salvaguardar en el contexto actual el derecho a recibir información veraz, con diversas formas de legitimación para actuar. Se puede articular un procedimiento judicial sencillo, como marco para declarar el carácter falaz de los bulos lesivos, por haberse emitido con conocimiento de su falsedad o con temerario desprecio hacia la verdad. En su caso, la resolución judicial también podría explicitar los artificios fraudulentos de propagación utilizados. Sería oportuno, por lo tanto, abrir el debate sobre si las respuestas institucionales pueden incorporar sanciones económicas o de otras características, siempre bajo control judicial. Desenmascarar a quienes elaboran patrañas maliciosas de difusión masiva generaría efectos pedagógicos muy positivos, pues permitiría que los ciudadanos fueran conscientes de qué organizaciones, medios o *influencers* utilizan la mentira como arma de combate. La desinformación debe refutarse con más información, pero poner el foco sobre los difusores de bulos maliciosos es un instrumento muy poderoso de información.

Por otro lado, la responsabilidad de los medios en este tipo de situaciones es tan elevada que deberían aplicarse las máximas medidas de transparencia sobre su funcionamiento. Resulta imprescindible conocer detalladamente la titularidad de las empresas. Y también debe saberse el origen público y privado de sus ingresos. Se trata de sociedades mercantiles, pero con repercusiones indudables sobre el funcionamiento del sistema democrático. Sería absolutamente necesaria una regulación más precisa sobre los criterios de asignación de la publicidad institucional y sobre cómo se adjudican las ayudas públicas a los medios, así como que respondan a baremos plenamente objetivos. Hay que desterrar la arbitrariedad, el amiguismo y el clientelismo político, con inclusión de mecanismos de control.

Asimismo, como se ha indicado anteriormente, las plataformas virtuales requieren de regulaciones específicas en los formatos de difusión de la información. No resulta admisible que los algoritmos de las redes difundan preferentemente los enlaces conspiranoicos, difamatorios o que instigan odio. Si se estima adecuado establecer prioridades, se deberían primar los contenidos procedentes de medios profesionalizados que dispongan de mecanismos de verificación de la información, a través de parámetros que se pueden establecer. La comida basura informativa daña la salud de la democracia, igual que las porquerías alimenticias dañan el bienestar del cuerpo humano. La calidad del sistema democrático está siendo atacada por todo tipo de falsedades venenosas. Resulta necesario actuar de manera proporcionada en defensa de la veracidad, de la limpieza en las reglas y de una opinión pública informada.

Democracia polarizada

El concepto de polarización está relacionado con los polos. La FundéuRAE eligió *polarización* como palabra del año en 2023, con un significado que incluye las ideas de distanciamiento, confrontación y crispación. Lo cierto es que se trata de un concepto cada vez más presente en el lenguaje diario. Conviene aclarar que el alejamiento entre las posiciones ideológicas puede dificultar la salud de la democracia, pero únicamente si no se gestiona adecuadamente la pluralidad. Forma parte del ruido inherente a cualquier democracia sana que en los debates haya posturas muy diversas o que se formulen críticas exigentes a la gestión de un Gobierno. De hecho, en las dictaduras no hay episodios de polarización ideológica.

El problema no radica en el pluralismo, sino en la forma en la que se expresan las divergencias. Como regla general, la resolución de cuestiones complejas requiere de racionalidad, sosiego, ecuanimidad. Pero en nuestro país el debate público está contaminado por formatos que estimulan la visceralidad, la simplificación y la descalificación. Los insultos más ramplones y las ofensas malsonantes empiezan a convertirse en una práctica habitual, estimulados por los algoritmos de las redes, como hemos mencionado anteriormente. El frentismo apasionado y la pasión frentista están sustituyendo los mecanismos de deliberación racional que deben caracterizar al sistema democrático. Las divergencias políticas deberían ser compatibles con la posibilidad de negociar. Pero actualmente las propuestas de consenso son ignoradas o incluso barridas. En casi todos los países, también en España, se han reducido notablemente los grandes acuerdos de Estado.

En abril de 2024, el presidente del Gobierno español, Pedro Sánchez, protagonizó un amago de dimisión sin precedentes a través de una carta a la ciudadanía, aunque al final optó por continuar en el cargo. En su comparecencia posterior anunció su voluntad de emprender medidas de regeneración democrática. En dicha carta acusó a la oposición política y a determinados medios de activar lo que Umberto Eco denominó «la máquina del fango», en referencia a la presentación de denuncias falsas, a las campañas de desinformación, al uso del insulto para esconder toda ausencia de proyecto político y a la utilización de todos los medios posibles para la destrucción del adversario político, según los términos literales del escrito. Estas contundentes acusaciones generaron a su vez duras réplicas por parte de los dirigentes de la oposición.

El incidente fue una clara muestra de la crispación existente en el funcionamiento de nuestra democracia. Y no se trata de un hecho aislado en el ámbito internacional. En enero de 2023, la primera ministra de Nueva Zelanda, Jacinda Ardern, anunció su retirada por razones personales, derivadas de una situación de agotamiento, tras haber recibido de forma reiterada todo tipo de gruesas descalificaciones. También la primera ministra de Finlandia, Sanna Marin, sufrió muy directamente la toxicidad de la política, con ataques muy virulentos desde determinados medios y desde las redes sociales. Se trata de situaciones que muestran una deriva ponzoñosa de la política, con intensos elementos de polarización. Las negociaciones constructivas entre los principales partidos parecen un recuerdo de tiempos remotos. En cambio, el estilo de los dirigentes es cada vez más bronco. De los líderes ahora se espera rotundidad contra los rivales y no actuaciones dubitativas o conciliadoras, como ha puesto de manifiesto Verónica Fumanal.

Mariano Torcal distingue entre los aspectos políticos y afectivos de este distanciamiento. La polarización ideológica implica un aumento de la distribución de la opinión pública «en la que los ciudadanos se concentran en polos opuestos en detrimento de aquellos con valores intermedios». Desde esta perspectiva, hay un incremento de los partidarios de posiciones conservadoras que adquieren posiciones temáticas aún más conservadoras y, paralelamente, sucede lo mismo con los defensores de visiones izquierdistas. De ese modo, se produce un alejamiento de las actitudes centristas por parte de los votantes.

La polarización ideológica no es necesariamente negativa. En palabras de Torcal, una polarización política escasa nos lleva a una falta de diferenciación percibida o real de la oferta partidista, con consecuencias de desinterés ciudadano, desafección hacia los partidos y tendencias a la abstención. Como plantea Lluís Orriols, si los candidatos presentan propuestas muy dispares, los votantes pueden tener menos dudas a la hora de elegir el menú partidista, por lo que ese tipo de polarización ayuda a que votemos correctamente en función de nuestras ideas.

Además, como indica Gonzalo Velasco, las posiciones ideológicas centristas no tienen por qué ser las más adecuadas, porque en esa ubicación política puede haber igualmente actitudes cerriles que se opongan de manera verbalmente agresiva a los argumentos de los demás. Según Velasco, la conducta democrática virtuosa consistirá, en todos los ámbitos ideológicos, en la aceptación de nuestra ignorancia y en la capacidad de revisar críticamente las posiciones previas. En todo caso, como apunta Mariano Torcal, en la medida en que los votantes se sitúan en posiciones políticas muy extremas, también son más proclives a no aceptar las prácticas esenciales de la democracia, como la alternancia en el gobierno, los controles al poder ejecutivo o el respeto a los derechos de las minorías.

Más allá de las divergencias estrictamente políticas, si hay algo que está erosionando el sistema democrático es lo que Torcal califica como polarización afectiva. Y se ha incrementado muy sensiblemente en España en los últimos años, con el refuerzo de las dinámicas de las redes sociales. La polarización afectiva está relacionada con el disgusto que nos provocan quienes no piensan como nosotros. Se trata de los amores, odios y fobias que acompañan a las identidades colectivas de carácter partidista.

Todos los estudios analizados por Torcal confirman el crecimiento en los últimos años del distanciamiento emocional en España hacia quienes piensan de modo distinto, tanto en la derecha como en la izquierda. La polarización afectiva se ha acrecentado en su vertiente interna con un incremento del respaldo incondicional hacia los partidos con los que se simpatiza y hacia sus líderes. Y, a la vez, también ha hecho que se intensifiquen todo tipo de prejuicios que llevan a rechazar con hostilidad a los adversarios políticos.

La degradación del debate público se está desarrollando en paralelo a una concepción de la política como espectáculo, que está muy vinculada a los estilos populistas, como nos recuerda Federico Finchelstein. En esta escenografía teatralizada revisten gran importancia los líderes, que pueden ser bastante singulares incluso en su aspecto estético y sus formas, pues buscan proyectar una imagen muy concreta, como sucede con líderes de la derecha radical como Donald Trump, Javier Milei o Geert Wilders. De hecho, como explica Verónica Fumanal en el caso de Trump, su falta de corrección política, sus provocaciones y su estilo despectivo han sido rasgos que le han permitido conectar con millones de seguidores.

En líneas generales, los nuevos espacios virtuales han facilitado la relación directa de la ciudadanía con los dirigentes políticos, lo cual ha acentuado los comportamientos plebiscitarios y la personalización de la política. A menudo, estas formas de comunicación inmediata están siendo priorizadas en detrimento de las intervenciones parlamentarias o de la rendición de cuentas en las instituciones democráticas. Según Fumanal, los contextos acaban creando líderes que encajan adecuadamente en esas situaciones. Por su parte, Mariano Torcal sostiene que los simpatizantes de las organizaciones políticas se convierten así en hooligans partidistas. Lo podemos comparar con los comportamientos propios del mundo del fútbol. Los hinchas de un club no suelen juzgar los lances del juego con la ecuanimidad necesaria. Cualquier decisión arbitral será acertada si beneficia a su equipo y absolutamente nefasta si lo perjudica. Las miradas fanáticas son contrarias a la justicia, a la objetividad y a la observación racional. Es una forma de mirar que se ha trasladado al debate político.

Los estudios analizados por Torcal nos muestran que la acción de gobierno, que necesariamente se da en áreas muy diferenciadas como economía, educación, sanidad, desempleo, pensiones o inmigración, es percibida en todos los apartados con rechazo absoluto o con apoyo incondicional, en función de la adscripción partidista de la persona preguntada. No hay apenas margen para la matización separada. En los términos expresados por el autor, así se bloquea la capacidad de rendición de cuentas o la posibilidad de un control político ponderado.

Mariano Torcal también destaca que el incremento de la polarización afectiva «genera un espacio público adornado de prejuicios y percepciones sesgadas del adversario político». Cuando no estamos de acuerdo absolutamente con ninguna propuesta del partido ideológicamente contrario, es muy probable que hayamos entrado ya en la espiral de la polarización afectiva. Lo mismo sucede cuando consideramos que la fuerza política a la que respaldamos lo hace todo bien, como si nos forzaran a comprar el paquete ideológico completo, con la prohibición de adquirir productos por separado. Se trata de un cheque en blanco en el que la confianza se ve sustituida por la lealtad acrítica, como nos recuerda Gonzalo Velasco. Y, en relación con el gregarismo militante, resulta conocido que, cuando muchas personas juntas piensan exactamente lo mismo en todo, lo más probable es que nadie esté pensando.

Un signo claro de toxicidad polarizante en nuestro país es la actitud asimétrica ante la corrupción. Las prácticas corruptas de los rivales son objeto de críticas enérgicas y de exigencia de responsabilidades, lo cual resulta comprensible. Pero, cuando hay conductas fraudulentas idénticas perpetradas por cargos del partido propio, entonces los hechos se minimizan, se justifican o se niegan. Este tipo de disonancias facilitan que nuestra mente aparte la información racional que nos podría hacer cambiar de opinión sobre «los nuestros», porque la ceguera emocional selectiva lleva a querer leer únicamente aquello que confirma nuestros sesgos. Además, cabe recordar que el alineamiento entusiasta está premiado por las prácticas políticas, las inercias sociales y los algoritmos de las redes. Como advierte Fernando Vallespín, no valen los matices: el equidistante suele ser agredido por los dos lados. La tibieza se penaliza casi más que la discrepancia.

Asimismo, Mariano Torcal subraya que el incremento de la crispación reduce la confianza social, democrática e institucional, con efectos también negativos para la convivencia, lo cual puede generar serios problemas para el sistema político, ante la pérdida de calidad deliberativa. De este modo, la polarización afectiva anula la capacidad de juicio a la hora de que la ciudadanía realice una valoración informada de las decisiones que se deben adoptar en la esfera pública.

La polarización afectiva circula de arriba hacia abajo y no al contrario. No son las bases las que empujan a los dirigentes. Habitualmente son las élites políticas las que enfocan la confrontación con animosidad descalificatoria contra los adversarios, con toda la amplificación posterior de medios, canales partidistas y redes sociales, como se puede constatar en España. Estos formatos viralizan y priorizan tales comportamientos. Y los mecanismos de persuasión de masas acaban asentando las filias y las fobias y provocando actitudes de seguidismo casi incondicional, con adscripciones grupales que se convierten en una forma más de integración social. Los datos aportados por Torcal muestran que en nuestro país la fuerza polarizante no afecta únicamente a los militantes más extremistas o más interesados en asuntos públicos, sino que se extiende a todo tipo de simpatizantes. Según afirma Antoni Gutiérrez-Rubí, los electores cada vez leen menos los programas de los partidos y tampoco contrastan entre las distintas alternativas, porque la racionalidad electiva está siendo sustituida por la emocionalidad selectiva.

Asimismo, en nuestra práctica política diaria todo se mueve a una velocidad de vértigo. Como indica Fernando Vallespín, no hay un momento de respiro y tenemos que estar siempre prestos para la batalla, por lo que no es posible elaborar un juicio político bien meditado. Esta velocidad endiablada de los actuales ritmos políticos lleva a menudo a prácticas legislativas y a decisiones institucionales cargadas de errores cognitivos. Gonzalo Velasco expone muy gráficamente que no se puede reaccionar con la misma celeridad al presenciar un intento de asesinato que al analizar una decisión sobre política fiscal: la alta velocidad decisoria lleva a una baja calidad deliberativa.

En palabras de Fernando Vallespín, las sociedades abiertas necesitan de una cultura de la discrepancia, porque es la que permite aprender. Sin embargo, según este autor, las dinámicas de la revolución digital dificultan la vertebración de espacios compartidos desde los que negociar nuestras divergencias. La belicosidad de esos espacios lo complica enormemente, porque para el diálogo se necesita de un terreno común. Además, a menudo los discursos parlamentarios bien elaborados, pero sin adornos de emotividad, tienen poco que hacer contra réplicas efectistas, embestidas soeces o arrebatos cargados de simplicidad que se viralizan bien en las redes. Según Vallespín, en el espacio público prima el recurso a la provocación, a lo emocional, a los afectos positivos o negativos, a la envoltura ingeniosa de las propuestas: es fundamental generar indignación o entusiasmo. La fuerza del mejor argumento se sustituye por la intensidad de las pasiones, por el zasca o por las actitudes polarizantes, como señala este autor, porque «es como si el ciberespacio se hubiera trasladado al hemiciclo y escenificara allí toda su fanfarria».

Por su parte, Gonzalo Velasco nos recuerda que la deliberación respetuosa entre iguales es el ideal comunicativo de nuestro modelo de democracia. Sin embargo, las dinámicas de la polarización dificultan el proceso deliberativo. En este sentido, resulta especialmente sugestivo el análisis del filósofo Jürgen Habermas. En una obra reciente sobre la esfera pública, el último gran representante de la Escuela de Fráncfort ha mostrado su preocupación por los problemas que provoca la polarización y por el impacto de la revolución digital en el sistema democrático. Según su conocida formulación, la política deliberativa es un requisito previo para la existencia de cualquier democracia digna de ese nombre en las sociedades pluralistas. Gracias a los debates públicos racionales perfeccionamos nuestras convicciones y nos acercamos a la solución correcta de los problemas, siempre que se enfoquen desde la perspectiva de que los participantes revisarán sus preferencias iniciales en el transcurso de la deliberación y las modificarán si se aportan razones mejores. Esa es, por ejemplo, la dinámica de la deliberación en los tribunales colegiados y en los más diversos organismos.

Habermas considera que los indicios de regresión política se pueden observar a simple vista, a partir de parámetros como la falta de inclusividad en la formación de opinión pública y en la menguante racionalidad de las opiniones expresadas. El pensador alemán argumenta que los medios digitales y las plataformas virtuales representan un salto cualitativo, comparable a la invención de la imprenta. Los nuevos espacios suprimen la mediación periodística y transforman de manera radical el modelo de comunicación que existía en la esfera pública. Todos los usuarios se convierten en emisores directos de información y opinión. Sin embargo, advierte, en las redes se produce una tendencia a la confirmación recíproca autorreferencial de interpretaciones y opiniones. Las dinámicas de las plataformas virtuales generan islas de comunicación, cámaras de resonancia o espacios fragmentados, todo lo cual resulta incompatible con la existencia de una esfera pública capaz de mantener mecanismos de deliberación colectiva. Así, la esfera pública deja de percibirse como inclusiva, por lo que ya no es un espacio común que englobe a toda la ciudadanía. Además, en estos espacios fragmentados los políticos ejercen una influencia personalizada de rasgos plebiscitarios, «reducida a clics de aprobación y desaprobación».

El filósofo alemán continúa exponiendo que el carácter fragmentario de estas burbujas polarizadas se refuerza con el rechazo hacia las voces que discrepan y con la inclusión asimiladora de las voces que se adhieren. Todo ello facilita las noticias falsas, las teorías conspirativas y las sacudidas contra el sistema político, como ha ocurrido en Estados Unidos. Por ello, en la deformación de la percepción de la esfera pública no es determinante el aumento de los bulos. Lo decisivo es que para los implicados en esas burbujas las noticias falsas no son identificadas como tales. Como también apunta Byung-Chul Han, la existencia de la mentira solo es posible cuando la distinción entre la verdad y la mentira permanece intacta.

Habermas concluye afirmando que el sistema democrático queda totalmente dañado cuando en la esfera política ya no se puede dirigir la atención de los ciudadanos hacia las cuestiones relevantes, ni tampoco garantizar la formación de opiniones públicas contrapuestas a partir de los principios de la argumentación racional. El discurso democrático requiere de bilateralidad o multilateralidad, presupone la existencia de diálogo. Sin embargo, las dinámicas polarizadas de las redes llevan hacia la unidireccionalidad. La práctica del discurso consiste también en escuchar: como subraya Byung-Chul Han, «la crisis de la democracia es ante todo una crisis del escuchar».

Todas estas dinámicas explican la gravedad de los problemas vinculados a la polarización, pues pueden llevar a una posible quiebra de la democracia. La tensión polarizadora que activó el trumpismo se ha trasladado a otras partes del mundo, también a España, reforzada por los formatos de la revolución digital. Ciertamente, antes ya había estrategias políticas similares en otros lugares, pero la centralidad de un país como Estados Unidos ha sido muy importante para la expansión de estas formas de hacer política. Como explica Gonzalo Velasco, los discursos ultraconservadores han sido los grandes beneficiarios del avance de las estrategias de la crispación, que «pone en crisis grandes consensos democráticos y civiles».

En todo caso, también se aprecia que la polarización debe ponerse en relación con las tácticas políticas cortoplacistas. En bastantes asuntos, más allá del fragor de cada combate puntual, se puede constatar que existe en la sociedad más consenso que el disenso que a veces exteriorizan los partidos a través del barullo de la sobreactuación. Como indica Gonzalo Velasco, la inmensa mayoría de la sociedad está a favor del derecho al aborto, de la igualdad de género o de la eutanasia, entre muchos otros temas, a pesar del fervor polarizado de los dirigentes políticos. Y, en palabras de Ignacio Sánchez-Cuenca, resulta llamativo que, habiendo tan pocas diferencias en las políticas económicas que ofrecen los partidos, la polarización haya aumentado de forma tan acusada. Las estrategias de la crispación, en cualquier caso, no son positivas para el sistema democrático. Las soluciones a estos problemas pasan por que se inviertan algunas de las tendencias actuales. La articulación de estrategias polarizantes puede ser beneficiosa para determinados discursos rupturistas, pero los dirigentes políticos que desean apostar por el crecimiento de la calidad democrática nunca deberían comportarse como hooligans virulentos.

Por otro lado, Jürgen Habermas reflexiona sobre la contradicción que supone el hecho de que el debate público se encuentre en gran parte condicionado por corporaciones privadas, que obedecen a los imperativos de la valorización del capital, con un rendimiento bursátil que las sitúa entre las más rentables del mundo, también a través de la explotación como mercancías de los datos personales. El filósofo alemán destaca que, a través de los algoritmos, las redes sociales contribuyen aún más a la mercantilización de los contextos vitales. Y también cuestiona la falta de regulación estatal de estas formas de explotación comercial de la comunicación virtual.

En la línea de Habermas, también Fernando Vallespín destaca la importancia de «someter a un mayor control a las grandes empresas que se enseñorean de internet», así como de impulsar medidas para promover un uso de la red más ajustado a los requerimientos de la democracia. Sin duda, con independencia del llamamiento a un uso más responsable de estas plataformas virtuales, lo cierto es que no será fácil modificar las actitudes individuales si no hay cambios estructurales en estos nuevos formatos que ahora canalizan el debate público, en opinión de Gonzalo Velasco.

En un ámbito distinto, resultan interesantes las propuestas de Mariano Torcal sobre la configuración de espacios de participación conjunta de las diferentes fuerzas políticas, porque «el intercambio de opiniones distintas en contextos de diálogo reduce la polarización afectiva». Debemos constatar, en síntesis, que la disminución de la calidad de la discusión colectiva es muy negativa para el sistema democrático. Y esos formatos no pueden depender exclusivamente de decisiones privadas. Entender esas dinámicas tan nocivas resulta absolutamente necesario para poder abordar reformas estructurales en los espacios deliberativos.

5

Xenofobia y gestión de la multiculturalidad

Dificultades de integración en la aldea global

La involución autoritaria presenta como característica común un discurso áspero contra las personas migrantes, los derechos de las minorías y la diversidad cultural. La extrema derecha logra así abanderar las inquietudes de amplios sectores sociales en bastantes países. Este fenómeno se está produciendo en un contexto de globalización que está debilitando las identidades nacionales, como si las patrias fueran cada vez más nebulosas o se estuviera disolviendo paulatinamente el pasado macizo de la raza. Todo ello se basa en la concepción xenófoba del nativismo, que implica que en cada Estado deberían vivir únicamente los nacionales nativos.

Como indica Cas Mudde, el objetivo principal de la extrema derecha es implantar una etnocracia: una democracia basada en la etnia, con una concepción monocultural del Estado, en la que los de fuera no serían bienvenidos, sobre todo si son portadores de culturas muy diferenciadas. Esa perspectiva monocultural resulta problemática para los principios del sistema democrático. En palabras de Francis Fukuyama, si la identidad nacional se basa en características fijas como la raza, el origen étnico o la tradición religiosa, «se convierte en una categoría potencialmente excluyente que vulnera el principio liberal de igual dignidad».

Lo cierto es que las migraciones no son un fenómeno nuevo, sino todo lo contrario. Desde que el *Homo sapiens* empezó a desplazarse desde el continente africano por todo el planeta, la historia de la humanidad ha sido en gran parte una sucesión desordenada de migraciones. En todos los siglos ha habido grandes desplazamientos humanos, en busca de la tierra prometida o con la esperanza de encontrar un lugar apropiado en el mundo. Y también se han producido conflictos derivados de esa movilidad humana, mayores o menores en función de las circunstancias históricas, de la intensidad del choque cultural, de las intenciones de quienes llegaban y de las actitudes de quienes ya estaban asentados. En todo caso, conviene no olvidar que también ha habido etapas muy fecundas en las que quienes se arraigaban en un lugar y los que llegaban después con culturas distintas han convivido de forma productiva.

A menudo, a lo largo de la historia, los emigrantes han dejado atrás las tierras de las que eran originarios y han ayudado a construir sociedades más prósperas, han aportado pequeños o grandes tesoros de riqueza cultural en sus desplazamientos, han contribuido a divulgar otras formas de ver el mundo. En definitiva, han transformado la fisonomía de muchas sociedades. Cuando han sido acogidos con hospitalidad, han desplegado ilusiones, esfuerzos y nuevas miradas que han mejorado sensiblemente los países a los que han llegado.

Siempre ha habido migraciones, algunas problemáticas, otras más cooperativas. Actualmente hay dos factores que han acentuado la disconformidad hacia la inmigración. En primer lugar, nos encontramos con un incremento de los flujos de poblaciones, derivados de conflictos bélicos, de profundas brechas económicas entre distintas partes del mundo y, especialmente, de las innovaciones tecnológicas que han facilitado la movilidad humana. En tiempos de globalización, no nos debería sorprender que quienes han tenido la mala suerte de nacer en el lugar equivocado busquen una vida mejor. No nos puede extrañar que quienes aleatoriamente malviven en los territorios más desfavorecidos deseen acceder a las zonas del planeta en las que se concentra la riqueza. Es un comportamiento idéntico al que siguieron miles de españoles a lo largo de nuestra historia, ya fuese por necesidades económicas o para eludir las más variadas persecuciones. Por otro lado, resulta llamativo cómo el mundo occidental elude sus responsabilidades en las guerras que han desplazado a decenas de miles de refugiados. Nuestros intereses económicos o geoestratégicos en esas contiendas bélicas suelen ser olvidados. Hay también un silencio cómplice sobre nuestras implicaciones en el tráfico y la venta de armas. Resulta cínicamente confortable desentendernos de las consecuencias más perniciosas de nuestra política exterior.

En segundo lugar, el rechazo de la inmigración se ha incrementado al proliferar discursos contrarios cada vez más viralizados en el marco de la revolución digital, en un contexto de incertezas económicas, sociales e identitarias en los países de acogida. En todo caso, debemos reiterar que el contacto entre grupos culturales distintos en un mismo territorio ha sido una constante a lo largo de los tiempos. Pero esos intercambios no siempre se han afrontado del mismo modo. Yascha Mounk señala que la naturaleza grupal es un rasgo esencial de las sociedades humanas, lo cual ha favorecido la cooperación, pero también ha provocado gravísimos conflictos. De hecho, en los casos más extremos han sido grupos con las más variadas identidades los que han protagonizado auténticas atrocidades o aciagas operaciones de limpieza étnica.

En la repulsa actual contra los foráneos, fundamentada en las referidas concepciones nativistas, podemos constatar unos patrones comunes. Los principales hilos conductores de la nueva extrema derecha están cada vez más asentados y no siempre reparamos en su significado completo. Se puede comprobar de forma muy expresiva con los planteamientos de Viktor Orbán en Hungría, uno de líderes nacionalpopulistas con más éxito, reelegido de forma reiterada tras haber sometido al Estado de derecho y al sistema democrático a todo tipo de adulteraciones institucionales. Orbán es el referente más aclamado de la extrema derecha internacional, junto con Donald Trump.

Viktor Orbán ha proclamado reiteradamente que los húngaros no quieren convertirse en un pueblo mestizo. Repite sin cesar en sus alegatos que sería muy nocivo para Hungría que los magiares se mezclasen con personas de otras etnias, como si el contagio fuera corrosivo para sus cuerpos o para sus mentes. Eva Illouz indica acertadamente que se trata de una concepción que «casi huele a ideología racial nazi». Apenas hay diferencia con algunos antiguos discursos sobre pureza aria y, de hecho, se trata de perspectivas que configuran una democracia étnica autoritaria. La Hungría de Orbán estaría basada en los ancestros biológicos comunes. Como apunta Francis Fukuyama, en estas visiones la comunidad nacional se fundamenta únicamente en el origen étnico, «al igual que Adolf Hitler había declarado que la identidad alemana radicaba en la sangre alemana». Los gobernantes húngaros pusieron manos a la obra para evitar tan peligrosa contaminación con la construcción frenética de una valla en la frontera de 175 kilómetros. Y también han actuado con todo tipo de tratos agresivos, vejatorios y discriminatorios contra los inmigrantes, como lo demuestran las reiteradas condenas a Hungría por parte del Tribunal Europeo de Derechos Humanos.

En una línea similar deben situarse las movilizaciones multitudinarias que tuvieron lugar hace unos años a favor de una «Polonia blanca», libre de migrantes. Como explican Roger Eatwell y Matthew Goodwin, durante su mandato los gobernantes del partido Ley y Justicia se esforzaron en mantener el nivel excepcionalmente alto de homogeneidad étnica del país, que se encuentra en un 97 por ciento. Lo de mezclarse también se consideraba malsano o pecaminoso. Hay que relacionar esta orientación política con las declaraciones de los dirigentes del partido contra determinadas clases de refugiados, de los que decían que portaban parásitos y enfermedades muy peligrosas. Los refugiados que más odio y rechazo sufrieron de parte de las autoridades polacas fueron los sirios o los de origen árabe, mientras que después los ucranianos han sido ampliamente acogidos, quizá por implicar mezcolanzas menos oscuras. La valla fronteriza construida por Polonia ha superado los 200 kilómetros de longitud.

Otro apasionado de las proclamas sobre barreras grandiosas es Donald Trump, aunque durante su mandato entre 2016 y 2020 fueron más extensas sus bravatas xenófobas que los kilómetros de muro realmente construidos. Del mismo modo, Trump ha anunciado de forma intermitente sus propósitos futuros sobre una «gran deportación» de cientos de miles de inmigrantes que serían expulsados de Estados Unidos. Sus andanadas contra los migrantes latinos y musulmanes han sido constantes. Los ha vinculado sistemáticamente con la violencia, el asesinato y todo tipo de tropelías. También ha arremetido a menudo contra rivales políticos con alusiones a sus orígenes raciales, haciendo gala de un americanismo nacionalista algo confuso que puede resultar desconcertante en una nación abiertamente multicultural.

Como hemos mencionado anteriormente, la nueva extrema derecha no puede definirse como fascista, a la vista de las diferencias relevantes en sus respectivos rasgos específicos. Al mismo tiempo, sería peligroso ignorar algunas de las similitudes con el fascismo, sobre todo las que estigmatizan a las personas por razones culturales, racistas o xenófobas, porque suponen una clara vulneración de los derechos humanos. Lo que conecta más expresivamente a la italiana Giorgia Meloni, al holandés Geert Wilders, a la francesa Marine Le Pen y a otros líderes ultraderechistas es un lema reiterado, altisonante y apocalíptico: si no se adoptan medidas drásticas, Europa dejará de existir por culpa del islam.

También en nuestro país se producen discursos xenófobos, racistas o de carácter etnocultural excluyente que tienen tintes autoritarios. Los podemos observar a diario en los debates públicos. Se trata de un flanco débil de nuestro sistema democrático, al presentar ciertas deficiencias institucionales y al contar la extrema derecha española con cierta capacidad de aglutinación social.

Los discursos xenófobos como estrategia en España

En países cada vez más multiculturales, como el nuestro, los discursos que predican que hay que desterrar la inmigración son bastante tramposos, porque se trata de un camino sin retorno. Como en otras sociedades europeas, hay millones de migrantes que llegaron hace muchos años, sus hijos han nacido aquí, bastantes cuentan con la nacionalidad española. El empeño sectario de quienes querrían expulsarlos es materialmente imposible de cumplir: supondría una gravísima vulneración de derechos humanos que jamás sería compatible con nuestro ordenamiento jurídico. No puede haber un marco normativo que permita una limpieza étnica de ese tipo. Se trata de un debate falaz.

El objetivo monocultural del nativismo es una quimera, una ensoñación efusiva, una promesa de cumplimiento inalcanzable. En cambio, como vemos a menudo, resulta posible actuar con oportunismo y aprovecharse políticamente de la aversión que algunos individuos sienten hacia el diferente. Resulta posible incidir sobre algunas pasiones rudimentarias para pastorear socialmente odios básicos. Resulta posible activar mecanismos tribales de repulsa hacia quienes tienen una piel de distinto color. Así se logran ovaciones cargadas de fanatismo con discursos sencillos, fáciles de entender, que alimentan ilusoriamente una querencia primitiva muy frecuente: hay que tratar a los distintos como si fueran enemigos y echarlos a todos del país.

Las adhesiones a esos discursos xenófobos son como un recuento de disconformes contra la ley de la gravedad, porque el objetivo de la gran expulsión resulta irrealizable. El problema es que, aunque sea impracticable materializar el relato mítico central del nativismo, hay efectos concretos que pueden ser muy dañinos, como los discursos de odio, las agresiones racistas o las graves violaciones de derechos.

La prueba más clara de que el desvarío de la intolerancia total es inaplicable se constata cuando la extrema derecha se instala en los Gobiernos. Las grandes deportaciones anunciadas se quedan en el cajón de los compromisos aparcados. Para no perder el aplauso fervoroso de sus seguidores, a los gobernantes nacionalpopulistas les basta con mantener una vehemente retórica xenófoba, adoptar algunas medidas restrictivas puntuales y alimentar con los tópicos acostumbrados el orgullo nacional de la ortodoxia étnica. A lo largo de la historia, los discursos nacionalpopulares excluyentes han desplazado en bastantes ocasiones a los debates para la solución de otros problemas comunes más reales. Las soflamas xenófobas actúan sobre el mercado de la atención: desvían la agenda de la discusión colectiva hacia la emocionalidad que enmarca determinadas cuestiones. A veces, la irracionalidad se impone a la racionalidad.

Como en otras partes del mundo, en nuestro país los discursos sociales xenófobos o racistas distorsionan la realidad. Se refieren reiteradamente a situaciones inexistentes como si fueran reales, con el objetivo de conseguir adhesiones sociales y avivar el rechazo a estas minorías. La inmigración se presenta de forma aparatosa como una amenaza para la estabilidad del país, y, a menudo, a través de la difusión de los bulos más variados, se vincula a los extranjeros con la criminalidad y la inseguridad ciudadana, y sobre todo con el tráfico de drogas, los delitos contra la libertad sexual y las infracciones contra la propiedad. Cuando los casos son reales, se magnifica cualquier infracción penal cometida por un inmigrante, mientras se minimiza o se silencia la misma conducta si la comete un nacional.

Los bulos xenófobos presentan elementos marcadamente funcionales. No se trata de mentiras aisladas, sino de embustes meditados que forman parte de la estrategia central de las redes de los colectivos de extrema derecha en cada país, que no dejan de crecer en sus burbujas herméticas. Como remarca Federico Finchelstein, poner en tela de juicio las mentiras del nacionalpopulismo «es de capital importancia para la supervivencia de la democracia». Las falsedades racistas pretenden generar estados de opinión que refuercen la mentalidad nativista a través del hostigamiento inducido fraudulentamente contra las minorías culturales.

En palabras de Eva Illouz, el miedo alimenta el odio, porque ayuda a justificarlo; el miedo nos distancia de los miembros del otro grupo, porque nos hace sentir amenazados. En las versiones más exaltadas, se califica a todos los extranjeros musulmanes (el objetivo preferido de los discursos excluyentes) como potenciales terroristas, al equiparar la cultura islámica con el integrismo fundamentalista. Quienes culpan del terrorismo a todos los musulmanes se acercan peligrosamente en su mentalidad al fanatismo irracional de los yihadistas. Como ya sabía Nelson Mandela, nadie nace odiando a otra persona por el color de su piel, su origen o su religión. Ese odio es una construcción social.

Además, se practica una demonización tendenciosa de las prácticas culturales de los migrantes, con muestras despectivas de asco hacia sus costumbres, repugnancia por su empobrecimiento o atribuciones prejuiciosas de inmoralidad, como apunta Eva Illouz. A los grupos humanos a los que se discrimina se les deshumaniza para justificar los ataques que se les lanzan. Ana López Ortega ha destacado que las estrategias discursivas de la extrema derecha están diseñadas para escandalizar, provocar, polarizar y viralizarse. Son prácticas de vilipendio que se amplifican enormemente en las redes sociales, pues los algoritmos potencian la difusión del conflicto «entre un nosotros y un ellos», según Max Fisher.

También se acusa habitualmente a los migrantes de expoliar nuestros recursos públicos. En este ámbito, desde la extrema derecha española cada vez se está utilizando más el llamado chovinismo del bienestar, con el que plantean la idea de que los recursos públicos solo deben asignarse a los nacionales. Hans Magnus Enzensberger ya advirtió de que es así como se generan sentimientos corporativos excluyentes, con una visión de los servicios públicos contraria a las prestaciones universales, pues son concebidos como si fueran mutuas integradas únicamente por asociados que cotizan. El chovinismo de la derecha radical es una apelación a la democratización del privilegio: en otros tiempos los privilegiados eran una minoría que se negaba a compartir sus recursos, pero ahora se alienta que haya masas de privilegiados que se opongan radicalmente a la solidaridad o a la justicia social.

Según esta clase de argumentaciones, al igual que en los discursos del nacionalpopulismo en otros países, la presencia de inmigrantes en nuestro territorio atentaría contra la identidad española, dado que sus sistemas de creencias y costumbres resultan incompatibles con nuestras tradiciones. Hay voces de la extrema derecha que afirman que las personas pertenecientes a una minoría cultural, o que simplemente no comparten los rasgos raciales mayoritarios, nunca podrán ser «españoles de verdad», incluso aunque se hayan nacionalizado o hayan nacido y residido aquí toda su vida. Algunos ataques racistas alcanzan la deplorable categoría de esperpento vergonzoso, como las descalificaciones contra la destacada atleta española Ana Peleteiro.

En el actual contexto de globalización, subyace el miedo a la desaparición de la identidad nacional, amenazada por la inmigración. Se invoca la posible pérdida del espíritu español ancestral, que puede extinguirse, como les pasó a los dinosaurios, pues los extranjeros serían el meteorito devastador. Se trata de discursos eficaces para afligir a determinados sectores sociales nativos que sufren situaciones de precariedad o que sienten temor por el futuro. Hay argumentos peregrinos que no dejan de repetirse, como que los migrantes vienen a robarnos o que son parásitos que se apropian de nuestros presupuestos.

Las fabulaciones xenófobas y etnonacionalistas contra la inmigración no resisten un análisis racional mínimo. De partida, se percibe que estos planteamientos están cargados de aporofobia, pues se dirigen esencialmente contra los inmigrantes pobres. Los extranjeros adinerados nunca representan ningún problema. Por otro lado, nunca debemos olvidar que la inmensa mayoría de los migrantes vive en España de forma pacífica y respetuosa con el ordenamiento jurídico. Salvo en casos puntuales, no se implican en conductas vinculadas a la delincuencia, ni mucho menos en atentados terroristas. Los datos objetivos son irrefutables. En España residen más de seis millones de extranjeros y los registros oficiales del INE certifican que el 98 por ciento no comete ningún delito.

Además, como ha descrito Steven Forti, las maquinarias de propaganda de la ultraderecha en los diferentes países europeos han logrado generar distorsiones notables entre la percepción social y las cifras reales. En las investigaciones realizadas en España se constata que nuestra población opina que aquí vive el doble de extranjeros de los que residen realmente. Piensa que hay muchos más inmigrantes en situación irregular que los que se encuentran con residencia legal, cuando ocurre exactamente al revés. La ciudadanía parte de la idea errónea de que la mayoría de los inmigrantes está sin empleo, a pesar de que casi todos ellos tienen trabajo. Y uno de los bulos tóxicos más imaginativos y más extendidos es que los extranjeros disfrutan de un rosario de magnánimas ayudas públicas que en realidad no perciben. El perfil del inmigrante medio en España no es el siniestro retrato robot del extranjero como criminal nato difundido por la xenofobia militante más organizada, sino el de un trabajador que se esfuerza por mejorar sus condiciones de vida y las de su familia.

La inmensa mayoría de los inmigrantes ha venido a nuestro país a trabajar y a buscar una existencia mejor. Exactamente igual que hicieron los españoles cuando se vieron forzados a salir al extranjero en las más variadas etapas de nuestra historia. O como lo siguen haciendo actualmente. La minoría de los extranjeros que perpetran delitos en nuestro país suele estar afectada por problemas similares a los de los nacionales que caen igualmente en el pozo de la ilegalidad. No es la tonalidad de la piel lo que genera delincuencia, sino principalmente las distintas situaciones de desarraigo social. Como indica Yascha Mounk, por regla general, el porcentaje de delitos que cometen los inmigrantes es muy parecido al de los nacionales de su misma extracción socioeconómica. La delincuencia no está vinculada a la etnia, sino a la marginalidad. Esa búsqueda de conexiones entre criminalidad e inmigración es manifiestamente falsa, porque «oculta las condiciones que en un alto porcentaje arrojan a los inmigrantes a la alternativa de la miseria o la infracción de la legalidad», según Javier de Lucas.

Por otro lado, todos los estudios demuestran que los inmigrantes aportan económicamente más a los presupuestos públicos de lo que reciben. Su presencia en nuestro país es positiva para la economía, y han frenado la despoblación en bastantes zonas rurales. Además, en una situación de estancamiento demográfico, la inmigración sirve para corregir los efectos económicos negativos del envejecimiento de nuestra población autóctona. En su informe anual de 2023, el Banco de España ha desvelado que nuestro país requiere de la incorporación de más de veinticuatro millones de trabajadores inmigrantes en los próximos treinta años para garantizar que el sistema público de pensiones sea viable y para mantener la prosperidad económica. Pese a ello, el conflicto identitario se extiende mediante el aprovechamiento de aborrecimientos sociales latentes por parte de quienes fabrican la xenofobia y con el apoyo de la ceguera gregaria irracional de quienes la replican. Según plantea Carolin Emcke, el odio como discurso actual no es la expresión de un sentimiento individual de carácter espontáneo: es objeto de fabricación, requiere cierto marco ideológico y debe ser alimentado.

Las estrategias ultraconservadoras pueden menoscabar seriamente nuestra calidad de vida. Un ejemplo reciente es el del referéndum del Brexit, en el que los partidarios de abandonar la Unión Europea estuvieron muy influidos por los alegatos contra la inmigración de la extrema derecha del UKIP. El argumento decisivo fue que el repliegue aislacionista del Reino Unido taponaría la llegada de extranjeros. Como indican los estudios analizados por Roger Eatwell y Matthew Goodwin, el 60 por ciento de quienes respaldaron el Brexit manifestaron que los daños que podía causar esa decisión a la economía del país serían «un precio que valdría la pena pagar». Es una muestra de hasta dónde pueden llegar la irracionalidad derivada de la aversión hacia otras culturas.

Al mismo tiempo, hay discursos intelectualmente más elaborados que consideran imposible integrar las diferencias culturales. Y que las minorías diferenciadas pueden ser un peligro para la democracia y los derechos humanos. Desde este punto de vista, se contrapone el universalismo occidental frente un particularismo que es identificado como barbarie. Como recuerda Javier de Lucas, en esas visiones el inmigrante solo resulta aceptable si renuncia totalmente a su identidad para aceptar la de la sociedad de acogida, porque esta es la portadora de los valores verdaderos supuestamente universales. Se trata, en fin, de un enfoque monista que niega la posibilidad de pluralismo cultural.

Una cuestión capital que se debe resolver ante la disparidad cultural es cómo gestionar la pluralidad y los derechos de las minorías. En una sociedad multicultural la igualdad de derechos no es sinónimo de uniformidad, sino que debe aplicarse desde la identidad propia diferenciada. Cuando la diversidad coexiste en un mismo territorio, es necesariamente una realidad social integrada por hechos objetivos, con realidades bastante visibles. En esos casos, la multiculturalidad no es una pretensión ideológica voluntarista. Las minorías no tienen por qué renunciar a sus particularidades; por el contrario, deben poder ejercer la libertad de mantener sus creencias, salvo que resulten incompatibles con los derechos humanos. Al mismo tiempo, sus integrantes deben poder apartarse libremente de dichos particularismos.

La identidad cultural no solo es una cuestión individual, porque también afecta al grupo. La cultura es un fenómeno social y no individual: aporta valores, da sentido a los comportamientos, expresa formas de ver el mundo. Todo ello debe llevar a actuaciones institucionales que protejan los derechos de las minorías como colectivo diferenciado. Ese respeto a la diversidad cultural no supone que todas las tradiciones tengan el mismo valor humano o que no puedan ser discutidos sus fundamentos, rutinas y formas de exteriorización. Lo que significa es que no se puede exigir o imponer una renuncia a la diferencia cultural en forma de asimilación forzosa.

A menudo, el etnocentrismo occidental es una forma de narcisismo identitario: su propia particularidad es proyectada como si fuera universalmente válida. El supremacismo cultural, desde sus atalayas desdeñosas, pretende que determinados valores sean considerados superiores de manera automática. Se trata de una perspectiva abiertamente inaceptable, a menudo en la frontera de la arrogancia intelectual, sin perjuicio de los límites sobre el respeto a los derechos humanos que deben afectar a todas las culturas. Y también a la occidental, que cuenta con tradiciones religiosas abiertamente discriminatorias hacia las mujeres.

Una democracia pluralista no debería confundir la integración con la asimilación, ni tampoco equiparar automáticamente lo verdadero a lo mayoritario. Según ha apuntado acertadamente Javier de Lucas, la democracia pluralista debe contemplar las asimetrías existentes entre los miembros de la comunidad política, entre ellas las referentes a las diferencias culturales, para distinguir entre la diversidad como hecho y la igualdad como respuesta normativa. En las sociedades multiculturales la igualdad es necesariamente compleja. Igualar no es homogeneizar. Integrar no es asimilar a la fuerza. En una democracia multicultural la integración significa facilitar la «inclusión e igualdad en el espacio público desde la propia identidad». Además, la integración ha de ser bidireccional y no unidireccional: la sociedad de acogida debe participar también activamente a través de sus instituciones. En palabras de Ángeles Solanes, la integración puede ser concebida como un motor de desarrollo económico y de cohesión social que sirva para incrementar el aporte de los inmigrantes al crecimiento económico y a la riqueza cultural, en lugar de estigmatizarlos y propiciar situaciones de extrema vulnerabilidad. La asepsia institucional ante la diversidad supone aplicar una falsa neutralidad. Dicha perspectiva no resuelve la marginación que padecen quienes integran las minorías culturales de carácter étnico o religioso.

Hay una evidencia indiscutible: en la realidad social se producen multitud de situaciones que conectan la etnicidad con la exclusión, como demuestran numerosos estudios. Una pretendida neutralidad, en forma de no intervención institucional, favorece la pervivencia de las estructuras sociales discriminatorias. Como subraya María José Añón, existe una extensa y directa correlación entre la vulnerabilidad social y la pertenencia a un grupo cultural o étnico. Formar parte de una minoría marginada es un predictor bastante efectivo de situaciones de vulnerabilidad. El tono de la piel sigue predisponiendo hacia las más variadas formas de discriminación.

Esa combinación entre la existencia de sectores racistas en la ciudadanía y la situación de precariedad social de parte de los inmigrantes explica la orientación hostil de determinadas proclamas excluyentes. Por eso, los discursos xenófobos del amplio ecosistema de la ultraderecha se afanan denodadamente en la difusión de bulos tóxicos para retorcer todo tipo de sucesos. Son arengas que tienen como finalidad amplificar el repudio contra los foráneos, alentar el rechazo hacia la realidad multicultural, incidir sobre las fibras de la animosidad contra «los otros». Precisamente, no por casualidad, algunas de las ofensivas más virulentas se dirigen estratégicamente contra las medidas de integración social de los extranjeros.

Los flujos migratorios y la respuesta institucional en España

La respuesta institucional más eficaz para afianzar el sistema democrático en este ámbito es gestionar adecuadamente la multiculturalidad. El camino virtuoso es edificar estructuras de convivencia sobre los cimientos de democracias más inclusivas. Resulta imprescindible la creación de mecanismos integradores a favor de quienes se ven privados de participar en el espacio público en condiciones igualitarias. Los discursos xenófobos progresan con más facilidad cuando existen situaciones previas de desigualdad, discriminación y exclusión.

En la medida en que la ciudadanía contemple a los ahora excluidos como verdaderos miembros de su comunidad, será más complicado que prenda en muchos rincones la funesta mecha del odio. En cambio, si hay amplios sectores de migrantes en situaciones de anomalía social, se extenderá más la aversión racista. La despersonalización lleva a identificar a los extranjeros como foráneos peligrosos, ataviados con características culturales que nos resultan lejanas. Como subraya Javier de Lucas, un punto de partida necesario es que la democracia pluralista reconozca (en lugar de negar o disimular) el carácter multicultural de nuestra sociedad.

La denominada *teoría del contacto* explica que los conflictos culturales se reducen cuando se crean espacios en común en los que predominan la igualdad de trato y las tareas compartidas. Se suele afirmar que el aumento de inmigrantes o de diferencias culturales en torno a nosotros incrementa el rechazo. Sin duda, eso ocurre en ocasiones, cuando no existe una integración adecuada. Sin embargo, algunas de las más importantes reacciones xenófobas actuales se están registrando en países como Hungría o Polonia, que cuentan con niveles bastante bajos de extranjeros, en comparación con otros países europeos. Del mismo modo, numerosos estudios han acreditado que el trumpismo ha recibido enormes apoyos por razones xenófobas en condados rurales de Estados Unidos que no presentan niveles elevados de inmigración. Un caso histórico significativo en estas paradojas sobre conflictos raciales es el de la Alemania nazi: en los años treinta del siglo XX la población judía era cercana al 1 por ciento, un porcentaje en apariencia poco relevante para justificar que el antisemitismo se convirtiera en uno de los ejes centrales de los delirios ideológicos de Hitler.

Más que las cifras de inmigrantes o de integrantes de minorías culturales, lo significativo es la desmesura de la intransigencia que se activa contra ellos, a menudo basada en temores inducidos sobre el riesgo que pueden representar. Como indican Roger Eatwell y Matthew Goodwin, la preocupación de la ciudadanía por la inmigración no viene representada únicamente por cuestiones numéricas, sino que presenta una naturaleza subjetiva. Estos autores remarcan que dicha subjetividad se debe al sentimiento de «privación relativa»: se trata de las expectativas sobre la amenaza que puede representar la inmigración, en forma de perjuicios imaginados y de prejuicios interiorizados. Por ello, en sentido inverso, es importante que se produzca una respuesta institucional para impedir la marginación y apostar por el conocimiento mutuo, los espacios cooperativos comunes y la integración igualitaria. Para Yascha Mounk, la discriminación se reduce significativamente en la medida en que las minorías gozan de iguales derechos de ciudadanía.

Hay algo peor que el hecho de que los organismos públicos no gestionen acertadamente la pluralidad cultural: es más peligroso aún institucionalizar la exclusión. Cuando la actuación gubernativa legitima las vulneraciones de derechos de los inmigrantes o de las minorías culturales, provoca secuelas perniciosas muy profundas en la visión que la sociedad tiene sobre estas cuestiones. Por citar algunas situaciones de enorme gravedad, basta con rememorar el efecto perverso que desplegó sobre sus sociedades la aplicación de las leyes antisemitas en la Alemania nazi o la de las normas de segregación contra la población negra en Estados Unidos. Sin llegar a estos extremos, en nuestro país se ha optado tradicionalmente por lo que Javier de Lucas denomina «estado de excepción permanente», «derecho específico» o «infraderecho». Es la consideración como infrasujetos de inmigrantes y refugiados. A ellos se les somete a menudo a situaciones de limbo jurídico o de discriminación en derechos básicos, con suspensión de algunos de los principios y reglas del Estado de derecho, lo cual supone una terrible anormalidad.

Estas actuaciones institucionales son especialmente llamativas en relación con el derecho de asilo cuando las instituciones renuncian al deber elemental de acoger a quienes huyen de graves peligros e incluso de socorrerlos ante el riesgo inminente de muerte. Se vulnera así el derecho a la vida y el derecho de asilo, garantizados por los tratados internacionales sobre derechos humanos. Las devoluciones en caliente son otra rutina institucional que muestra esa falta de reconocimiento de los derechos individuales. Lo mismo ha sucedido con determinadas actuaciones fronterizas en Ceuta y Melilla, de consecuencias trágicas, con discursos gubernativos excluyentes que han vinculado la entrada de personas que sufren vivencias muy duras con graves atentados contra el orden público. En esos casos, se ha ignorado que los derechos humanos también deben respetarse en las fronteras.

Esas pautas excluyentes también se reproducen en algunas operaciones policiales muy cuestionables, como redadas o identificaciones aleatorias por perfiles raciales. Y, especialmente, en la existencia de los centros de internamiento de extranjeros, en los que se priva de libertad a los inmigrantes por la comisión de meras infracciones administrativas; se les trata como a delincuentes, aunque nunca hayan delinquido. Todo ello contribuye a que se asiente entre la población la percepción de que existe una conexión entre inmigración y criminalidad, a pesar de que los extranjeros que cometen infracciones penales son solo una pequeña minoría.

Estas actuaciones estatales suelen complementarse con apelaciones públicas en defensa del orden público, de la protección de la seguridad ciudadana y del uso de la mano dura policial. Nos hablan constantemente de que los que llegan desde fuera nos están «invadiendo», como si entrasen con tanques o aviones de combate. En estos enfoques el extranjero pobre es configurado como una amenaza peligrosísima. La respuesta institucional, en su conjunto, provoca una manifiesta estigmatización de los inmigrantes, que es aprovechada con facilidad por los adalides del autoritarismo más beligerante con el sistema democrático. Todo marco discriminatorio se maximiza extraordinariamente cuando es reforzado por los poderes públicos.

Resulta necesario optar por otras perspectivas institucionales que incluyan una revisión del concepto de ciudadanía, todo ello con el objetivo de salvaguardar la democracia y preservar los derechos humanos. En contraste con quienes son considerados extranjeros, la condición personal de la ciudadanía permite el ejercicio de plenos derechos, posibilita ser titular de la comunidad política, supone un vínculo de identidad, pertenencia y reconocimiento positivo por parte del resto de la sociedad. Los no ciudadanos, en cambio, quedan apartados de estas atribuciones, incluso aunque residan en el país desde hace mucho tiempo. La respuesta más adecuada debería ser la integración política de la diferencia y la gestión institucional de la inclusión.

Además, no debemos minimizar que la discriminación estructural y la falta de medidas de integración provocan entre los miembros de las minorías una reacción defensiva de carácter identitario, como apuntó Enzensberger. Numerosos conflictos sociales en Francia tienen su origen precisamente en esa ausencia de integración igualitaria. En los términos expresados por Enzo Traverso, las instituciones francesas han fabricado guetos sociales, étnicos y religiosos, lo cual ha favorecido que después la extrema derecha haya culpado agresivamente a las poblaciones encerradas en ellos de no haber querido asimilarse.

Por su lado, para Javier de Lucas la dicotomía ciudadano-extranjero se asienta en concepciones históricas en las que la presencia del no nacional era coyuntural, esporádica y limitada en el tiempo. Los tiempos han cambiado. Los flujos migratorios contemporáneos se presentan en situaciones de permanencia o estabilidad que resultan contrarias a esas visiones, una circunstancia que debería llevar a repensar la propia noción de ciudadanía. Debería hacer que nos cuestionáramos esa exclusión de derechos políticos y también la restricción de otros derechos fundamentales. En caso contrario, se llega a una contradicción bastante desequilibrada: los migrantes contribuyen con su trabajo a la riqueza común, pero no se benefician de los mismos derechos que el resto de los integrantes de la comunidad.

En relación con la naturaleza de las medidas que habría que adoptar, María José Añón ha profundizado en un concepto de ciudadanía diferenciada, sin renuncia a la identidad propia, «para que la participación no quede reducida solo a aquellos sujetos que no se encuentren en condiciones de explotación, marginación, asimilación o segregación cultural y discriminación». Este planteamiento incluiría la adopción de medidas diferenciadoras, garantistas, incentivadoras, facilitadoras, sensibilizadoras, promocionales o equiparadoras, dado que no nos encontramos mayoritariamente ante situaciones provisionales.

El hecho de que la permanencia en el país es cada vez más estable se pone de manifiesto en la comprensible tendencia de las personas migrantes a solicitar medidas de reagrupamiento familiar. Muchos extranjeros llevan bastantes años aquí. Se ha conformado ya en España una segunda generación bastante amplia. Sami Naïr recuerda que en gran parte los flujos migratorios arrancaron en nuestro mercado de trabajo hace décadas, alentados por instancias de nuestro país que pretendían incorporar a miles de trabajadores migrantes en actividades de la economía sumergida. Como subraya Naïr, estas dinámicas han comportado todo tipo de privaciones de derechos, a causa de las propias situaciones de clandestinidad toleradas o estimuladas institucionalmente. A menudo, lo relevante no es la letra de las leyes, sino cómo estas se llevan realmente a la práctica. En palabras de Nuria Alabao, la aplicación efectiva de la legislación de extranjería ha discriminado abiertamente a las personas migrantes y ha permitido «segmentar el acceso a derechos para mantener a determinadas capas sociales susceptibles de ser explotadas de manera diferencial».

Por otro lado, no debemos olvidar que los inmigrantes económicos, y especialmente los solicitantes de asilo, llegan a España en situaciones de extrema necesidad. Todo ello se produce en el contexto de una brecha demográfica que ha acabado siendo muy relevante, de un acelerado proceso de globalización y de notables desigualdades de desarrollo económico, a partir de nuestras propias necesidades de mano de obra, como recuerda Naïr.

La inmigración en España se ha normalizado progresivamente durante los últimos años. Se puede observar a simple vista que los migrantes desempeñan habitualmente ocupaciones laborales que no son aceptadas por nuestros nacionales. Sin presencia de trabajadoras y trabajadores extranjeros, las naranjas se quedarían sin recolectar en los huertos valencianos, no habría operarios en muchas empresas constructoras, multitud de hogares se quedarían sin labores de asistencia doméstica. Los ejemplos son infinitos. Y lo cierto es que la situación no es transitoria.

No resulta admisible tratar a los migrantes como invasores o intrusos simplemente porque presentan características culturales vinculadas a la raza, religión, idioma, costumbres y otros rasgos que los diferencian de los autóctonos. Están aquí, trabajan aquí, respiran aquí el mismo aire que las demás personas de nuestro país. En palabras de Santiago Alba Rico, el populismo racista reivindica «la necesidad de reducir el disfrute de los derechos civiles y económicos a una parte de la población». La discriminación facilita las acometidas xenófobas.

Como ha apuntado Javier de Lucas, los antiguos planteamientos del racismo biológico, que postulaban la superioridad de una raza sobre otra, se han reconvertido en otras visiones discriminatorias con rasgos diferenciales o culturales. Se ha producido una mutación en las muestras sociales de rechazo. Las manifestaciones del neorracismo actual serían el odio, el miedo o la violencia contra los inmigrantes, así como la aprobación de medidas de marginación de toda clase. En palabras de Miquel Ramos, la extrema derecha ya no habla de razas superiores, sino de culturas incompatibles. Resulta necesario promover medidas que se aparten de las tendencias institucionales que benefician a los discursos racistas.

La actuación opuesta implica apostar desde los poderes públicos por medidas efectivas de integración, entre ellas la asignación de derechos políticos. En relación con el acceso a la nacionalidad, el plazo general de diez años de residencia resulta claramente excesivo, al igual que el de cinco años en el caso de refugiados, por lo que sería conveniente reducirlo y regular para que sea posible por defecto disponer de la doble nacionalidad. En la misma línea, se deberían suprimir las numerosas trabas que dificultan el acceso a la nacionalidad, ya que esta constituye un elemento muy positivo de integración. Quienes viven y trabajan aquí deben ver equiparados sus derechos como miembros de nuestra comunidad.

La inclusión en el ámbito laboral implica acabar con la clandestinidad de decenas de miles de inmigrantes confinados a la irregularidad, al trabajo sumergido o a la marginalidad en las más diversas ocupaciones. Según Enzensberger, allá donde existen inmigrantes trabajando de forma ilegal, hay empresarios que se benefician de ello. Y los más débiles sufren siempre las consecuencias en forma de explotación. Adoración Guamán indica acertadamente que estas situaciones han tenido como objetivo «la construcción de un inmenso ejército de reserva que se utiliza como colchón de urgencia de mano de obra irregular». Además, esta autora ha explicado que las trabas legales para la entrada de inmigrantes por la vía regular han estimulado la irregularidad para acceder al mercado de trabajo español, por lo que es cada vez más necesaria una reforma de la legislación de extranjería para acabar con las situaciones de segregación y clandestinidad laboral.

Una ciudadanía inclusiva debe desvincularse de las reglas del mercado. Si en el caso de los nacionales los derechos de ciudadanía no se conectan con su utilidad o rentabilidad económica, tampoco deberían ocurrir con los extranjeros. Desmercantilizar a los inmigrantes implica separar su papel como fuerza de trabajo y sus derechos como personas. El objetivo debería ser la consecución de una ciudadanía cívica desligada del mercado.

Sería oportuno adoptar medidas de regularización administrativa para quienes acrediten su residencia en nuestro país durante un periodo razonable, lo cual garantizaría mejor los derechos laborales y dificultaría las situaciones de rapacería empresarial. Resulta significativo que la propuesta más elaborada de los últimos tiempos para una regularización de ese tipo haya sido presentada en el Parlamento a través de una iniciativa legislativa popular con un amplísimo respaldo ciudadano de cientos de miles de personas. Junto a esto, en relación con el derecho al asilo, se debe acabar con las actuales interpretaciones institucionales restrictivas para optar por la remoción de todo tipo de trabas burocráticas, en virtud de los acuerdos internacionales en la materia.

Por otro lado, como argumenta Yascha Mounk, la democracia diversa requiere de espacios comunes de cooperación intergrupal. En el ámbito bidireccional propio de una integración no asimilacionista, el conocimiento cultural mutuo es imprescindible. Se teme y se rechaza especialmente lo que no se conoce. Proteger el sistema democrático implica deshacer prejuicios y combatir las distintas manifestaciones del racismo. George Lakoff advierte sobre los efectos negativos de asumir los encuadres de las orientaciones autoritarias, ante los riesgos inherentes de aceptar esa cosmovisión. Por tanto, lo contrario a los discursos excluyentes será crear un marco constructivo de conciencia de ciudadanía compartida.

Yascha Mounk propone compartir un patriotismo cívico de carácter inclusivo y reivindica superar concepciones como la del patriotismo constitucional de Habermas. Muchos de estos valores compartidos de adhesión a las instituciones democráticas y a las reglas de convivencia pueden ser muy similares en países distintos, por lo que no explicarían de forma suficiente las particularidades de cada país. En consecuencia, Mounk defiende añadir a esos principios comunes de convivencia los rasgos culturales compartidos propios de la sociedad multicultural, para ponerlos al servicio de un proyecto común.

El conjunto formado por las reglas institucionales, los principios compartidos de convivencia y los rasgos culturales de la totalidad del país sería, según este punto de vista, el elemento definitorio de adscripción nacional. Así se facilitaría un patriotismo multicultural inclusivo, como forma de identidad, que permitiría concretar una diferenciación entre países basada en elementos positivos. Fukuyama subraya que la nación sigue siendo la mayor unidad de solidaridad por la que gran parte de la gente siente una lealtad instintiva, pero puede construirse de forma plural y no monolítica.

La diversidad, la multiculturalidad y la movilidad humana son realidades estructurales de nuestra vida social. Sin embargo, esa realidad compleja puede utilizarse para buscar la desestabilización o la involución del sistema democrático, como lo demuestran las experiencias autoritarias contemporáneas. No se trata de estrategias nuevas: reproducen dinámicas similares del pasado. René Girard, a propósito de la búsqueda de un chivo expiatorio como instrumento de cohesión social excluyente a lo largo de la historia, expone que «gracias a los mecanismos persecutorios, la angustia y las frustraciones colectivas encuentran una satisfacción vicaria en unas víctimas que favorecen la unión en contra de ellas, en virtud de su pertenencia a unas minorías mal integradas». Como es evidente, los resentimientos de carácter emocional desvían la mirada sobre el origen de los problemas de fondo, en especial cuando los gobernantes no son capaces de resolverlos.

Al igual que cuando se debe trazar qué tipo de actuación se tiene que llevar a cabo en las fronteras o en las políticas migratorias, en estos casos resulta fundamental la perspectiva común de la UE. Sin embargo, la presión de la extrema derecha cada vez ha sido más poderosa a la hora de lograr que se configuren políticas europeas muy restrictivas con la inmigración. Cada vez brillan más por su ausencia algunos objetivos fundacionales de la Unión, entendida como territorio de acogida respetuoso con los derechos humanos. Al contrario, con algunas honrosas excepciones, está prevaleciendo la idea amurallada de una Europa como ciudadela infranqueable. En los últimos años, los acuerdos europeos en materia de migración y asilo reflejan una auténtica cerrazón en términos de seguridad. Se concreta en mecanismos de expulsión que no respetan la legalidad internacional y se complementa con la externalización mercantilizada de las devoluciones hacia países no democráticos.

Todas estas reflexiones no suponen dejar a un lado los problemas de fondo que pueden ocasionar las migraciones, las fórmulas de integración y las colisiones interculturales. Se trata de pulsiones que han existido desde tiempos muy remotos. Se pueden intentar entender los recelos de quienes rechazan a los de fuera, con sentimientos de distanciamiento cultural que son reales, como confirman todos los indicadores. Sin duda, también resulta necesario que el Estado regule los flujos migratorios. No obstante, las respuestas institucionales deben ser constructivas, respetuosas con los derechos humanos y compatibles con los principios de la democracia constitucional pluralista. Los poderes públicos no deberían estimular las proclamas de odio y los conflictos identitarios. Y, además, sería positivo que actuaran con firmeza sobre los catalizadores de malestar social que incentivan la xenofobia, como veremos más adelante.

Javier de Lucas señala que el discurso social e institucional que configura al inmigrante y al refugiado como enemigos constituye un grave retroceso en la lógica de la democracia liberal, porque «se recupera la peor versión del patriotismo, la menos democrática, reducido a la clave identitaria etnonacional que se despliega en toda su capacidad etnocéntrica, xenófoba, racista, antipluralista». En palabras del mismo autor, se trata de una perspectiva que supone un retorno a principios de legitimidad predemocráticos, como la cultura, la religión, la lengua o la nación presentados en clave esencialista y como factor de superioridad. El sistema democrático se agrieta cuando practica la exclusión y la marginación de grupos significativos de población, pues el acceso a los derechos sociales y a la igualdad en las libertades debe ser universal.

El enfoque institucional que criminaliza la diferencia favorece al autoritarismo. Refuerza los formatos de los nuevos discursos racistas contemporáneos que impugnan los principios del sistema democrático. Nuestros organismos públicos pueden corregir desigualdades, pero también agravarlas o perpetuarlas. La protección de los derechos humanos debe llevar a construir un marco favorable que acabe desembocando en una conciencia colectiva de ciudadanía compartida. Los valores de la democracia pluralista nos interpelan sobre la necesaria igualdad de todos los seres humanos, sin predominios étnicos, raciales o religiosos.

La gestión adecuada de la multiculturalidad, en conclusión, posibilita una democracia más sólida, con flancos menos inermes frente los discursos autoritarios excluyentes. Y esas mejoras constructivas también deben incorporar elementos pedagógicos. Las convicciones democráticas en el siglo XXI exigen una característica añadida: entender, respetar y aceptar que viviremos inevitablemente en sociedades en las que la diversidad cultural será cada vez mayor.

6

Las debilidades de nuestro sistema institucional

Los frenos institucionales contra los abusos de poder

La democracia es un sistema político igualitario. Sus principios son incompatibles con los abusos de poder, como los que se perpetran en tiranías que no respetan la igualdad entre las personas. Para Norberto Bobbio, la historia de la democracia «puede ser considerada como una larga, ininterrumpida y apasionada discusión en torno a las maneras de limitar el poder». Todas las experiencias democráticas han construido mecanismos equitativos en la distribución de las potestades públicas, por medio de controles de los órganos de gobierno, equilibrios entre las instituciones y medidas de protección contra las arbitrariedades.

Las diversas vicisitudes históricas pusieron a prueba la creación imaginativa de quienes idearon las distintas arquitecturas institucionales. Como hemos visto, la democracia ateniense intentó conjurar los riesgos de concentración del poder con cargos rotatorios elegidos por sorteo; se descartó que hubiera gobernantes investidos de vastas atribuciones competenciales y las facultades decisorias se atribuyeron a una asamblea ciudadana. En la República romana hubo una mayor presencia de cargos electos, con sistemas de vetos y competencias cruzadas, en un meditado juego de equilibrios.

Tras el impulso de las revoluciones del siglo XVIII, se acabaron implantando concepciones teóricas que apuntaban a Gobiernos representativos elegidos democráticamente, con separación de poderes, controles sobre la mayoría gobernante y protección de los derechos de la minoría parlamentaria. Los nuevos sistemas democráticos profundizaron en sus principios, a través de ensayos, errores y mejoras. Sufrieron acometidas constantes de las fuerzas antiparlamentarias. Entre los escombros trágicos de la Segunda Guerra Mundial, aún bajo el ignominioso impacto de Auschwitz, se aprobó la Declaración Universal de los Derechos Humanos, concebidos también como barreras infranqueables para los gobernantes que quisieran aplicar la tiranía de la mayoría.

Los límites son parte fundamental de una democracia representativa, pluralista y liberal: si el poder acumula demasiadas atribuciones, la democracia entra en riesgo. Recogiendo una idea de Hans Kelsen, podemos decir que, sin la presencia de ciertos contrapesos, el Estado tiende a ejercer el poder de forma arbitraria. En definitiva, es lo que lord Acton expresó con aquello de que el poder corrompe y el poder absoluto corrompe absolutamente.

Los frenos institucionales son imprescindibles para el funcionamiento eficaz del sistema democrático, igual que un vehículo sufriría previsibles percances si no pudiera detenerse ante determinadas contingencias. En este sentido, uno de los rasgos característicos de la nueva derecha radical es su desdén hacia los controles que deben ejercerse sobre los poderes del Estado, que son cuestionados en la oposición y luego anulados al llegar al poder. Los dirigentes del nacionalpopulismo se autoproclaman como los únicos representantes del pueblo, por lo que ninguna instancia independiente puede cuestionarlos. Como subraya Fernando Vallespín, el problema surge cuando «molestan los árbitros, las reglas y las instituciones que servían para garantizar el control del poder y el pluralismo».

A partir de esos postulados, se pretende gobernar prescindiendo de instancias de control, erosionando la separación de poderes y dificultando de forma fraudulenta la actuación de alternativas políticas opositoras. Eva Illouz nos explica que el nacionalpopulismo conservador busca generar desconfianza en las instituciones del Estado encargadas de proteger la democracia, al tiempo que elabora una fuerte identificación con el líder, que queda legitimado para pasar por encima de dichas instancias.

La fortaleza de las instituciones es una de las claves para salvaguardar la democracia. En ese sentido, muchos politólogos coinciden en diferenciar lo ocurrido hasta ahora con el trumpismo en Estados Unidos y el gobierno de Viktor Orbán en Hungría. Durante su mandato entre 2016 y 2020, Donald Trump no pudo imponer sus propósitos de vertebrar una democracia autoritaria gracias a la existencia de una institucionalidad fuerte, que paralizó muchos de sus intentos desestabilizadores. Steven Levitsky y Daniel Ziblatt han subrayado que Trump fue un «quebrantador de reglas en serie»: intentó socavar la independencia judicial, laminar la libertad de información de los periodistas y pisotear los derechos de las minorías. Pero, a menudo, se encontró con frenos derivados del sistema institucional de contrapesos.

En cambio, Orbán pudo derrumbar el sistema de equilibrios institucionales, como ha indicado Yascha Mounk. El partido Fidesz consiguió dominar los organismos electorales y las normas de elección en beneficio propio, hasta el extremo de manipular los distritos de votación para adjudicarse el máximo número de escaños. Pasó a ejercer un férreo dominio sobre el sistema judicial, con actuaciones en las que se llegó a jubilar a jueces para sustituirlos por magistrados afines. Redactó una Constitución al servicio de sus intereses y manoseó de forma partidista el Tribunal Constitucional, para asegurarse el favor de sus resoluciones, además de invadir los más variados órganos de contrapeso. Para Ruth Ferrero-Turrión, el régimen de Orbán ha articulado todo un sistema de redes clientelares, basadas en «corruptelas y nepotismo» y regadas con abundante dinero público. Además, ha implantado numerosas restricciones del pluralismo informativo para socavar la libertad de prensa. La Comisión de Venecia del Consejo de Europa ha emitido varios dictámenes en relación con los retrocesos en materia de derechos y libertades en Hungría.

También en Polonia hubo ataques muy resueltos contra la separación de poderes durante el mandato del partido Ley y Justicia, entre 2015 y 2023. Como explica Yascha Mounk, se realizaron todo tipo de operaciones para controlar el Tribunal Constitucional y configurar los altos tribunales del país. Se acordó una regulación que atacaba la independencia de la judicatura y permitía sancionar a los jueces según el sentido de sus resoluciones. Anne Applebaum ha descrito todo el proceso de ataques a la judicatura polaca, así como la sustitución masiva de empleados públicos por otros afines. En un informe de 2016, sin el terciopelo habitual de las ambigüedades diplomáticas, la Comisión de Venecia expresó categóricamente una conclusión especialmente preocupante sobre Polonia: «No solo está en peligro el Estado de derecho, sino también la democracia y los derechos humanos». El Tribunal de Justicia de la Unión Europea sentenció en 2023 que Polonia incumplía las normas de la UE en materia de independencia judicial y separación de poderes.

Tras el hundimiento del bloque soviético, a partir de 1989 bastantes países de Europa Oriental iniciaron el camino para consolidarse como democracias pluralistas. Se introdujeron los mecanismos de contrapeso propios de la separación de poderes y los cambios institucionales se aplicaron en el marco de integraciones progresivas en la Unión Europea. Sin embargo, como han mostrado Ivan Krastev y Stephen Holmes, estos procesos de imitación de la democracia occidental empezaron a paralizarse, incluso con giros bruscos de guion. En Hungría, Polonia y otros países vecinos se han reproducido actitudes políticas reacias a seguir el camino de las multiculturales democracias liberales, con estructuras sociales abiertas, respetuosas con la igualdad de género y la orientación sexual. La reacción contraria cada vez más visceral, impulsada por movimientos de afirmación nacionalpopulista contra la imitación de lo occidental, incluyó el rechazo de las instituciones del liberalismo democrático plural. Esas reglas se empezaron a percibir como una imposición externa de quienes actuaban como si se sintieran superiores. Comenzaron a anularse los límites a la actuación de los Gobiernos en unos países que aún contaban con instituciones de control poco consolidadas y carecían de una cultura democrática asentada.

Los contrapesos resultan imprescindibles en una democracia para limitar el poder, para contener los atropellos de las autoridades, para disuadir de las peores tentaciones que pueden seducir a quienes mandan. En palabras de Karl Popper, la función de las instituciones de control es impedir que los malos gobernantes hagan demasiado daño y evitar que el ejercicio de su poder se materialice en actuaciones arbitrarias. El afianzamiento de la extrema derecha en los Gobiernos suele venir acompañado de la supresión de esos espacios de vigilancia institucional. Todo ello permite a los dirigentes autoritarios perpetrar desmanes impunemente: los órganos de control han dejado de ser operativos porque los ocupan sus propios partidarios; es una especie de fiscalización quimérica. Esa concentración de poder resulta peligrosísima para el Estado de derecho, las garantías democráticas y el pluralismo político. Como dice la canción: «Si le das más poder al poder, más duro te van a venir a coger».

Las patologías del sistema de contrapesos en España

En España, existen peligros de retroceso autoritario que pueden detectarse en algunas debilidades de nuestro entramado institucional. Hay grietas que avisan de elementos de riesgo, igual que en medio del campo algunos nubarrones negruzcos advierten de posibles tormentas que resulta temerario ignorar. Nuestro tejido organizativo presenta luces y sombras, como en los mejores claroscuros de Caravaggio. Es positivo que las entidades internacionales coincidan en subrayar algunas fortalezas de nuestra democracia, como la eficiencia en la organización de elecciones, la limpieza del proceso electoral y el respeto al pluralismo político. No obstante, al mismo tiempo, también resulta alarmante que esas mismas entidades concuerden en que nuestro país presenta serias deficiencias en relación con la separación de poderes, la debilidad de los órganos de contrapeso y la elevada presencia de corrupción política. Los organismos europeos han sido especialmente duros con España en este sentido.

La falta de solidez de nuestro sistema de separación de poderes está muy relacionada con los tropiezos en muchas piedras que dificultaron la consolidación del sistema democrático en el siglo XIX, ante las resistencias de un absolutismo muy perseverante, las tentativas erráticas de las familias políticas liberales y las posteriores prácticas caciquiles de la Restauración, como hemos mencionado anteriormente. En palabras de Rafael Jiménez Asensio, desde el principio hubo en España una mala construcción del Estado liberal, sin articular pesos y contrapesos del poder. Y la construcción de instituciones democráticas en nuestro país se encontró con obstáculos aún peores en el siglo XX, ante las frecuentes pulsiones antiparlamentarias y antiliberales, como quedó evidenciado con la dictadura de Miguel Primo de Rivera o la nefasta etapa autocrática del general Franco.

El régimen franquista fue especialmente nocivo, por su larguísima duración, por los efectos sociológicos que legó a la mentalidad del país y por algunas secuelas que incrustó en las posteriores rutinas democráticas. Además, la dictadura coincidió temporalmente con el periodo de mayor desarrollo democrático de los países europeos de nuestro entorno. En aquellas décadas de la posguerra mundial, en Europa occidental se asentaron todo tipo de instituciones, hábitos y reglas esenciales en materia de pluralismo político o de construcción de contrapesos. Sin embargo, en España, todo se resolvía institucionalmente con la trivialidad de los vítores marciales al Caudillo y con la represión encarnizada de la disidencia democrática.

Por razones obvias, los protagonistas políticos de la Transición carecían de rodaje previo en la gestión de instituciones democráticas. Los dirigentes que procedían del régimen anterior solo podían presumir de experiencia curricular en gobernar una dictadura. Por su parte, los opositores antifranquistas se habían formado en las lóbregas tinieblas de la clandestinidad o de las prisiones, sin los espacios de libertad de los que disfrutaban sus equivalentes europeos en las instituciones.

Con materiales de obra tan precarios se tuvo que elaborar desde cero un nuevo boceto institucional, en el que no estaban interiorizados los principios de la separación de poderes o los engranajes de los contrapesos. Evidentemente, en el franquismo no existía nada similar a una estructura de controles del poder; por definición, el dictador era todopoderoso. Los políticos de la nueva democracia, a pesar de algunos conatos iniciales de imitación europea, tampoco exhibieron demasiada devoción como creyentes conversos del evangelio de los equilibrios institucionales.

El paradigma por excelencia de esas deficiencias ha sido la infortunada institución del Consejo General del Poder Judicial. Al analizar los problemas de la separación de poderes, los ponentes constitucionales dirigieron con admiración su mirada a la regulación que existía en Europa. Se inspiraron especialmente en el sistema italiano. En los debates de la ponencia constitucional, se constata que se inclinaron por un sistema mixto, como el que rige actualmente en la gran mayoría de los países europeos, donde cerca de la mitad de los miembros de los consejos de la judicatura los deciden los jueces en una elección democrática interna, mientras que la otra mitad la designan los Parlamentos. El nombramiento parlamentario de los juristas quedó así perfilado en nuestro texto constitucional. En cambio, la elección de los jueces quedó abierta en la versión definitiva de la Constitución, pues su regulación futura se derivó a la redacción de una ley orgánica.

En todo caso, el espíritu de la ponencia constitucional era tan palmario que, poco después, en 1980, se aprobó la ley en cuestión. El Parlamento decidió que los doce jueces (de los veinte miembros del CGPJ) fueran escogidos en una elección democrática interna en la judicatura. El consenso fue absoluto, como se había puesto de manifiesto en la deliberación previa constitucional. Votaron a favor de la designación judicial interna los socialistas, los comunistas, los populares, la UCD de Adolfo Suárez, los nacionalistas vascos y los nacionalistas catalanes. Una unanimidad que hoy en día no deja de sorprender.

Lo que pasó después está muy relacionado con algunos funestos vaivenes de la historia de España. Queríamos ser europeos, pero nuestros jueces no eran exactamente igual que los togados de los países vecinos. Había notables diferencias en genealogía judicial democrática. A principios de los ochenta, gran parte de la judicatura española aún mantenía persistentes vínculos ideológicos con el franquismo. El nuevo CGPJ comenzó a torpedear las reformas democráticas: primero, las del Gobierno centrista de Suárez; después, las del ejecutivo socialista de González. En 1985, a los socialistas se les acabó la paciencia y optaron por modificar la ley, para suprimir la elección judicial interna. El Parlamento acordó que, además de los ocho juristas, también fueran los políticos quienes acapararan la designación de los doce jueces, por mayoría cualificada de tres quintos del Congreso de los Diputados y del Senado. Así se llegó a los conocidos pactos de consenso entre las dos formaciones políticas mayoritarias para configurar el CGPJ en cada ocasión.

El sistema degeneró en un reparto de cuotas cada vez más indecoroso entre las dos principales fuerzas políticas, ante el creciente vínculo de los miembros del consejo de la judicatura con los partidos que los apadrinaban. El alineamiento partidista mayoritario de cada CGPJ con el partido gobernante quedaba claro cuando, en el cielo de Madrid, había fumata blanca, todo con un desparpajo bastante normalizado y casi siempre con gran fanfarria de bombo y platillo. El descrédito de la máxima institución de gobierno judicial alcanzó límites insospechados: los líderes de las dos grandes fuerzas políticas empezaron a vanagloriarse ante los medios de comunicación de repartirse este órgano constitucional, de forma nada respetuosa con sus funciones de contrapeso.

Además, la ley no estableció qué sucedía si no se alcanzaba ese acuerdo de consenso. Todo ello explica que ese CGPJ que configuró mayoritariamente el PP en 2013, durante el Gobierno de Mariano Rajoy, con un mandato constitucional de cinco años, no se renovara en 2018. El bloqueo inconstitucional ha permitido a los populares ejercer un control político abiertamente irregular del organismo, al mantener un CGPJ caducado y en funciones durante un tiempo larguísimo, en una situación de desprestigio institucional sin precedentes. Tras la renovación en julio de 2024, tendremos que esperar al cumplimiento y desarrollo de los pactos entre las dos principales fuerzas políticas para que se produzca la normalización institucional de nuestro consejo de la judicatura.

No debería obviarse, por otra parte, la trascendencia del CGPJ como institución de contrapeso frente a cualquier poder político. Es un órgano constitucional que no dicta sentencias, sino que asume la importante función de garantizar la separación de poderes y la independencia judicial. También dispone de competencias muy destacadas en materia de nombramientos, formación y régimen disciplinario. Especialmente, ejerce atribuciones representativas simbólicas de cierto relieve. La sociedad debería percibirlo como un organismo neutral, y no como un subdepartamento judicial de las principales fuerzas políticas. Tras muchos lustros como magistrado del Tribunal Supremo, Perfecto Andrés Ibáñez analizó en su libro *Tercero en discordia* la evolución del CGPJ, y concluyó que ha exhibido constantemente el estigma de la manipulación político-instrumental partidista.

Todo ello ha provocado que España reciba frecuentes reproches por haberse apartado del modo en que están configurados los consejos de la judicatura en Europa. Casi con una reiteración desesperada, como si les hubiera salido un hijo descarriado, tanto los órganos de la UE como los del Consejo de Europa han requerido constantemente a nuestro país una profunda reforma en la configuración legal del CGPJ. La cúpula judicial española es una anomalía institucional en el Viejo Continente. De hecho, lamentablemente, están surgiendo comparaciones con lo ocurrido en Hungría y Polonia.

La Carta Europea sobre el Estatuto de los Jueces, aprobada por el Consejo de Europa, establece que los consejos de la judicatura son organismos independientes de los poderes ejecutivo y legislativo, y que al menos la mitad de sus miembros son «jueces elegidos por sus pares» (y no por el Parlamento, que designa a los miembros restantes). Dicha disposición ha sido desarrollada por diversas recomendaciones del Comité de Ministros y del Consejo Consultivo de Jueces Europeos. La Comisión de Venecia también ha emitido varias resoluciones en el mismo sentido.

El sistema de consejos de la judicatura que sigue la gran mayoría de los países de nuestro entorno, apoyado por la Comisión Europea, se basa en la separación de poderes y en la existencia de contrapesos. Si el poder político domina el poder ejecutivo y el legislativo y también puede manejar la cúpula judicial, se daña seriamente la división de poderes. Por ello, en los países europeos se apuesta por este sistema mixto, para que haya equilibrios mutuos en el consejo de la judicatura. Del mismo modo, se aplica una regulación muy estricta y objetiva para las designaciones de magistrados en los altos tribunales.

Lo cierto es que los consejos de la judicatura en Europa funcionan satisfactoriamente, sin suscitar problemas, mientras que el CGPJ es un deplorable ejemplo de imponente descrédito institucional, por culpa de los conflictos partidistas. En este sentido, el informe sobre el Estado de derecho en España en 2023, emitido por la Comisión Europea, ha vuelto a ser extremadamente crítico con nuestro país: vuelve a reclamarnos que adaptemos la elección de los miembros del CGPJ a los estándares europeos. El informe sobre el estado de la justicia en la UE de 2023 indica que el 56 por ciento de los españoles considera que la independencia de sus tribunales y magistrados es muy mala o bastante mala a causa de las presiones partidistas. Se trata de la peor valoración entre los países de Europa occidental. En el conjunto de la Unión, los datos de nuestro país solo son algo mejores que los de Polonia, Bulgaria, Croacia y Eslovaquia, pero salimos peor parados que Hungría, Rumanía o Lituania. No es para sentirse orgullosos.

Sin embargo, los principales partidos españoles no han mostrado una verdadera voluntad de modificar el actual sistema. Desde 1985, los socialistas siempre han defendido que sea el Parlamento quien lleve a cabo la elección de todo el CGPJ. El PP ha participado con deleite en el mismo reparto político, en gran parte porque interpreta que es el principal beneficiario de su aplicación. En la oposición, los populares han llegado a prometer la implantación del sistema mixto europeo con la intención de despolitizar el órgano constitucional: incluyeron ese compromiso en su programa de la campaña electoral de 2011. Sin embargo, tras obtener la mayoría absoluta, tan solemne promesa no tardó en caer en el olvido: se mantuvo la regulación legal de las cuotas políticas, e incluso se agravó con una reforma impulsada en 2013 por el ministro Gallardón.

En 2018, pudimos asistir a una de las explicaciones más elocuentes sobre el funcionamiento y la finalidad del sistema partidista en el reparto de la tarta judicial, con la filtración del mensaje que remitió a su grupo parlamentario el entonces portavoz del PP en el Senado, Ignacio Cosidó. El dirigente popular decía literalmente que el pacto que se había negociado para el CGPJ permitía a su partido controlar la sala penal del Tribunal Supremo «desde detrás». A continuación, añadía que «nos jugábamos» las renovaciones futuras de dos tercios del alto tribunal y «centenares de nombramientos en el poder judicial, vitales para el PP». Lo mejor de acudir a fuentes originales muy claras es que su lectura nos ahorra esfuerzos interpretativos.

Si los principales partidos prefieren mantener la elección parlamentaria del CGPJ, al menos deberían respetarse ciertos criterios básicos para que este sea un órgano de contrapeso y no una correa de transmisión partidista. La reforma de 1985 se recurrió ante el Tribunal Constitucional, y este manifestó que, como en la Carta Magna había quedado abierta la forma de elección de los jueces del CGPJ, la ley de designación parlamentaria sería constitucional siempre que en ella no se plasmara un reparto de cuotas entre los partidos. Lamentablemente, lo que el Tribunal Constitucional explicitó que no debía suceder es lo que acabó pasando; los desperfectos institucionales fueron cada vez más penosos y el papel del CGPJ como órgano de contrapeso acabó siendo prácticamente nulo.

En todo caso, resultaría admisible un sistema de elección parlamentaria de nuestro consejo de la judicatura si la designación la efectuara realmente el Parlamento, lo cual resulta extensible al nombramiento de los ocho juristas de este organismo. Pero, en realidad, lo que sucede es que las cámaras parlamentarias se limitan a ratificar ciegamente la partición previa del codiciado pastel o el intercambio de los cromos que han pactado los dirigentes políticos con una absoluta opacidad negociadora. Sin duda, el sistema parlamentario de elección judicial puede modificarse y mejorarse. Ello implicaría que se presentaran libremente candidatos, con transparencia, comparecencias públicas y comisiones técnicas independientes que dictaminasen sobre los méritos de los aspirantes. Debería establecerse, además, un régimen estricto de incompatibilidades, para que no pudieran ser nombradas personas vinculadas a los partidos.

Como apunta Bernardo Bayona, los candidatos a miembros del CGPJ deberían someterse a un exigente examen previo de idoneidad y prestigio, lo cual implica acabar con el sistema de reparto de cuotas. Sin duda, todos los juristas tienen ideología: la elección por el Parlamento permite proyectar la pluralidad de la sociedad. Lo importante es que los elegidos puedan actuar en el consejo de la judicatura con imparcialidad, para que el CGPJ sea realmente un órgano de contrapeso. Que los juristas tengan ideología es muy diferente de que sean comisarios de los partidos; en este último caso, cualquier tipo de neutralidad es imposible.

Validar el reparto de cuotas entre los partidos con el argumento de que estos representan a la sociedad es una falacia. No puede ignorarse el conflicto de intereses: las fuerzas políticas suelen verse afectadas por procesos en los tribunales y resulta previsible que pretendan influir en ellos. Carecería de sentido que un partido, solo por haber sido el más votado y por representar a la mayoría de su ciudad, nombrase al tribunal encargado de juzgar a un alcalde de su formación acusado de corrupción. Al contrario, lo que debe garantizarse es la máxima neutralidad del árbitro para impedir indecentes tratos de favor. Ninguna tropelía debería estar legitimada por la victoria en las urnas. La soberanía nacional reside en el pueblo, que puede exigir a sus representantes parlamentarios la regulación legal que mejor configure la separación de poderes, a través de una vigilancia imparcial de la actuación del poder político y de sus posibles desmanes. Como apunta Rafael Jiménez Asensio, determinadas argumentaciones torticeras pretenden cambiar la soberanía nacional (que reside en el pueblo) por una soberanía de los partidos.

En los últimos tiempos se han planteado alternativas al nombramiento parlamentario de los jueces del CGPJ; por ejemplo, la designación por sorteo o a través de elección directa por parte de la ciudadanía. Son ideas que recuerdan algunas de las soluciones democráticas de la Antigüedad clásica que ya hemos mencionado, y que conllevan una serie de problemas en materia de gestión o de legitimación imposibles de resumir en este libro. De todos modos, abrir una amplia reflexión acerca de tales posibilidades sería positivo.

En todo caso, más allá de la composición de nuestro consejo de la judicatura, resulta pertinente objetivar las designaciones de magistrados para las plazas en los altos tribunales. Son las joyas más codiciadas. Se trata del núcleo principal de interés que explica los violentos conflictos partidistas. Los organismos europeos han criticado frecuentemente que los nombramientos efectuados por el CGPJ para los puestos del Tribunal Supremo y otros altos tribunales no siguen en España criterios objetivos de mérito y capacidad. No existe una regulación a través de un baremo que asegure que se nombra a los aspirantes más cualificados entre los que se presentan a ocupar dichas plazas.

El CGPJ es un caso único en Europa en el que un consejo de la judicatura no decide estos nombramientos con méritos tasados, sino a través de decisiones discrecionales. Este amplísimo margen de maniobra del CGPJ, junto con los vínculos partidistas de sus integrantes, provoca recelos en relación con la imparcialidad de nuestros altos tribunales, como han reiterado los organismos europeos.

En este sentido, hay un trasfondo poco conocido: la sobreabundancia del número de aforados en nuestro país. No existen equivalentes en otros Estados democráticos, pues en España el fuero afecta a los políticos que integran los Gobiernos y los Parlamentos, tanto estatales como autonómicos. El aforamiento implica que centenares de políticos solo pueden ser juzgados por el Tribunal Supremo o por los tribunales superiores autonómicos. Es como si hubiera tribunales especiales para quienes se dedican a la política, lo cual recuerda a algunos privilegios estamentales de la Edad Media. Dicha circunstancia motiva las feroces batallas de los partidos por la supremacía en el CGPJ, que es el organismo que decide la composición de los altos tribunales que juzgan a los políticos y resuelven en sus salas las cuestiones judicializadas más importantes del país.

En diversos análisis, la Plataforma Cívica por la Independencia Judicial ha dictaminado que suele designarse para el Tribunal Supremo a magistrados con inferior expediente jurisdiccional y marcado perfil partidista, a través de acuerdos que no están lo suficientemente motivados. En los últimos años, el nombramiento para el alto tribunal de exparlamentarios, antiguos altos cargos del Gobierno o magistrados con destacados vínculos con el poder político ha experimentado un notable crecimiento.

En palabras de Rafael Jiménez Asensio, durante las negociaciones para la cobertura de plazas en los altos tribunales los despachos del CGPJ son una olla de presiones e intercambios, «un auténtico mercadillo, impropio a todas luces de una alta institución de un Estado que se pretende democrático». Todo ello sería imposible con un sistema de méritos tasados. Como apunta el magistrado Jesús Villegas, cuanto más importante es el tribunal, «más cercano está al poder, a la par que se acrecientan sus privilegios y, en la misma medida, los motivos de gratitud por los favores recibidos». Los efectos de un sistema como este pueden ser perversos. Diego Íñiguez destaca que los jueces que sentencian contra los intereses de los principales partidos saben que sus posibilidades de ascenso disminuyen; en cambio, los magistrados dóciles perciben que su fidelidad puede allanarles el camino.

Todo lo indicado no implica que los magistrados que llegan al Tribunal Supremo o a otros altos tribunales no estén cualificados, ni que se presten necesariamente a los intereses partidistas. Cualquier visión rigurosa nos mostrará la destacada valía profesional de quienes los integran. Pero el sistema no está diseñado para determinar quiénes son los más cualificados y permite injerencias por parte del poder político. Villegas indica que en las bases de la judicatura existe la convicción de que sin padrinos políticos no se pueden alcanzar las más altas cumbres judiciales. Un magistrado puede ser el mejor jurista del país, pero jamás ascenderá al Tribunal Supremo sin el empujón decisivo.

Sería necesario seguir la línea que nos reclaman desde el Consejo de Europa, y que se practica en los países de nuestro entorno, para que a los jueces de los altos tribunales los seleccionen comisiones técnicas imparciales que apliquen criterios objetivos de mérito y capacidad. Sin duda, acabar por ley con el margen de discrecionalidad del CGPJ de decidir casi libremente qué magistrados van a los altos tribunales reduciría muy sensiblemente las lastimosas reyertas en las que se enzarzan los partidos para lograr la hegemonía en dicho órgano constitucional.

Como argumenta Rafael Jiménez Asensio, este maltrato político hacia las instituciones deriva de una falta de cultura institucional, pero también de que, en España, la política y los partidos han tenido siempre una concepción patrimonial de lo público. Tales problemas de configuración partidista se repiten en otros órganos de contrapeso, nombrados mayoritariamente por cuotas o afinidades partidistas; sucede en el Tribunal Constitucional, en el Tribunal de Cuentas, en la Fiscalía General del Estado o en el Defensor del Pueblo. En esos casos, los órganos europeos también han formulado serias objeciones.

Es necesario incrementar los mecanismos de transparencia, de tasación de méritos y de incompatibilidades con los partidos para asegurar que todos estos órganos puedan actuar como verdaderas instituciones de contrapeso. Reiteramos que no debe confundirse la ideología con la apariencia de parcialidad. Es inevitable que quienes forman parte de los órganos de contrapeso cuenten con sus propias creencias ideológicas. Cualquier persona tiene su forma de ver el mundo. Lo importante será que puedan ejercer sus funciones de manera independiente, sin sospechas de parcialidad por mantener conexiones con los partidos políticos.

Pierre Rosanvallon destaca que la legitimidad democrática de los órganos de control descansa en la idea de profesionalidad, imparcialidad y reflexividad de esas instituciones. La colonización partidista hace que estos organismos pierdan todo su sentido y empeora sensiblemente la calidad del sistema democrático. Unos órganos de contrapeso que sean marionetas del poder político se convierten en instituciones superfluas; son como esos antiestéticos objetos decorativos que afean el salón de cualquier vivienda. Los designados en los órganos de control del poder tiene que mostrar un deber de ingratitud hacia quienes los han nombrado, porque la esencia de sus funciones estriba precisamente en ser imparciales, además de en parecerlo, añade Rosanvallon.

Los controles reales implican una fiscalización que debe evitar el ejercicio arbitrario del poder: los contrapesos son un antídoto contra la concentración de potestades públicas como puerta de entrada al despotismo. Como aclara Rafael Jiménez Asensio, en los años ochenta y principios de los noventa hubo un intento de consensuar perfiles profesionales imparciales de mayor excelencia en los órganos constitucionales. No obstante, el posterior deterioro fue gradual. Empezó a premiarse una afinidad partidista muy pronunciada, que no excluía la mediocridad, en palabras de este autor. La imparcialidad, la capacidad y la profesionalidad deberían ser cruciales en esos cargos institucionales, pero suelen ir a parar a manos de políticos, antiguos cargos y personas muy cercanas a los partidos.

Así pues, deberían ponerse en marcha amplias reformas institucionales pactadas por las fuerzas políticas. Sin embargo, en un contexto de fuerte polarización, no será fácil. Además, no existen incentivos para que los partidos renuncien a las cuotas de poder de las que disfrutan. Estas dinámicas de colonización partidista les permiten premiar a algunos de sus fieles más significados.

Y todo ello en un país donde los dirigentes de los partidos, su militancia y gran parte de la ciudadanía carecen, por razones históricas, de una conciencia clara sobre la relevancia de los contrapesos. Siguen estando muy presentes los tópicos simplones de que el partido mayoritario está legitimado democráticamente para controlar a la cúpula judicial y al resto de los organismos públicos. El triunfo electoral se entiende como una merecida patente de corso que permite atracar cualquier institución. Son concepciones contrarias a la separación de poderes, y muy peligrosas para la democracia. Los partidos políticos son esenciales para el sistema democrático, pero no deberían ocupar los espacios que, precisamente, deben vigilar su actuación.

Todo esto es aún más relevante cuando pueden existir riesgos de deriva autoritaria. En los países con una institucionalidad fuerte y que cuentan con organismos sólidos de contrapeso, es bastante más difícil que, por mucho poder que acapare una formación política, se puedan manipular o anular esas instituciones. De ahí se desprende la importancia de que el poder estatal esté distribuido adecuadamente. Esa excesiva acumulación acaba afectando a la democracia pluralista.

En Estados Unidos, por ejemplo, había bastantes órganos de contrapeso con miembros ideológicamente cercanos al Partido Republicano que funcionaron con imparcialidad durante el mandato de Trump, e impidieron que las instituciones se degradasen. Ocurrió en las más diversas circunstancias. Pero, sobre todo, la actuación de estos organismos fue firme, ejemplar y decisiva cuando el trumpismo presionó con toda su fuerza para anular fraudulentamente la victoria de Biden y evitar su proclamación como presidente en 2021: el sistema de equilibrios institucionales resistió la ofensiva antidemocrática. En sentido contrario, el partido húngaro Fidesz colonizó las instituciones con sus militantes y anuló los espacios de contrapeso propios de la democracia liberal, lo que llevó al país a convertirse en una democracia autoritaria. Como indica Daniel Innerarity, «la democracia es resistente justo en la medida en que no depende demasiado de las personas que ocupen el poder, sino fundamentalmente de que el sistema institucional limite a esos gobernantes».

En caso de regresión democrática en España, si hubiera dinámicas de retrocesos en derechos y libertades, no cabría esperar que unos órganos de contrapeso colonizados por el poder político frenaran un hipotético proceso de involución hacia el autoritarismo. Por eso es tan importante escuchar las prudentes advertencias de los organismos del Consejo de Europa para reforzar nuestro sistema institucional. Deberíamos asegurar la máxima objetividad en los nombramientos de los altos tribunales, en la configuración del CGPJ y en la actuación de las restantes entidades de vigilancia institucional.

Dinámicas del *lawfare* e independencia judicial

Entre las colisiones derivadas de la separación de poderes, en los últimos tiempos en España ha cobrado especial resonancia pública el concepto de *lawfare*, que da cuenta de la creciente judicialización de la vida política. En nuestro país, la noción de guerra judicial se ha introducido sobre todo a partir de acusaciones contra líderes independentistas, dirigentes de Podemos y, más recientemente, contra el entorno personal del presidente del Gobierno, Pedro Sánchez.

El término *lawfare* es de origen militar y su actual uso es bastante impreciso, porque no todos lo esgrimen con el mismo significado. La palabra es una contracción de *law* y *warfare*, por lo que significaría literalmente «guerra jurídica» o «guerra legal». Por extensión, el término también se concibe como «guerra judicial», aunque tal acepción debe entenderse como «guerra en los tribunales», más que como «guerra de los jueces».

Esta última acepción englobaría el uso de los tribunales para trasladar a ellos las trincheras de los combates partidistas. En ocasiones, los jueces pueden incurrir hipotéticamente en conductas dolosas para influir en el ámbito político.

Desde esta perspectiva, en palabras de Joaquín Urías, «las campañas específicas que instrumentalizan la justicia para la consecución de objetivos políticos» serían *lawfare*. En el sentido más amplio, se buscaría la presentación de acciones judiciales, con imputación de delitos a los oponentes, porque el marco de los tribunales aporta focos luminosos de atención que amplifican sensiblemente la repercusión de los ataques políticos. En estos casos, como indica José Antonio Martín Pallín, el *lawfare* viene acompañado de una presión mediática que traslada el campo de debate a toda la sociedad, con efectos negativos para la «salubridad democrática» del país. Habitualmente, en estas estrategias se fabrican pruebas, incluso a veces con colaboración policial, y se acompañan de una difusión muy ruidosa, a través de las constelaciones de medios afines y de las robóticas maquinarias disciplinadas de las redes sociales.

En muchas ocasiones, el enfoque de las querellas obliga jurídicamente a los tribunales a abrir un procedimiento, lo cual permite que se emprendan sucesivas diligencias judiciales y asegura bastante atención mediática y una profusión de titulares. En esta forma de *lawfare* no se requiere una actuación incorrecta del juez, ni tampoco una sentencia condenatoria del rival. A veces, la acción presentada ante el tribunal puede parecer poco fundada, pero obliga a iniciar una causa penal. Para los promotores del *lawfare*, resulta suficiente con el enorme desgaste que puede sufrir el adversario político por la mera apertura del proceso judicial. En tales casos, en ocasiones, hemos asistido a situaciones que recuerdan a ciertos relatos de Kafka, aunque jurídicamente sean inobjetables. Ante determinadas acciones judiciales, como recuerda José Antonio Martín Pallín, con carácter previo a la incoación del procedimiento, resulta imprescindible un análisis de admisibilidad muy estricto por parte del magistrado instructor, para no dejarse instrumentalizar por las finalidades partidistas, pues «la ley impone a los jueces la obligación de rechazar de plano todas aquellas denuncias o querellas que carecen manifiestamente de contenido delictivo».

En ocasiones, los jueces pueden prestarse a participar activamente en esta guerra en los tribunales. Un episodio muy conocido de *lawfare* en España fue el del exmagistrado Salvador Alba, condenado en 2019 a seis años y medio de prisión por prevaricación, cohecho y falsedad tras demostrarse, según la sentencia, que intentó dañar gravemente la actividad política de Victoria Rosell, entonces diputada de Podemos. Como apunta Joaquín Urías, fue un caso claro de un juez «decidido a alterar los mecanismos de la democracia representativa».

Arantxa Tirado explica que el concepto de *lawfare* se difundió especialmente en algunos países de América Latina, en contextos en los que los poderes hegemónicos intentaron impedir políticas reformistas con la complicidad del activismo judicial, que contaba con apoyos mediáticos, económicos y diplomáticos. El caso más significativo fue el de Lula da Silva, en Brasil. Tirado destaca que el juez Sérgio Moro, que activó la persecución judicial a Lula da Silva que le llevó a prisión, poco después fue nombrado ministro de Justicia de Bolsonaro. Posteriormente, el Tribunal Supremo de Brasil anuló las actuaciones contra Lula y declaró que su condena había sido abiertamente irregular. Tirado subraya que el *lawfare* es profundamente antidemocrático, pues supone ignorar el mandato soberano y el imprescindible respeto a la soberanía popular: se socava la credibilidad de la democracia, al llevarse a cabo prácticas de aplicación desigual y asimétrica del derecho con clara intención política.

En el caso de España, como argumenta el magistrado Miguel Pasquau, sería poco razonable negar en abstracto que se pueda producir *lawfare*, incluso con casos de complicidad judicial: nuestro sistema es garantista y parte de la premisa de que «puede haber desviaciones, malas prácticas, abusos y perversión política de las instituciones». De hecho, como se ha mencionado, ha habido condenas en este sentido. También es importante constatar que a veces se lanzan acusaciones de *lawfare* o de parcialidad judicial ante actuaciones jurídicamente correctas, como una forma tendenciosa de proteger la imagen pública del político afectado.

En cualquier caso, en las estrategias reales de *lawfare*, el propio ordenamiento, a través del sistema de recursos y acciones judiciales, puede dar respuestas razonables a artimañas jurídico-políticas. Incluso si existe desconfianza en los tribunales españoles, se puede acudir a la justicia europea, que examinará cualquier sospecha con mayor distancia. Más problemática resulta la cuestión sobre si, aun sin llegar a la prevaricación, hay sesgos ideológicos que puedan determinar algunas resoluciones.

No debería sorprender que esos sesgos puedan tener incidencia en la actuación judicial. No hay que olvidar que en España sufrimos una situación de intensa polarización afectiva. Los magistrados y las magistradas no viven incomunicados en una campana de cristal. Al aplicar el ordenamiento jurídico pueden verse condicionados por sus visiones personales, aunque motiven sus resoluciones de forma suficiente. En palabras de Miguel Pasquau, «las corrientes, los estados de opinión y los entornos en los que se mueven los jueces en un contexto tan polarizado como el que sufrimos» pueden resultar perjudiciales para una aplicación adecuada de las normas, al ser imperceptibles desde dentro.

Lo más complejo quizá sea objetivar la diferencia entre dos situaciones que pueden ser cercanas, pero no iguales. La primera sería la actuación condicionada por un sesgo personal con el que se acuerda una decisión judicial incorrecta; esta situación se encontraría dentro de los márgenes de lo legítimamente interpretable en el ámbito jurídico, por lo que bastará con que el órgano judicial superior pueda revocarla. La segunda sería la actuación prevaricadora, que es frontalmente contraria al ordenamiento jurídico y no cuenta con ninguna justificación que pueda ampararla, lo cual implica un análisis interpretativo, como indica Urías.

En este punto debemos volver a la cuestión de los límites, los frenos y los contrapesos. Los jueces no solo ejercen poder, sino que además, en ocasiones, lo aplican con dimensiones extraordinarias, tanto cuantitativas como cualitativas, que pueden ser muy invasivas en el ámbito de los derechos de las personas. En ausencia de mecanismos de control, la práctica judicial también puede resultar abusiva, como sucede con cualquier otro poder del Estado. Se necesitan espacios de vigilancia institucional para la actuación de los jueces que impidan toda forma de arbitrariedad. Llegamos finalmente a la controvertida pregunta de quién vigila al vigilante.

Todo ello nos conduce de nuevo a la casilla del epígrafe anterior. Quienes actúan legalmente como contrapeso sobre la actividad de los jueces son los altos tribunales, pues poseen la competencia para deslindar entre la interpretación judicial meramente discutible y la resolución prevaricadora (el *lawfare* puro y duro por parte de un juez). Son los únicos órganos judiciales que pueden juzgar y condenar por prevaricación a un magistrado. Por ello, resulta trascendente que esos altos tribunales cuenten con la máxima apariencia de imparcialidad y que sean designados con criterios muy objetivos, como nos reclama el Consejo de Europa. Unos órganos judiciales superiores que sean configurados de un modo muy partidista podrían ser más propensos a convalidar más fácilmente la parcialidad de los jueces que hipotéticamente se enrolen en las filas del *lawfare*. Al contrario, si los altos tribunales participan de una institucionalidad fuerte, porque han sido designados de una forma indiscutiblemente correcta, se percibirán como un dique de contención disuasorio contra cualquier estímulo de activismo prevaricador que pueda tentar a un magistrado.

A veces, estas cuestiones generan contradicciones poco lógicas en nuestra propia judicatura. Como indica Miguel Pasquau, es un contrasentido considerar (como hacen numerosos jueces) que la cúpula judicial está politizada por el hecho de que sea muy permeable a las injerencias partidistas inherentes a nuestro sistema de CGPJ, al mismo tiempo que se afirma que las decisiones de los altos tribunales jamás deben cuestionarse, ya que son impermeables a cualquier presión.

Todo lo que tiene que ver con el *lawfare* está relacionado con el debate sobre el poder y sus límites, frenos y contrapesos. Nuestra democracia será más sólida si intensifica los mecanismos que fortalezcan la apariencia de imparcialidad judicial. En este sentido, debemos estar especialmente atentos a las recomendaciones de los organismos europeos. Una institucionalidad más consistente, en el marco de unos contrapesos efectivos, siempre será una garantía que contribuya a dificultar cualquier embestida que ponga en riesgo nuestro sistema democrático.

7

Los partidos políticos en la crisis de la democracia

EL DESCRÉDITO DE LOS PARTIDOS Y SUS CONSECUENCIAS

Allá donde no hay políticos representativos en un sistema democrático plural, lo que veremos son dictadores. Hans Kelsen subrayó que la democracia es necesariamente un Estado de partidos: las personas aisladas no pueden tener influencia en la formación de la voluntad de la comunidad; por ello, entre el individuo y las instituciones estatales se interponen colectivos que comparten unas mismas convicciones. Se trata de entidades que agrupan las creencias ideológicas ciudadanas. Como dice literalmente nuestro texto constitucional, los partidos expresan el pluralismo político, concurren a la formación y manifestación de la voluntad popular y son instrumento fundamental para la participación política.

Sin embargo, en las últimas décadas se ha producido un creciente descrédito de las organizaciones políticas, con un deterioro paralelo de la credibilidad del sistema democrático. Ha ocurrido en todo el mundo occidental, y también en nuestro país. Los partidos tradicionales han entrado en crisis, han surgido nuevas fuerzas políticas en los ámbitos más diversos, la inestabilidad electoral ha pasado de ser excepción a convertirse en regla, la formación de los Gobiernos se ha complicado, los partidos ultraconservadores que cuestionan principios de la democracia liberal han incrementado sensiblemente su apoyo electoral, una crispación más que estridente se ha apoderado del debate público. Igual que la subida de la fiebre nos alerta de que algo no funciona bien en nuestro organismo, el auge de la involución autoritaria nos señala la insatisfacción ciudadana respecto al sistema de partidos. No estamos ante contingencias puntuales, sino, probablemente, frente a un cambio de ciclo histórico de cierto calado.

Muchas investigaciones confirman que en las democracias occidentales se ha producido una notable reducción en la confianza ciudadana hacia las fuerzas políticas. En España, los datos son especialmente preocupantes. Según el Eurobarómetro de 2023, el 90 por ciento de los españoles manifiesta que no confía en los partidos: dentro de la Unión Europea, ocupamos un puesto muy destacado en relación con el recelo, el distanciamiento y la desafección que sentimos hacia ellos.

A lo largo de la historia, los partidos no siempre han sido percibidos del mismo modo. En nuestro país, su evolución ha seguido algunas dinámicas presentes a nivel internacional. En el siglo XIX, las fuerzas políticas eran básicamente asociaciones de notables, debido en gran parte a las circunstancias propias de la democracia censitaria, ya que solo podían votar quienes alcanzaban determinados niveles de renta. En el siglo XX, la creciente consolidación del sufragio universal llevó a configurar partidos de masas, con mayor definición ideológica y una intensa capacidad de movilización en algunos casos. Como indica Peter Mair, los partidos de masas «consiguieron cimentar la lealtad de sus votantes construyendo fuertes redes organizativas sobre la base de sus experiencias sociales comunes».

A partir de los años sesenta, se empieza a hablar de partidos de electores, también llamados partidos *atrapalotodo*. Estas formaciones se corresponderían con el sistema seguido mayoritariamente en las últimas décadas. José Antonio Gómez Yáñez y Joan Navarro han subrayado algunos rasgos característicos de este modelo: desplazamiento de las ideologías hacia programas genéricos para atraer amplios apoyos electorales; descenso de la influencia de los afiliados en la determinación de la política que se sigue, así como en la financiación, pues la aportación de cuotas se ha ido sustituyendo progresivamente por las subvenciones públicas; priorización de la gestión institucional y amplia cobertura de cargos públicos, en detrimento de la articulación de su base social; constitución de una fuerte maquinaria electoral a través del uso estratégico de los medios de comunicación, el afán competitivo en la preparación de los comicios y la organización de las campañas.

En palabras de Peter Mair, lo esencial en este tipo de partido es la aspiración a llegar al Gobierno a través del éxito electoral. Las políticas y las estrategias se ajustan a ese supremo objetivo. Este influyente politólogo destacó que, en las últimas décadas del siglo XX, los partidos se retiraron de la sociedad civil hacia el ámbito del Gobierno y del Estado, lo cual acentuó el distanciamiento con los representados, pero también favoreció cierta cercanía entre los partidos rivales. Empezó a acuñarse la idea de «clase política», con intereses comunes, desde una perspectiva crítica ciudadana.

Por otro lado, como indica Mair, la supervivencia económica de los grandes partidos empezó a depender cada vez más de las subvenciones del Estado. Asimismo, sus representantes más destacados se confundieron con los cargos estatales, en una especie de fusión existencial de desdoblamiento de personalidad. El fraccionamiento identitario no se realizó en las mismas proporciones: los políticos habrían diluido más su función de representación social para pasar principalmente a ejercer funciones de gobierno. Se dedicarían más a imponer orden que a dar voz a la sociedad.

El proceso se completó con lo que Richard S. Katz y Peter Mair han denominado «cartelización de los partidos políticos». Según estos autores, las fuerzas políticas principales habrían conseguido la captura del Estado con actuaciones coordinadas en forma de cártel, a través de la profesionalización de sus miembros, de la ocupación de las instituciones y del reparto de las subvenciones públicas, con unos hábitos muy similares entre las distintas formaciones. A pesar de los conflictos entre los partidos, Katz y Mair consideran que la discrepancia central se habría reducido a la competencia por el poder en los organismos públicos. Esa pugna medular los habría alejado aún más de la sociedad.

A partir de la revolución digital, la erosión progresiva de las formaciones políticas ha coincidido con transformaciones sociales muy profundas nacidas de factores tecnológicos y culturales. Ignacio Sánchez-Cuenca subraya que ha empeorado la capacidad mediadora de las instancias que ordenaban la vida social, económica y política en el pasado. En el ámbito político, los principales agentes mediadores entre las instituciones y la sociedad son los partidos y los medios de comunicación, que atraviesan una seria crisis de credibilidad o de autoridad. Hay causas económicas que pueden explicar parcialmente el auge de las organizaciones de la derecha nacionalpopulista. Pero, como apunta Sánchez-Cuenca, los cambios tienen un origen mucho más profundo: estarían vinculados a los nuevos comportamientos derivados de las transformaciones tecnológicas y a los fallos representativos en la actuación de los principales partidos.

Esta crisis de la mediación representativa se agrava ante la circunstancia de que «un número creciente de asuntos, sobre todo económicos, quedan al margen de las instituciones representativas, en beneficio de agencias tecnocráticas independientes y no electas», como pone de manifiesto Ignacio Sánchez-Cuenca. De ese modo, la función mediadora de los partidos se debilita e incluso queda desacreditada. Ciertos organismos institucionales financieros de la Unión Europea y otras entidades supranacionales, sin legitimación democrática o que no tienen que rendir responsabilidades ante la sociedad, serían ejemplos evidentes de las dificultades de poner en marcha una política propia por parte de los Gobiernos o de resolver problemas que afectan muy directamente a la ciudadanía. Las dificultades de los partidos para cumplir las promesas de mejora social generan una comprensible insatisfacción colectiva.

Francis Fukuyama enfatiza que la libertad democrática personal implica «la capacidad de ejercer una parte del poder por medio de la participación activa en el autogobierno», lo cual se institucionaliza a través del sufragio, que proporciona a cada ciudadano una pequeña parte del poder político. Cuando el ejercicio de esta libertad parece quedar en una mera ficción, aparecen el desencanto, el distanciamiento e incluso la indignación. Se produce la percepción de que la democracia está subordinada a otros poderes. Se extiende la creencia de que el ejercicio de la libertad democrática es una pantomima gigantesca de tipo formal, basada en una serie de rituales, que no tiene efectos posteriores en la realidad social.

En palabras de Adam Przeworski, la democracia funciona correctamente cuando las instituciones representativas configuran los conflictos, los absorben y los regulan de acuerdo con reglas. Pero el sistema basado en elecciones democráticas fracasa «como mecanismo para procesar conflictos cuando sus resultados no tienen consecuencia alguna para las vidas de las personas». A menudo, las dinámicas financieras o empresariales conducen a que numerosas decisiones en el ámbito de la economía, la sanidad o la protección social queden en manos de expertos o de organismos tecnocráticos. Se utiliza el argumento de que así se protegen mejor los intereses a largo plazo, sin las presiones de los ciclos electorales políticos, cuyos intervalos temporales son más reducidos. En realidad, se trata de concepciones que benefician económicamente a los mismos que las propugnan. No son perspectivas desinteresadas.

Las deficiencias en el funcionamiento de los partidos políticos provocan que la democracia se empobrezca. Debilitan la participación ciudadana, el control popular, la rendición de cuentas por parte de los Gobiernos. Peter Mair ha constatado los retrocesos democráticos generales a través de una serie de indicadores que operan en la misma dirección: menor participación en procesos electorales, volatilidad en el apoyo a las distintas organizaciones, notable descenso en la afiliación a las fuerzas políticas o atención preferente de los líderes a los espacios institucionales y no a los partidos que dirigen. Mair subraya que la retirada es mutua: los políticos se han distanciado de la ciudadanía, al tiempo que la ciudadanía se ha alejado de los políticos. Esta brecha cada vez mayor entre gobernantes y gobernados ha sido una de las causas del éxito que ha tenido el desafío nacionalpopulista lanzado desde los sectores más a la derecha del espectro político.

Por otro lado, las grandes organizaciones políticas suelen incurrir en ciertas patologías de funcionamiento estructural poco democrático que se repiten constantemente. Las élites dirigentes de los partidos suelen tener cierta predisposición a seguir unas reglas que el sociólogo Robert Michels calificó como «ley de hierro de las oligarquías». Las fuerzas políticas siempre son gestionadas por minorías y en esas oligarquías dirigentes hay una tendencia a tratar de incrementar o mantener el poder a toda costa. Las dificultades logísticas en las labores de dirección llevan a la burocratización con personal especializado. El poder interno queda muy reforzado, pero la eficiencia de la gestión sin controles se obtiene eliminando o limitando la democracia interna. Además, el aumento de las atribuciones de los dirigentes es directamente proporcional a la magnitud de los partidos: una entidad pequeña puede funcionar de manera más horizontal, pero sus estructuras serán progresivamente más verticales a medida que avancemos hacia una gran organización.

En definitiva, siempre existe el riesgo de que los principales partidos se acaben convirtiendo esencialmente en máquinas electorales lideradas por minorías y no en entidades cuyo objetivo sea profundizar en las reflexiones internas o en las necesidades sociales. Más allá de algunas matizaciones críticas que suelen plantearse a las tesis de Robert Michels, estamos ante una perspectiva que no deberíamos perder de vista a la hora de analizar críticamente el funcionamiento de los partidos. El liderazgo, la gestión interna y las relaciones con la sociedad suelen repetir este tipo de esquemas.

En España, los pactos de la Transición engendraron unos partidos bastante jerarquizados, con cúpulas muy poderosas y escasos instrumentos de democracia interna. La capacidad que tienen las bases de controlar a los órganos directivos ha sido tradicionalmente muy limitada. La legislación sobre partidos apenas establece mecanismos democráticos de actuación, de participación y de rendición de cuentas. La apuesta en la legislación electoral por un sistema de candidaturas cerradas, bloqueadas y ordenadas numéricamente por los dirigentes todavía incrementó más su poder interno.

Durante los primeros años de la nueva democracia, Javier Pradera subrayó una llamativa paradoja: se estaba construyendo un sistema democrático a través de organizaciones no democráticas. La forma de elección ciudadana en las urnas de los parlamentarios, por sufragio universal y con pluralidad de candidaturas, contrastaba con los procedimientos internos de los partidos, donde solía designarse a los órganos directivos aceptando por aclamación una candidatura única que surgía tras las más diversas componendas entre sus líderes. Junto a esto, otro elemento negativo que se configuró progresivamente es el de la burocratización e institucionalización en el seno de los partidos. En palabras de Rafael Jiménez Asensio, las fuerzas políticas se han convertido en organizaciones de cargos públicos: su vida interna ha quedado reducida a la mínima expresión, con escasa participación de los militantes de base que no están implicados en actividades institucionales.

En los últimos tiempos, en el contexto de la crisis del sistema político, se han producido diversos intentos de profundización democrática en algunas formaciones políticas. Por ejemplo, se han introducido las elecciones primarias internas, así como diversos canales de participación democrática. Fernando Flores ha analizado las posibilidades de avanzar en este ámbito, ante las restricciones en las facultades decisorias y de control de los afiliados sobre los órganos dirigentes. Al mismo tiempo, ha subrayado la insuficiencia de las reformas legales en solitario, que se han de enfrentar a una cultura política que suele superponerse a las normas. Flores se refiere a las rutinas de la llamada «política invisible», que permite a los dirigentes actuar antidemocráticamente, desde el manejo privilegiado de la información o la distribución selectiva de incentivos.

La democracia interna en los partidos es «un instrumento para tomar el pulso constantemente al estado de ánimo de la sociedad y una alerta temprana para detectar errores», como apunta Lluís Orriols. Permite anticiparse al malestar social y adaptarse antes de que sea tarde. En cualquier caso, parece necesaria una nueva ley de partidos que regule preceptivamente un funcionamiento más democrático. Como propone David Giménez Gluck, en esa legislación resultaría adecuado establecer ciertos criterios mínimos obligatorios para que en las fuerzas políticas se celebraran elecciones primarias, tanto en lo que respecta a escoger a sus máximos dirigentes como en lo que hace referencia a las candidaturas electorales.

La obligatoriedad de las primarias no es una propuesta completamente pacífica. Suele objetarse que el líder vencedor en los comicios internos establece un vínculo directo con la militancia, por lo que el partido puede volverse más personalista y deslizarse hacia prácticas de exaltación plebiscitaria. Sea como sea, los posibles efectos adversos se pueden evitar implantando contrapesos, controles y mecanismos de rendición de cuentas. Como apunta Fernando Flores, los partidos políticos deberían ser «Estados democráticos de derecho a escala», en los que se ejerciera un control interno del poder por parte de la base y se garantizara una protección suficiente de los derechos de sus miembros.

Por otro lado, resulta interesante la propuesta de Luigi Ferrajoli de separar a los partidos del Estado y devolverlos a la sociedad, a través de incompatibilidades entre los cargos de las formaciones políticas y los representantes en las instituciones. Se trata de una propuesta que pretende establecer contrapesos para conjurar los riesgos de una excesiva concentración de poder en los dirigentes. Además, posibilitaría que los partidos conectaran más con la ciudadanía, al no estar sus líderes centrados en la gestión institucional. Implicaría acabar con esos desdoblamientos de personalidad, que no suelen ser positivos para la salud de la democracia. La limitación de mandatos, tanto en el interior de los partidos como en los organismos públicos, también podría actuar contra los monopolios de poder y la generación de compadreos clientelares.

Todas estas insuficiencias, que siguen sin ser corregidas adecuadamente, explican el hundimiento del sistema de partidos que funcionó durante décadas en España, como han detallado Javier Rodrigo y Maximiliano Fuentes. Las amplias fugas de voto de los dos principales partidos han alimentado a las fuerzas políticas emergentes. Lo mismo ha ocurrido en gran parte de las democracias occidentales. A nivel general, se constatan elementos muy presentes de volatilidad en el sufragio, con formaciones que incrementan súbitamente su presencia, pero también pueden perder influencia con rapidez.

Como argumenta Lluís Orriols, la estabilidad de los partidos es positiva para el sistema democrático; por el contrario, su falta de solidez suele asociarse al mal gobierno. Necesitamos partidos bien estructurados, pero también deben ser democráticos, honestos y representar adecuadamente a la sociedad. En caso contrario, se produce una pérdida de conexión entre los partidos y su electorado, como plantean Fernando Vallespín y Máriam M. Bascuñán. Las fuerzas políticas son imprescindibles en un sistema democrático plural. Como apunta Pablo Simón, cuando funcionan correctamente, los partidos orientan a sus votantes en los debates públicos, incentivan la participación democrática y representan en las instituciones las preferencias de los ciudadanos. El problema surge cuando fracasa la mediación representativa.

Si las fuerzas políticas convencionales no solucionan esta retahíla de problemas, la ciudadanía mirará hacia otros partidos que aparentemente hablan con rotundidad y que hasta ese momento no se han desgastado en el ejercicio de la actuación gubernamental. El ascenso de la extrema derecha se produjo en un contexto de desapego hacia los partidos, con visibles muestras de insatisfacción respecto del funcionamiento del sistema democrático. Como indican Roger Eatwell y Matthew Goodwin, el discurso del nacionalpopulismo conservador se ha nutrido de la idea de que las élites solo buscan aferrarse al poder y que se han ido aislando cada vez más de las inquietudes, las aspiraciones y las necesidades de la gente corriente.

El auge de los partidos de extrema derecha ha trastocado ciertas similitudes que se habían ido instalando entre las élites políticas. La escasa diferenciación entre los principales partidos durante las últimas décadas se ha convertido en un escenario abarrotado de polarización afectiva, convulsiones algo teatralizadas y repulsa generalizada del oponente. Actualmente, resulta fundamental distinguirse del adversario. La anterior estrategia moderada de ubicarse con sutileza en el centro político, a menudo con criterios demoscópicos, parece haber mutado hacia una acalorada pugna por la movilización agitada de partidarios potenciales. La competencia ha avivado el ruido, como sucede cuando los vendedores callejeros levantan la voz más y más para que sus gritos se oigan por encima de los de otros mercaderes ambulantes.

Por otro lado, tampoco se ha hecho un análisis profundo desde el punto de vista social acerca del funcionamiento del sistema de partido de la nueva derecha radical, bastante similar a los tradicionales, para analizar si es más efectivo o más democrático. La ciudadanía se ha limitado a detectar los hábitos de las fuerzas políticas que han estado largo tiempo en el poder y a desaprobar los comportamientos insatisfactorios. El respaldo de diversos sectores sociales al nacionalpopulismo conservador ha sido una forma de rehacer el vínculo representativo.

Las patologías de los partidos no van a solucionarse sustituyendo, sin más, a unas organizaciones por otras en las instituciones. Las fuerzas políticas necesitan profundas reformas que mejoren sus estructuras, democraticen su funcionamiento interno y recuperen la conexión con la sociedad. Como apunta Fernando Flores, los partidos tienen que moverse en la dirección correcta, porque, en caso contrario, corren el riesgo de verse arrastrados por todo el sistema político hacia ignotos territorios.

Los problemas de la corrupción política

Uno de los elementos tóxicos que genera mayor distanciamiento ciudadano es la corrupción. Las prácticas políticas fraudulentas disminuyen la lealtad hacia los partidos, aumentan la desconfianza en las instituciones, e incrementan la volatilidad electoral por el desencanto que se siente respecto a las fuerzas políticas a las que se apoyaba. El político corrupto es el villano por excelencia de la democracia.

Aunque la oposición a las prácticas corruptas no la monopolizan unos partidos en concreto, la extrema derecha la ha empleado especialmente para atribuir falta de moralidad a las élites políticas tradicionales y descalificarlas por sus «traiciones» al pueblo. En España, Vox ha empleado con frecuencia un discurso populista contra la corrupción. Además, resulta significativo que la lucha contra los corruptos fuera el lema central de la exitosa campaña en las elecciones europeas de 2024 de la plataforma del activista ultraconservador Alvise Pérez.

De hecho, son numerosas las investigaciones que relacionan el descontento por la corrupción con el cambio de papeleta electoral de los votantes. La desconfianza en las instituciones incrementa sensiblemente la volatilidad electoral. Mariano Torcal destaca que la percepción social de corrupción afecta muy negativamente a la credibilidad política. Según este autor, la corrupción endémica en sistemas débilmente institucionalizados abre la puerta a que surjan líderes populistas con discursos antiliberales de carácter polarizador.

En este sentido, nuestro país presenta niveles muy preocupantes de corrupción política, como explicamos en el libro *La patria en la cartera*, que retrataba el pasado y el presente de las prácticas corruptas en España. Se puede objetar que los discursos del nacionalpopulismo son oportunistas o que no aportan soluciones a tan graves patologías institucionales. Sin embargo, el problema de fondo es bastante real. Los procedimientos judiciales nos indican que en las últimas décadas, además de ministros, han sido condenados por corrupción, en casi todos los territorios del país, presidentes y consejeros autonómicos, presidentes de diputaciones, o alcaldes y concejales de numerosas poblaciones. Además, siguen abiertos numerosos procesos. Nuestra corrupción política presenta unos datos de exteriorización judicial enormes, sin apenas equivalentes en Europa. Esta circunstancia explica en buena medida la gran desconfianza ciudadana hacia los partidos a la que apuntan diversos estudios de la UE.

La corrupción se concentra especialmente en el ámbito político, como se constata en los hechos probados de las sentencias. Es una variable que resulta especialmente inquietante. Como enfatiza Perfecto Andrés Ibáñez, cuando la corrupción está en el corazón del sistema político, difícilmente podrá dejar de irradiar su presencia en todas las direcciones. Esa centralidad de las prácticas corruptas partidistas implica entender que no nos encontramos ante hechos aislados. Sostener que solo hay cuatro manzanas podridas es una interesada maniobra de ocultación. Son más de cuatro, más de cuarenta y más de cuatrocientas. Las resoluciones judiciales describen prácticas estructurales de bastantes de nuestros principales partidos, que están vinculadas con su financiación, con el enriquecimiento de algunos de sus dirigentes o con el ingente beneficio que se han llevado diversas tramas empresariales muy organizadas.

La corrupción en España viene de muy antiguo. Asumió enormes dimensiones institucionales durante el franquismo, porque incorporó, intensificó y normalizó gubernamentalmente las prácticas anteriores. El nuevo sistema democrático no fue capaz de cortar con el lastre corrupto del régimen, en gran parte porque hubo determinadas continuidades políticas, funcionariales y económicas. Además, como se ha indicado, los pactos de la Transición configuraron un sistema de partidos con cúpulas muy poderosas y escasos contrapesos internos. La opacidad de sus tesorerías era casi absoluta y, a menudo, sus cajas fuertes guardaban inconfesables secretos.

Las principales fuerzas políticas optaron por mantener las leyes que permitían las corruptelas en el franquismo, ya fuera en el ámbito urbanístico, en la contratación pública o en la designación de altos cargos en la Administración. Las reformas fueron tardías y deficientes, casi siempre forzadas por directivas europeas. Este control partidista de determinados resortes de las instituciones públicas provocó efectos funcionales muy relevantes en el sistema político.

Con la frialdad descriptiva del lenguaje jurídico, las sentencias nos indican literalmente que, con el dinero sucio de la corrupción, los principales partidos financiaron campañas electorales, construyeron sedes o pagaron los salarios de maquinarias burocráticas sobredimensionadas que apuntalaron mayorías internas. Además, tan indignos chanchullos permitieron que continuara habiendo sustanciosos beneficios empresariales, ya muy presentes en el régimen anterior. Las prácticas corruptas fueron y siguen siendo similares a las de la etapa del desarrollismo franquista, en ámbitos como la construcción en las zonas turísticas, las modificaciones del planeamiento urbanístico o las adjudicaciones de contratas públicas. En época de eufemismos, a los «sobornos» de toda la vida ahora se los llama «comisiones».

El daño económico a la sociedad es inmenso. Respecto al coste social de la corrupción, hay coincidencia con los cómputos realizados por el profesor Armando Fernández Steinko y por un grupo de investigación de la Universidad de las Palmas, que fijaron su impacto en unos 40.000 millones de euros anuales. Por otro lado, la Comisión Nacional de los Mercados y la Competencia emitió un informe en 2015 en el que calculó en 47.000 millones de euros anuales los sobrecostes a consecuencia de un deficiente sistema de contratación pública que no garantizaba la competencia.

A partir de los datos del Banco Mundial y de otros organismos internacionales sobre más de doscientos países, Francisco Alcalá y Fernando Jiménez Sánchez llevaron a cabo una investigación en la que constataron que los elevados niveles de corrupción de España no se corresponden con su desarrollo económico. Los autores destacan que nuestra principal diferencia con países como Alemania o el Reino Unido no está en los indicadores específicos sobre productividad potencial, sino en las variables relacionadas con el control de la corrupción y la baja calidad institucional. En estas últimas variables nos situamos bastante lejos de los Estados que van por delante. Alcalá y Jiménez Sánchez ajustaron esas variables españolas para colocarlas al nivel de los países más desarrollados institucionalmente. Así concluyeron que, si se aplicasen las reformas estructurales necesarias contra la corrupción para elevar nuestra calidad institucional, España incrementaría en un 20 por ciento su PIB per cápita en un periodo de quince años.

La ciudadanía intuye esos gravísimos perjuicios económicos y se indigna con razón. Todo ello provoca un comprensible desprestigio de nuestras instituciones. Hay una correlación muy clara: los países con niveles más bajos de corrupción siempre son los que cuentan con mayor calidad económica de vida, lo cual les permite disponer de servicios públicos bastante desarrollados, disfrutar de prestaciones sociales muy amplias y suprimir las bolsas de pobreza. Lo mismo podría ocurrir en España si activáramos todo nuestro potencial económico, sin permitir el inmoral latrocinio de la corrupción.

Una variante muy hispánica de la corrupción es la de las redes clientelares en los más diversos ámbitos públicos. El clientelismo favorece las prácticas corruptas, al tejer estructuras que permiten estimularlas, reforzarlas o encubrirlas. Es también una dinámica bastante antigua, que arraigó de forma organizada en el siglo XIX, especialmente con las prácticas caciquiles del turno dinástico de la Restauración. Los amigos recibían todo tipo de favores en los puestos de la Administración; los del bando contrario debían esperar a que volvieran a gobernar los suyos. Todo ello entorpeció que pudiera configurarse una Administración pública estable, imparcial y profesionalizada.

El sistema clientelar llegó al clímax más indecente durante el franquismo. Cualquier referencia al mérito y la capacidad para los empleos públicos quedaba supeditada a la lealtad debida al partido único de la dictadura, que era la puerta obligatoria de acceso a las plazas institucionales. Las personas cualificadas que no fueran adictas al régimen quedaban relegadas, en bastantes casos tras procesos de depuración, purga o exclusión por razones políticas.

Como hemos indicado, la evolución de los pactos de la Transición configuró un sistema de fuerzas políticas que ocuparon ingentes espacios de poder: las redes clientelares del partido único del franquismo se convirtieron a menudo en las redes clientelares de los partidos democráticos gobernantes, tanto en el ámbito estatal como en el autonómico y municipal. Una de las manifestaciones más espectaculares, multicolores y normalizadas del clientelismo político en España es la asignación de cargos de confianza, en unos niveles impúdicos que permiten a los partidos cubrir decenas de miles de puestos a dedo.

Todo ello ocurre en los más diversos organismos públicos. Se practica en la Administración central, autonómica, provincial o municipal, pero también en las empresas públicas, en las entidades mixtas o en las fundaciones institucionales. Estas tradiciones abiertamente consolidadas se concretan en tres niveles: la proliferación desmesurada de asesores en órganos de gobierno, instituciones parlamentarias, Administraciones autonómicas e instituciones locales; la designación partidista directa de cargos de dirección y gestión en miles de consorcios, empresas públicas o entes similares, sin una selección basada en criterios objetivos de profesionalidad; la creación de multitud de puestos reservados a funcionarios de confianza, con designación política, en los departamentos de las más diversas Administraciones.

Tan enorme expansión ha llevado a Rafael Jiménez Asensio a plantear que nos encontramos ante un Estado clientelar de partidos. Algunos autores llegan a afirmar que la soberanía se habría desplazado de la nación a las propias fuerzas políticas. Resulta ilustrativo el proceso paralelo en el que, en España, los partidos cada vez han ido perdiendo más afiliados y, al mismo tiempo, han ido ofreciendo la cobertura de más plazas para cargos de confianza. En palabras del propio Jiménez Asensio, dichas prácticas han difuminado la distinción entre el partido y la Administración pública.

Otras dinámicas especialmente nocivas para la calidad democrática son las que afectan al capitalismo clientelar, también llamado *capitalismo de amiguetes*, con relaciones estables de tratos de favor en las concesiones y contrataciones públicas a determinadas empresas, a menudo a cambio de contraprestaciones económicas posteriores a los políticos y partidos facilitadores. Un complemento de estas situaciones son las puertas giratorias, que acostumbran a consolidar este tipo de amistades peligrosas. Desde 1977, el 40 por ciento de los ministros de los distintos Gobiernos han acabado en un órgano directivo de las grandes empresas del país, con sueldos desorbitados, sin ninguna trayectoria empresarial o profesional previa que lo justificara. Entre ellos, destacan los expresidentes Felipe González y José María Aznar.

Resulta obvio preguntarse si lo que adquieren estas corporaciones es la capacidad de influencia de los políticos, ya que estos no cuentan con experiencia previa de gestión empresarial. Tales aptitudes de persuasión institucional deben conectarse con los intereses que mantienen estas grandes empresas en relación con determinadas decisiones de los organismos públicos, sobre todo en ámbitos como el del sector energético, la esfera bancaria, la obra pública o las grandes contrataciones de servicios públicos externalizados. En estos casos, se produce una interferencia preocupante: los intereses privados pueden aprovecharse de ciertos espacios de influencia para arrinconar el bien común. Todo ello desencadena una comprensible disconformidad ciudadana y eleva el descrédito del sistema democrático, por lo que sería aconsejable que estas situaciones se regulasen de una forma muy restrictiva.

A veces se afirma con frivolidad que la corrupción es una especie de rasgo genético de la ciudadanía de determinados países. Como si existiera una especie de gen corrupto español. O un ADN valenciano, catalán o madrileño que predispone para el saqueo de las arcas públicas. Pero no hay razones biológicas, culturales, lingüísticas, climáticas o gastronómicas que expliquen las prácticas corruptas. Se trata de un problema de configuración de las instituciones.

Como han demostrado Daron Acemoglu y James A. Robinson al analizar problemas de institucionalidad en todo el mundo, hay países con similitudes culturales que cuentan con niveles muy dispares de corrupción, en función de la calidad democrática que han sido capaces de desarrollar. El factor esencial para conseguir que apenas haya conductas públicas fraudulentas es contar con instituciones sólidas y con mecanismos eficientes de control del poder político. De hecho, algunos de los países con niveles más bajos de corrupción, como Dinamarca, Alemania o Suiza, en el pasado también sufrieron ese tipo de prácticas antes de iniciar procesos de profunda transformación democrática.

Para poder mejorar es básico el compromiso de los partidos políticos. Como indica Robert A. Dahl, una lección permanente de la historia humana es que, sin controles adecuados, los guardianes del Estado tenderán a convertirse en déspotas, valiéndose de la corrupción, el nepotismo y la promoción de intereses individuales y grupales. El camino de las democracias más avanzadas nos muestra las medidas que nos ayudarían a mejorar.

En este sentido, conviene escuchar a Manuel Villoria, quizá el experto que más sabe del tema en nuestro país. Resulta fundamental reducir los márgenes de discrecionalidad en materia de contratación pública para que no sea tan sencillo adjudicar el dinero público a las tramas corruptas. Deberíamos mejorar nuestros niveles de transparencia, fomentar los controles internos en los organismos públicos y proteger con más firmeza a los denunciantes de corrupción. Es esencial vertebrar infraestructuras éticas para reforzar positivamente conductas virtuosas en las instituciones. Los poderes públicos deberían asignar más medios a la justicia y articular un nuevo proceso penal, pues el actual tiene su base en el siglo XIX. También resulta imprescindible reforzar la separación de poderes, como hemos explicado en el capítulo anterior. Asimismo sería aconsejable finiquitar determinados privilegios injustificados, como los aforamientos, la inviolabilidad del jefe de Estado o la concesión desmedida de indultos a los condenados por corrupción, que multiplican por once las medidas de gracia que se emplean con el resto de los delitos, como ha demostrado Antonio Doval.

Además, los partidos políticos tendrían que someterse a medidas específicas de transparencia, controles internos y vigilancia sobre sus tesorerías, con auditorías externas obligatorias y periódicas, más exigentes que las que realiza el Tribunal de Cuentas. Para Fernando Flores, la democracia vive de un equilibrio muy singular y delicado entre la necesaria confianza en las virtudes del sistema y la también necesaria desconfianza en las fuerzas que ocupan o tratan de ocupar el poder. La recuperación de la credibilidad del sistema de partidos pasa por garantizar que actúan con una honestidad indiscutible, con una preocupación verdadera por entender los problemas de la ciudadanía y con una sensibilidad adecuada para resolver las necesidades de la sociedad. La limpieza de la vida pública es una de las rutas obligadas para fortalecer la democracia.

La identificación con la democracia desde la participación ciudadana

Todo sistema de organización colectiva será más completo en la medida en que sus integrantes puedan establecer más interacciones positivas. La desafección política también se extiende por las dificultades para participar en la vida democrática. Hay un creciente desapego cuando las aportaciones cívicas se limitan a votar cada cierto tiempo. Rousseau ya advirtió sobre tales carencias, al afirmar que el pueblo inglés se creía libre, pero solo lo era durante la elección de los miembros del Parlamento, porque después vivía en la servidumbre. En palabras del filósofo ginebrino: el que delega también abdica.

Como señala Peter Mair, los votantes han dejado de participar en el sistema democrático y se han convertido en meros espectadores. Se trata de una forma de democracia «en la que los ciudadanos permanecen en casa mientras los partidos se ocupan del gobierno». Todo ello complementado con la creciente preponderancia de los líderes, ante lo que Bernard Manin denominó «democracia de audiencia», porque se incrementa el contacto directo de los dirigentes con la ciudadanía a través de los medios de comunicación, lo cual se ha acentuado aún más en los últimos tiempos con la omnipresencia de las redes sociales. Todo ello puede llevar a concepciones de la política como espectáculo, con una ciudadanía bastante pasiva.

Es interesante repasar la evolución etimológica de la palabra *idiota*. En griego clásico no era inicialmente un insulto, sino un término que se empleaba para referirse a los ciudadanos que no participaban en los asuntos públicos y preferían dedicarse exclusivamente a sus ocupaciones privadas. Con el tiempo, a quienes no participaban en la democracia ateniense se les trató con cierto desprecio por su falta de responsabilidad en relación con la comunidad democrática. Fue entonces cuando la palabra *idiota* adquirió sus actuales connotaciones peyorativas. Participar en la democracia ateniense se consideraba un deber cívico. A quienes incumplían esa obligación moral se les empezó a catalogar como idiotas en el sentido actual de la expresión. Como recuerda Kelsen, la libertad de los antiguos estaba íntimamente ligada con que participaran en la formación de la voluntad del Estado.

Por su parte, la democracia contemporánea limitó considerablemente la participación cívica y la centró especialmente en la elección del Gobierno representativo. Schumpeter distinguió entre la responsabilidad directa del ciudadano (vinculada a los aspectos de su vida privada) y la responsabilidad indirecta (relacionada con los intereses públicos). Según esta distinción, el individuo siempre dedicará más tiempo, atención y reflexión a las cuestiones privadas de su vida, mientras que nunca someterá los aspectos públicos a un examen tan pormenorizado. Por ello, concluye que, más allá del voto, resultaría peligroso otorgar a los ciudadanos más facultades de decisión en la esfera pública, por no dedicar suficiente tiempo de análisis a los asuntos generales ni disponer de la información adecuada.

Sin embargo, como indica Alfredo Ramírez, la apuesta por una concepción democrática participativa puede incentivar una mayor atención ciudadana en determinadas materias, así como evitar la falta de identificación con las instituciones representativas que se produce si nos limitamos únicamente a garantizar el derecho de sufragio.

Sin duda, las fuerzas políticas son esenciales en un sistema democrático, pero no resulta imprescindible que protagonicen o vehiculicen todas las resoluciones públicas. La intervención ciudadana en los asuntos comunes alienta una opinión colectiva más informada, una vigilancia cívica de mayor entidad sobre los gobernantes, una exigencia más elevada de rendición de cuentas. Al contrario, una asignación exclusiva de los asuntos políticos a los partidos aleja a los ciudadanos de las decisiones democráticas.

En nuestro país, el derecho fundamental a participar en asuntos públicos de forma directa, a pesar de su reconocimiento constitucional, se encuentra reducido a la mínima expresión, por la propia Constitución y por el resto del ordenamiento jurídico. Como argumenta Andrés Boix, nuestra regulación constitucional muestra una desconfianza muy acusada hacia la participación popular y hacia la voluntad expresada directamente por la ciudadanía, lo cual ha llevado a que nuestra democracia sea muy poco participativa. Los mecanismos de intervención ciudadana directa son escasos. Nuestro sistema democrático parte de una concepción estrecha, tímida y miedosa de la participación, según Cristina Monge y Raúl Oliván.

Como ha explicado Miguel Ángel Presno Linera, en comparación con otros países europeos, en España no resulta nada fácil que se celebren consultas populares. La regulación constitucional es marcadamente restrictiva. Los referéndums solo pueden convocarse a instancia del presidente del Gobierno, con autorización del Congreso de los Diputados, y no se admite la celebración de consultas populares a propuesta ciudadana. Presno Linera destaca que ha sido una constante en la historia de España que se advierta sobre hipotéticos riesgos (realmente, son falacias) cada vez que se plantea un incremento de la participación democrática. Como destaca este autor, es algo que ya ocurrió para dilatar la implantación del sufragio universal masculino, para incluir más tarde el femenino y, posteriormente, para la reducción de la edad para votar.

En los países con menor democracia participativa, es frecuente que la extrema derecha ponga de manifiesto estos déficits; con dichas críticas pueden conectar con sectores sociales que se sienten fuera del sistema político, ante las exiguas posibilidades de intervención ciudadana. Son unos discursos que han de relacionarse con la propia visión de estos partidos de que ellos son la verdadera encarnación del pueblo. Reclaman que la ciudadanía pueda votar más para pronunciarse sobre sus temas más recurrentes. Como indican Roger Eatwell y Matthew Goodwin, el nacionalpopulismo conservador plantea interrogantes democráticos en los que reclama más poder directo para la ciudadanía y menos para las élites.

No se trata, en cualquier caso, de debates que hayan aparecido de repente. Desde la democracia clásica hasta la época actual, las discusiones sobre el grado idóneo de participación directa de la ciudadanía en el sistema político han sido frecuentes. Los teóricos del gobierno representativo concluyeron que una asamblea permanente, como la ateniense, cuya función fuera decidir sobre todos los asuntos públicos en naciones de cierta extensión territorial, era impracticable. Actualmente, las nuevas tecnologías de la comunicación solventarían el problema de la imposibilidad de congregar a millones de personas en un mismo lugar para adoptar decisiones de forma continuada. Sin embargo, la complejidad de nuestras sociedades y el hecho de que se precise un alto grado de dedicación para conocer y resolver lo que debe aprobarse harían inviable una participación tan directa como la de la democracia antigua. Muy atrás quedó la época en la que los hombres disponían de mucho tiempo para intervenir en las asambleas, pues las mujeres se quedaban en casa y tenían esclavos.

Por otro lado, el formato del referéndum hace que la resolución de las controversias se plantee necesariamente como un dilema, ya sea a favor o en contra. Como explica Norberto Bobbio, este rasgo de la consulta popular dificulta los acuerdos de consenso o la integración de las posiciones de las minorías. Es más, refuerza las apuestas plebiscitarias en términos absolutos, por lo que se limitan los principios del pluralismo político. Kelsen apunta a que la transacción representa un valor relevante en un sistema democrático, porque permite disminuir lo que separa en beneficio de lo que une. Es más difícil construir una sociedad cohesionada si todo se resuelve a través de disyuntivas cerradas y excluyentes.

Ahora bien, lo expuesto no implica que no resulte aconsejable una mayor democracia participativa en determinadas materias, a través de referéndums que nazcan de la petición de cierto porcentaje de la ciudadanía. Las consultas populares refuerzan la identificación de la gente con la democracia, como ha quedado demostrado en los países que las practican. Además, pueden representar un complemento valioso de las herramientas de la democracia representativa. Decir que algo es inadmisible porque puede favorecer a la extrema derecha no es un argumento válido. Nos recuerda a la razón esgrimida en España durante la Segunda República de que no era conveniente otorgar el voto a las mujeres, pues tal medida podía beneficiar a los partidos conservadores. Al contrario, más bien se trata de optimizar el sistema democrático y poner de relieve un déficit participativo denunciado por amplios sectores sociales que perciben que su intervención en la comunidad política resulta insignificante.

En contra de la celebración de referéndums suele argüirse que pueden prestarse a manipulaciones emocionales, que los ciudadanos no cuentan con la misma información que los representantes electos para adoptar ciertas decisiones o que son procedimientos que pueden resultar económicamente costosos. Además, como apunta Alfredo Ramírez, hay cuestiones que no siempre pueden plantearse como un dilema, a lo que debe añadirse que la materia objeto de consulta popular tiene que parecer lo suficientemente relevante para promover un porcentaje adecuado de participación que legitime el resultado. En cualquier caso, sin negar algunas de las razones que pueden dificultar los referendos, en la escasa disposición de los dirigentes políticos hacia ellos también se detecta un indisimulado paternalismo, que trata a los ciudadanos como si no supieran lo que les conviene o, peor aún, como si fueran adolescentes inmaduros.

Daniel Innerarity plantea que el sufragio universal no nos protege de los errores colectivos: la democracia nos ha salvado de los errores de los autócratas, pero no puede protegernos de las equivocaciones de la opinión pública al expresar la voluntad popular. En cambio, disponemos de filtros para evitar los errores y sus efectos, como los debates públicos, la celebración periódica de elecciones, las exigencias de responsabilidades. La mayoría no siempre acierta, pero es la legitimada para decidir. En determinadas materias, con todas las garantías necesarias, sería positivo incrementar la posibilidad de participar en consultas populares, lo cual haría que nos identificásemos más con el sistema democrático.

Roger Eatwell y Matthew Goodwin destacan que en los estudios realizados en los países democráticos, también en España, la gran mayoría de los ciudadanos manifiesta que desearía que hubiera una participación más directa en la democracia. En todo caso, con los mecanismos participativos no se pretende sustituir a la democracia representativa, sino complementarla para mejorar la calidad democrática del país.

Idénticas visiones restrictivas pueden observarse en la configuración constitucional de la iniciativa legislativa popular en España. En abstracto, debería valorarse de forma positiva que los ciudadanos y las ciudadanas puedan presentar propuestas para la aprobación de leyes a los representantes democráticos, que siempre serán quienes las aprueben o las rechacen. Si el consejo es bueno, no importa demasiado quién nos lo dé. Sin embargo, la Constitución no permite la iniciativa ciudadana en materia de leyes orgánicas, que son las que regulan los derechos fundamentales, ni tampoco en lo referente a las normas tributarias, a las de carácter internacional o a los indultos.

Además, para que se puedan tramitar las peticiones sobre los contenidos permitidos, se establece una exigencia desproporcionada: la presentación mínima de quinientas mil firmas, lo cual constituye una barrera extremadamente elevada, casi un reto para poner a prueba aptitudes sobrehumanas de movilización. En la práctica, tal limitación representa un efecto bastante disuasorio, que deja las propuestas parlamentarias sobre las leyes casi únicamente en manos de los partidos. De hecho, muy pocas iniciativas ciudadanas han conseguido tramitarse en el Parlamento. Así pues, las reformas que incentivaran la participación en este ámbito también serían muy provechosas para el sistema democrático.

En España, la participación ciudadana ha logrado sus mayores avances en el ámbito local. El impulso del 15-M fue especialmente relevante para incorporar nuevos instrumentos participativos, como ha señalado Cristina Monge. Las experiencias han sido muy variadas, pero algunas han tenido como denominador común una creciente aproximación ciudadana a las diversas instancias de la Administración municipal. Monge cree que la evolución de los distintos proyectos participativos ha mostrado ciertas potencialidades, pero también algunos límites, a la hora de mejorar la calidad democrática de las instituciones.

El análisis de Juan Mérida acerca de la implicación ciudadana en los llamados «Ayuntamientos del cambio» a partir de 2015 describe las mejoras en ámbitos como la reglamentación municipal de la participación, la intervención ciudadana en presupuestos participativos y la implantación de controles cívicos sobre la gestión. Asimismo, resulta positiva la reorientación de algunas estructuras para favorecer la transparencia y la información pública, con intensificación de las relaciones entre la Administración y la sociedad civil.

Al mismo tiempo, destaca bastantes dificultades derivadas de las inercias anteriores, que muestran resistencias institucionales a ciertos cambios que permitan una mayor participación.

Como indica Alfredo Ramírez, los instrumentos de participación democrática son aún novedosos y deben desarrollarse para que sus posibilidades puedan analizarse con más detalle. No se trata de una democracia alternativa, sino de una progresión en los principios democráticos, e implica que la participación en el sistema político no se limita a votar cada cuatro años. Ramírez señala que la finalidad de la democracia participativa es profundizar en el derecho de los ciudadanos a la participación política: su esencia es reformar la democracia representativa para mejorarla, complementarla, enriquecerla y acercarla más a la ciudadanía.

Asimismo, para reforzar la identificación democrática es muy importante que haya una rendición de cuentas efectiva. Durante las campañas electorales, la ciudadanía suele sentirse bombardeada con promesas que pueden influir en el sentido de su voto; sin embargo, después los partidos no aportan explicaciones sobre su gestión en las instituciones o acerca del grado de cumplimiento de esos compromisos. Es una de las causas más frecuentes de desilusión política. Hans Kelsen, uno de los grandes teóricos del parlamentarismo, ya advirtió en su momento que limitar la democracia únicamente al derecho al voto podía devaluar el sistema político. Por ello, cuestionó la irresponsabilidad del diputado frente a sus votantes, valoró la necesidad de la rendición de cuentas y consideró que «un cambio de pareceres continuo y garantizado por la ley entre los diputados y el electorado podría reconciliar a las masas con el principio parlamentario».

Sería oportuno establecer mecanismos legales para que la rendición de cuentas por parte de las fuerzas políticas que acceden a las instituciones fuera obligatoria y periódica. Sin duda, el deber de explicar la gestión supondría un instrumento capaz de aportar mayor sintonía con la democracia, pues los ciudadanos gozarían de una mejor perspectiva sobre el recorrido de su voto. Es cierto que en ocasiones pueden surgir imprevistos que impidan el cumplimiento de las promesas, pero también lo es que tales circunstancias no pueden servir de excusa para dejar de aportar explicaciones sobre el motivo del incumplimiento, como apunta Daniel Innerarity.

Por su parte, Cristina Monge y Raúl Oliván han contrapuesto el concepto de democracia participativa al de democracia representativa: la primera sería una democracia fuerte; la segunda, débil. Según estos autores, el concepto de democracia participativa se aplicaría a las teorías que propugnan que los ciudadanos han de implicarse más en la toma de decisiones públicas de lo que sucede habitualmente en las representativas.

El desarrollo de la democracia, en definitiva, debe implicar la adopción de un sistema inteligente con reglas adecuadas, como las elecciones periódicas, la rendición de cuentas, la división de poderes, las garantías constitucionales o los instrumentos de responsabilidad, como vuelve a apuntar Daniel Innerarity. Más allá de intentar seleccionar correctamente a las personas que gestionan las instituciones, lo esencial será reforzar la inteligencia del sistema político. A diferencia de la simplicidad institucional de los regímenes dictatoriales, la democracia ha ido configurando un sistema específico de representación, procedimientos para la toma de decisiones y provisión de bienes públicos. Un sistema democrático siempre será más complejo que una dictadura. Por ello, si queremos seguir mejorando la inteligencia del sistema, habremos de incrementar los mecanismos estructurales de participación democrática.

Siempre hay espacio suficiente para más democracia, como aseguró en su momento Robert A. Dahl. Hay que buscar los caminos adecuados que nos lleven a democracias más avanzadas. A través de su noción de poliarquía, el profesor estadounidense profundizó en la idea de multiplicar los agentes que participan en el proceso democrático. Desde la idea base de la democracia representativa, la mayor distribución de participación democrática siempre resulta positiva para evitar que el poder se concentre en pocas manos.

Como hemos mencionado, a menudo la acumulación de poder ha conllevado un riesgo para la democracia. Una de las formas de conjurarlo es empoderar más a los ciudadanos. En palabras de Andrés Boix, resultaría perfectamente posible una mayor participación efectiva en el sistema democrático de la ciudadanía, para configurarla como un verdadero contrapoder, que controlara, limitara, vigilara y completara la acción de unos representantes que a veces acaban obedeciendo a unos intereses que no siempre coinciden con los de los representados.

Las condiciones para el mantenimiento de los sistemas de partidos como una forma de gobierno eficaz corren grave peligro, según nos advierte Peter Mair. A menudo, el malestar ciudadano lleva a posiciones rupturistas. Hay que abordar reformas en materia de democratización interna, rendición de cuentas desde los Gobiernos, ejemplaridad en su actuación, conexión con la sociedad y participación ciudadana. Es poco transformador limitarse a descalificar a quienes se acusa de ser enemigos de la democracia. Lo más efectivo es actuar sobre las disfunciones reales del sistema democrático.

8

El desmantelamiento del Estado social

El malestar ante las insuficiencias del sistema democrático

La relación de los ciudadanos con la democracia nunca ha sido de amor sin condiciones. Al sistema democrático siempre se le ha exigido un comportamiento adecuado, de carácter esencialmente funcional. Desde que surgió la noción de democracia en Atenas, el sistema ha buscado profundizar en elementos igualitarios de tipo social y evitar los abusos que se derivan de que el poder se concentre en pocas manos, con el objetivo de favorecer las condiciones de vida de los ciudadanos. Como indica Fernando Vallespín, la igualdad moral entre las personas tiene que relacionarse con una justa distribución de los recursos sociales; el Estado liberal dejó de ser neutral respecto al reparto de bienes gestionado por el mercado y se convirtió en Estado de bienestar. Cuando se generan desigualdades importantes, el sistema político ha de rectificarlas para que la ciudadanía cuente con elementos positivos que le permitan identificarse con él.

En ocasiones, la democracia se ha desmoronado cuando quienes querían acabar con la igualdad e instituir un poder autocrático con ayuda de las élites económicas se han impuesto por la fuerza. Sin embargo, los procesos abruptos de este tipo no siempre han aplastado a la mayoría a través del miedo. A veces, amplios sectores ciudadanos han respaldado la involución dictatorial, al percibir que el sistema democrático no solucionaba sus necesidades. La ofensiva del fascismo de entreguerras contra la democracia conquistó adhesiones masivas de gente decepcionada con unas instituciones que no resolvían sus penurias. Resulta significativo que el gran ideólogo del parlamentarismo y teórico de la República de Weimar, Hans Kelsen, escribiera esta reflexión unos años antes de que el nazismo asaltara el poder: «La existencia de la democracia moderna depende de que el Parlamento sea un instrumento útil para resolver las cuestiones sociales de nuestro tiempo».

Los riesgos que actualmente afectan al sistema democrático están relacionados con diversos factores (algunos de ellos analizados en este libro). En ese sentido, podemos destacar el deterioro de la representación política y las transformaciones tecnológicas, económicas y culturales. Sin embargo, hemos de añadir que el progresivo desmantelamiento del Estado social ha perjudicado las condiciones de vida de millones de personas, ante la incapacidad de las instituciones de aportar respuestas adecuadas a la inseguridad generada por las crisis económicas de las últimas décadas.

Entre la ciudadanía se ha extendido la comprensible creencia de que los partidos ya no son capaces de gestionar eficazmente la economía y redistribuir recursos o responder a necesidades colectivas. Se tiene la impresión de que las principales decisiones no surgen de las instituciones políticas y la desafección democrática aumenta cuando la situación económica es negativa. Todo ello ha incrementado la percepción de que la democracia como idea se encuentra a demasiada distancia de la democracia como resultado.

En Europa occidental, los mayores índices de satisfacción con el sistema democrático se alcanzaron tras la Segunda Guerra Mundial. En palabras de Joaquín Estefanía, «la legitimidad de la democracia de posguerra se basaba en la premisa de que los Estados tenían capacidad de intervenir en los mercados y corregir sus defectos, en beneficio de la mayoría». En un mundo ideológicamente bipolar, los sistemas democráticos desarrollaron Estados sociales que contaban con mecanismos de intervención estatal capaces de corregir desigualdades, y con el apoyo de unas élites económicas que así se protegían de la posible expansión del comunismo soviético o de la asimilación de sus valores. Como apunta Yascha Mounk, la lealtad hacia la democracia se basó principalmente en que aseguraba a la mayoría de la sociedad unos ingresos económicos adecuados, cierta calidad de vida y estabilidad social. Era un sistema político aceptado, porque aseguraba buenos resultados. Hubo un pacto entre capital y trabajo. En cambio, en palabras de Mounk, en la medida en que los sistemas democráticos han ido perdiendo la capacidad de procurar esos bienes a sus ciudadanos, se ha producido una profunda «crisis de rendimiento», con el efecto de una amplia deriva autoritaria que ahora pretende desarbolar elementos clave del sistema.

A partir de 1989, se agravó la desregulación de los mercados. Se acentuaron los conatos previos de aplicación del neoliberalismo económico, capitaneados por Margaret Thatcher y Ronald Reagan. Las élites económicas consideraron que ya no era tan necesario aportar al reparto social. Con la desaparición del comunismo, había desaparecido el enemigo irreconciliable ideológicamente. De este modo, comenzó una progresiva decadencia de las condiciones de vida de amplios sectores de la población; se redujo la contribución fiscal de las grandes empresas y se aplicaron sensibles tijeretazos a los presupuestos y a las prestaciones colectivas. El descenso de la cohesión social se agravó sensiblemente tras la crisis financiera de 2007, cuyos efectos en la economía internacional resultaron aciagos.

Como indica Jürgen Habermas, las condiciones en las que la democracia pudo asegurar una distribución social adecuada empezaron a quebrarse a partir de la desregulación mundial y la globalización de los mercados financieros, que se hicieron con el control de las políticas económicas de los Estados. Desde el cambio político neoliberal, las democracias occidentales entraron en una fase de desestabilización interna, reforzada por los retos actuales de la crisis climática, con incrementos elevados de la desigualdad y un temor creciente al declive social.

La Gran Recesión empeoró las condiciones de vida de casi toda la población, pero no las de los sectores más opulentos. La desigualdad se disparó exponencialmente. Por otro lado, además de las formas de comunicación social y del debate público, la revolución digital transformó bastantes aspectos en el plano de las relaciones económicas. Todos los indicadores objetivos acreditan que el proceso ha resultado muy pernicioso para la equidad social.

Los análisis de datos de Thomas Piketty resultan elocuentes. Los elevados niveles de desigualdad y de dispar distribución de la renta empezaron a reducirse tras la Segunda Guerra Mundial. Sin embargo, a partir de 1980, el crecimiento de la desigualdad ha sido inmenso, tanto globalmente como en cada uno de los países. Según los datos de 2021, el 10 por ciento de la población mundial con mayores ingresos concentraba el 52 por ciento de la renta global. En cambio, la mitad que cuenta con una renta menor apenas recibía el 8 por ciento. Sin medidas correctoras, los porcentajes de desigualdad pueden regresar a los niveles de las sociedades industriales de hace un siglo.

En las últimas décadas se ha producido un incremento de la productividad gracias a las innovaciones tecnológicas. Pero los beneficios no se han repartido. Las ganancias han ido a parar a unas pocas manos, al tiempo que las condiciones vitales de gran parte de la sociedad se han precarizado. Por otro lado, la toma de decisiones sobre ciertas políticas públicas se ha vuelto más compleja. A la población le es más difícil comprenderlas y ejercer cierto control sobre ellas. No obstante, la ciudadanía percibe cómo se ejercen presiones contrarias al interés general o cómo la gestión pública resulta ineficaz. Además, se ha materializado un cambio muy visible en el mapa político, con un ascenso de la extrema derecha especialmente rápido.

Ignacio Sánchez-Cuenca habla del importante retroceso de la izquierda en los países de Europa occidental en las dos primeras décadas del siglo XXI: de media, han perdido seis puntos porcentuales de forma sostenida. Este autor relaciona la referida pérdida de influencia con las limitaciones para aplicar políticas sociales, en gran parte por las restricciones establecidas por la UE, y con «la adulteración de la representación política que supone que partidos progresistas hagan políticas neoliberales». Delegar en la democracia representativa resulta eficaz cuando la intermediación funciona de forma adecuada; en caso contrario, se rompen los vínculos entre representados y representantes. Y entonces surge el desamor.

Lo que ha sucedido en el norte de Europa es sintomático. Estamos hablando de los países más avanzados del mundo tanto en lo referente a la envergadura de sus Estados sociales, financiados por los sectores empresariales, como en relación con la capacidad de acogida de migrantes y refugiados, pues se aplicaban elaboradas y exitosas medidas de integración. Los recortes en el Estado del bienestar comportaron limitaciones en las prestaciones para sus nacionales, pero también en el presupuesto que se dedicaba a la integración y a sus políticas de extranjería. Todo ello avivó los sentimientos racistas, acompañados por un considerable avance de la extrema derecha y por actuaciones institucionales cada vez más restrictivas contra la inmigración. En países como Dinamarca, la xenofobia nacionalpopulista no ha calado únicamente en la derecha convencional, sino también en la gestión del Gobierno de los socialdemócratas.

En Europa occidental, la referencia principal de estos movimientos políticos ha sido la extrema derecha francesa. El partido de Marine Le Pen ha completado su propia evolución, a partir del aprovechamiento de las debilidades institucionales crecientes, para lograr un discurso transversal que ha convertido al Reagrupamiento Nacional en la fuerza más votada del país en los últimos comicios europeos de junio de 2024. En las elecciones legislativas celebradas pocas semanas después, acariciaron la posibilidad de formar Gobierno, aunque al final no lo lograron. Como explica Guillermo Fernández-Vázquez, tal expansión electoral se ha alcanzado desde posiciones autoritarias en materia de orden público y desde el rechazo constante de la inmigración, que se han complementado con reivindicaciones típicas del chovinismo del bienestar. Así ha logrado incorporar a antiguos votantes de izquierdas, descontentos con los incumplimientos de la socialdemocracia. La defensa del modelo social francés por parte del nacionalpopulismo le ha permitido exhibir las limitaciones democráticas derivadas de la tutela de las élites globalizadas y de los organismos económicos europeos. En palabras de Guillermo Fernández-Vázquez, con esta estrategia, el lepenismo ha conseguido dejar de estar éticamente estigmatizado y ha abandonado la etiqueta de partido-protesta para convertirse en una fuerza de vocación mayoritaria.

Todo ello nos demuestra la ductilidad de las estrategias de la ultraderecha. Daniel Innerarity subraya que «por muy preocupantes que sean los desafíos que plantea la extrema derecha, no estamos ante una segunda oleada de prefascismo». En su opinión, más que complots contra la democracia, lo que hay es debilidad del sistema, falta de confianza y negativismo de los electores, oportunismo de los agentes políticos o desplazamiento de los centros de decisión hacia lugares que no se pueden controlar democráticamente. Y añade: «Los personajes que amenazan nuestra vida democrática son menos unos golpistas que unos oportunistas». Son capaces de atraer el máximo de atención aprovechándose de las carencias del sistema democrático.

Como indica Pablo Simón, las transformaciones económicas han desembocado en sociedades más complejas, en las que las antiguas concepciones de clase social ya no son tan compactas. La clase obrera sigue existiendo, pero está mucho menos cohesionada. Tal situación ha llevado a la izquierda a dejar atrás las tradicionales formas de hacer frente a los conflictos sociales, para abordarlos más desde visiones fragmentadas y vinculadas a identidades de grupo, en ámbitos como la desigualdad por razón de género, la discriminación por orientación sexual o la exclusión por motivos raciales, entre otros.

La democracia representativa se desarrolló en el contexto de sociedades industriales marcadas por antagonismos que resultaban inherentes, entre la burguesía y la clase obrera. Los sistemas democráticos se organizaron sobre una delimitación territorial tan precisa como la del Estado nación. Ahora, tales circunstancias se han desdibujado, pero no han desaparecido completamente. Las adhesiones nacionales siguen estando muy presentes, aunque condicionadas por la globalización. Además, sería una perspectiva errónea o interesada asegurar que los conflictos de clase han pasado a la historia. Al contrario, la desigualdad entre clases sociales se ha agudizado en términos económicos, aunque su visibilidad se haya difuminado en el marco de unas estructuras más complejas.

En cualquier caso, las dinámicas de las últimas décadas han favorecido cierta dejación del discurso público contra las desigualdades de clase. En parte, tal abdicación responde a las limitaciones institucionales en la gestión económica de estas materias, lo cual ha dejado un espacio que la ultraderecha ha utilizado a su manera. En palabras de Fukuyama, los sectores más conservadores han reaccionado al discurso identitario de la izquierda con una defensa de la tradicional identidad nacional, relacionada con la raza, el origen étnico o la religión, que ha conectado de manera eficaz con los temores a la precarización económica generada por la globalización. La apuesta de la extrema derecha ha servido para aglutinar a amplios sectores ciudadanos, pues se presenta como una llamada a crear comunidad, aunque sea con criterios étnicos e instigando exclusiones. Estas situaciones llevan a la paradoja de que un multimillonario como Trump «se haga pasar por la voz de los desposeídos», según apunta con sorna Slavoj Žižek.

Todo ello ha generado agitadas discusiones internas en el ámbito de la izquierda, con sectores que reivindican que es compatible defender esas identidades grupales con la reivindicación de la igualdad social. Quizá exista algo de confusión en esos debates de los sectores progresistas. Los derechos de las identidades de los grupos más variados son importantes y tienen que defenderse en las instituciones: en esos ámbitos identitarios hay discriminaciones relevantes que, sin duda, deben combatirse. Sin embargo, lo que se introduce a diario en la agenda del debate público está limitado por el tiempo: no se puede hablar y crear opinión sobre todas las materias a la vez. Si los líderes políticos solo dedican tiempo en el debate a unos temas concretos y omiten las propuestas contra el deterioro de las condiciones sociales de vida, estas últimas cuestiones quedan desatendidas en el espacio público. Así se acrecienta el desapego ciudadano. Todas las carencias deben trabajarse en los organismos públicos, sin excepción. Al mismo tiempo, lo que se transmite públicamente a la sociedad y cómo se hace es más que relevante.

Lo cierto es que la política tradicional parece haber quedado en fuera de juego con los retrocesos del Estado social. La derecha convencional, formada por democristianos y liberales, ha respondido mimetizándose en bastantes temas con el nacionalpopulismo, lo cual ha servido para legitimar o normalizar a esos partidos emergentes. Por otro lado, las fuerzas de izquierda han sobrerrepresentado en sus discursos la defensa de identidades grupales y han descuidado hablar de la precarización social inherente a ciertas transformaciones económicas, una apuesta que hace que sea difícil construir comunidad apelando a la cohesión social. Dicha estrategia discursiva implica no captar que el crecimiento de la extrema derecha responde especialmente al malestar de bastantes sectores de las clases medias y populares que se sienten abandonados y relegados en el análisis público de sus problemas.

En España se han producido situaciones similares, aunque, desde el Gobierno, en los últimos años se ha intentado poner el acento en la protección social. En todo caso, en nuestro país partíamos de un contexto complicado, derivado de ciertas carencias históricas. El Estado social fue reconocido en la Constitución de 1978, pero tras la larga dictadura franquista partíamos de bases más débiles que nuestros vecinos europeos. Los primeros años de esta etapa democrática coincidieron con los incipientes síntomas internacionales de ese giro hacia el neoliberalismo. Nuestras prestaciones sociales nunca han sido comparables a las de las democracias europeas más avanzadas. Además, la Gran Recesión tuvo efectos económicos devastadores en nuestro país.

Por otro lado, los perjuicios de la debacle económica de 2007 no se repartieron igual, ni tampoco las cargas se distribuyeron del mismo modo. Los niveles de desigualdad en España se hallan entre los más elevados de Europa occidental. A pesar de los esfuerzos institucionales, nos encontramos ante estructuras de precarización laboral, ante serias dificultades de acceso a la vivienda y ante problemas no resueltos de vulnerabilidad social. Los temores de bastantes ciudadanos no afectan solo a malas situaciones económicas presentes de tipo individual, sino a la posibilidad de empeoramiento futuro, porque las dinámicas de la globalización pueden incidir en los perfiles de los puestos de trabajo o en la situación de las empresas. El discurso del nacionalpopulismo conservador se dirige especialmente a esos sectores.

Como apunta la economista Olga Cantó, existe cierto consenso en que las principales razones que explican los altos niveles de desigualdad en España son su estructura productiva, la alta tasa de desempleo, la notable incidencia del trabajo de bajos salarios y el reducido tamaño del sistema de impuestos y prestaciones monetarias, además de la extensión de la temporalidad y la parcialidad de los contratos y la concentración de situaciones laborales precarias en algunos hogares. Otro elemento de desigualdad sería el menor porcentaje de clases medias que hay en España en comparación con otros países europeos. Cantó destaca la trascendencia potencial de una decidida gestión institucional para limitar la desigualdad, como demuestra la reducción de la pobreza desde 2020 experimentada a partir de los efectos de los ERTE y la aplicación del ingreso mínimo vital.

La insuficiente progresividad de nuestro sistema fiscal es otro de los factores que explican los niveles de desigualdad social en España, como indican los expertos en materia tributaria Carlos Cruzado y José M.ª Mollinedo. Comparativamente, en nuestro país se pagan más impuestos por abajo que por arriba: «Nuestros niveles de presión fiscal están por debajo de la media de los países de la UE y muy por debajo de los países más avanzados, entre los que figuran los de la UE-8».

A pesar de las medidas gubernamentales citadas, en España hay un número creciente de jóvenes, con pocas esperanzas y escasas expectativas sobre su futuro, que tienen muchas dificultades para estabilizarse económicamente y cuya situación puede parecerles más insegura que la de sus progenitores a su misma edad. Se corre el riesgo de que los más jóvenes tengan la percepción de que las instituciones no prestan atención a sus problemas. O, peor aún, que cunda la citada sensación de que los organismos políticos ni siquiera disponen de la capacidad real para solucionar tales carencias.

Todo ello afecta a la desconfianza hacia el sistema político. Como señalan Fernando Vallespín y Máriam M. Bascuñán, «la causa del actual malestar democrático tendría que ver menos con la democracia que con la política misma». La articulación de una eficiente gestión social en beneficio de la mayoría siempre será uno de los mejores antídotos contra la insatisfacción ciudadana por el mal funcionamiento de la democracia.

Nuevos tiempos, nuevo reparto

La desregulación de los mercados, las visiones tecnocráticas y el desmantelamiento del Estado social están poniendo en riesgo la democracia. A lo largo de la historia, la estabilidad democrática ha estado muy relacionada con las desigualdades, las tensiones sociales y el reparto de las cargas. Como plantea Robert A. Dahl, la economía de mercado genera siempre desigualdad, lo cual puede conllevar efectos negativos para la democracia si las instituciones estatales no aplican correcciones sociales. La redistribución requiere de la intervención del Estado mediante mecanismos fiscales, para asegurar los derechos y las necesidades básicas de todos.

A menudo, las proclamas a favor de la desigualdad se han justificado con la afirmación machacona de que la riqueza de unos pocos nos beneficia a todos. Esa propaganda mítica sobre la malignidad de una economía más equitativa se estimula constantemente por los propios poderes económicos, a través de sus fornidas terminales académicas, mediáticas y sociales, subvencionadas con generosidad interesada. En realidad, como subraya Zygmunt Bauman, esa premisa está desmentida categóricamente por la realidad diaria y por todo tipo de investigaciones. De hecho, la concentración de riqueza en pocas manos que se ha producido en las últimas décadas ha creado en paralelo preocupantes niveles de empobrecimiento, precarización social y peores condiciones de vida. La falta de adopción de medidas correctoras ha provocado todo tipo de conmociones sociales. Y representa una de las causas de la crisis de la democracia.

En palabras de Bauman, las exorbitantes ganancias acumuladas por las clases más ricas no se han filtrado en absoluto hacia abajo, ni tampoco nos han hecho más seguros, optimistas o felices sobre nuestro futuro. También es falaz la obsesión por el crecimiento económico a toda costa, algo que choca con la alarmante realidad de la crisis climática. Como recuerda Bauman, en todo caso, lo más relevante no sería el crecimiento, sino el reparto. Y, actualmente, la distribución se está aplicando de manera radicalmente desigual.

La precarización generada por el desmantelamiento de la protección social y por las transformaciones económicas se ha convertido en un serio problema para el sistema democrático. Según Francis Fukuyama, el liberalismo económico ha degenerado en neoliberalismo y ha provocado «desigualdades monstruosas», a causa de sus exigencias de un Estado mínimo. Desde esta perspectiva, el desencanto con la democracia liberal se debería a excesos en algunas interpretaciones extremas de sus principios. Sin embargo, Fukuyama considera que la respuesta no puede ser abandonar el pluralismo democrático, sino moderar dichas interpretaciones.

La debilidad del Estado social continúa siendo un serio problema en España. Como explica Olga Cantó, somos «uno de los países de la UE con una menor capacidad redistributiva del sistema de prestaciones e impuestos», por lo que el camino para la reducción de la desigualdad pasaría por aumentar el tamaño y la progresividad del sistema fiscal, extendiendo la protección no contributiva, especialmente la dirigida a los jóvenes, a hogares con menores y a situaciones de vulnerabilidad social.

Carlos Cruzado y José M.ª Mollinedo destacan que la baja recaudación en España está motivada por los elevados niveles de incumplimiento, que afectan bastante a la economía sumergida y que presentan una enorme incidencia en el extendido fraude fiscal de la gran empresa y las grandes fortunas. Además, hay comunidades autónomas que optan por políticas en las que renuncian a recaudar determinados impuestos vinculados a la riqueza. Como destacan Cruzado y Mollinedo, la capacidad recaudatoria y redistributiva del sistema fiscal en España «es considerablemente menor que la de nuestros vecinos europeos».

Las mejoras en la redistribución económica en nuestro país serían muy positivas para fortalecer nuestro sistema democrático, pero actuar en solitario no es suficiente. En un mundo cada vez más interconectado, los cambios multilaterales son imprescindibles. La Unión Europea, por ejemplo, debería abandonar algunos de sus mecanismos más restrictivos.

Hay cambios que se antojan difíciles, a la vista de las políticas anteriores en materia de austeridad económica, sobre todo desde la perspectiva de países como Alemania. Pero es necesario frenar el actual proceso de redistribución a la inversa, con transferencia de rentas desde abajo hacia arriba, como apunta Joaquín Estefanía, para hacerlo circular en sentido contrario. A pesar de las dificultades, deberíamos apostar por una política social europea común, que permita favorecer la integración colectiva, con herramientas de solidaridad igualitaria que frenen los discursos autoritarios excluyentes.

Es cierto que la evolución de las sociedades occidentales ha dificultado algunos aspectos de la financiación del Estado social, pero también lo es que la mayor dificultad estriba en la renuncia de las élites económicas a seguir contribuyendo con los mismos porcentajes de aportación con los que participaban décadas atrás. El análisis sobre los reajustes estructurales que se deberían implementar supone abrir un debate, mientras que la negativa a la readaptación es algo muy distinto. Donde hay una voluntad, también hay un camino. Por ello, Piketty propone impuestos mundiales y progresivos sobre el capital. Según explican otros economistas tan prestigiosos como Paul Krugman o Joseph Stiglitz, cuyas trayectorias han sido reconocidas con el Premio Nobel, la ausencia de intervención estatal a través de la redistribución produce pobreza, servicios públicos deficientes e incapacidad para desplegar las potencialidades humanas en amplios sectores sociales.

En palabras de Miquel Ramos, si los gobernantes no impulsan políticas que frenen la precariedad, será la ultraderecha «la que capitalice el descontento a base de racismo y odio al pobre y a la diversidad, de vallas más altas, de más policías y de menos derechos». El neoliberalismo económico puede acabar devorando a la democracia. De hecho, si nos fijamos, veremos que lo que se está globalizando no es la democracia, sino el capitalismo, incluso en China. Los análisis de Piketty sugieren que el incremento de la desigualdad está directamente relacionado con el retroceso de los sistemas democráticos.

Como explica Habermas, en una democracia debe existir, como vínculo esencial, un elemento de solidaridad cívica, que no consiste en un altruismo incondicional, sino en cierta predisposición a ayudarse mutuamente, para asegurar unos niveles de igualdad que garanticen la posibilidad de participar en el proceso de formación colectiva de opinión y voluntad. En los términos expresados por el filósofo alemán, una legislación orientada al bien común debe equilibrar los intereses antagónicos y perseguir el objetivo de nivelar las desigualdades sociales, para que todos los ciudadanos cuenten con las mismas posibilidades de llevar una vida autodeterminada.

La alargada sombra de la tecnocracia

Peter Mair señala que, más allá del auge de las nuevas organizaciones ultraconservadoras, al sistema tradicional de partidos le ha surgido otra alternativa: la tecnocracia de los expertos supuestamente no políticos. El margen de gestión en materia económica de los Gobiernos cada vez es más restringido, ante los límites que marcan los organismos multilaterales.

El caso más significativo en los últimos años ha sido el de la Unión Europea. Los Estados miembros, en especial los de la eurozona, han visto muy limitadas las posibilidades de practicar su propia política económica, lo cual ha provocado una progresiva fragmentación y pulverización del poder público en Europa, en palabras de Agustín José Menéndez. Algunas decisiones de órganos tecnocráticos no elegidos democráticamente han provocado efectos negativos muy desestabilizadores en el Estado social, sobre todo a partir de la Gran Recesión. Al dejar sin apenas capacidad de maniobra a los Gobiernos, el propio sistema democrático se ha visto erosionado. Estas contradicciones han catapultado a la extrema derecha, pues se ha relacionado la pasividad de los Gobiernos nacionales con la negligencia de las élites europeas.

La supresión de servicios públicos o los recortes en las prestaciones sociales en diversos países proceden, a menudo, de las reglas presupuestarias que parten de los organismos tecnocráticos europeos. No obstante, el desgaste político incide directamente en los Gobiernos nacionales. En palabras de Andrés Boix, el proceso de construcción de la UE se ha fundamentado en criterios no democráticos de «legitimidad técnica» que realmente encubren apuestas ideológicas y afectan a la vida social europea, al condicionar las actuaciones económicas, financieras y fiscales de sus miembros. Todo ello se origina desde el germen de «una matriz elitista fuera de toda duda», como apunta Boix.

Estas situaciones han llevado a lo que Ignacio Sánchez-Cuenca ha denominado «impotencia democrática», al delegarse el poder de decisión en materias económicas esenciales a instituciones supranacionales que no tienen responsabilidad democrática alguna y que establecen reglas que atan las manos a los Gobiernos. Todo ello provoca contradicciones en los engranajes democráticos. Como dice Ignacio Sánchez-Cuenca, la tecnocracia socava las bases de la democracia representativa, pero no recibe tanta atención como la que se dedica al fenómeno populista, a pesar de que, «hasta cierto punto, la política *antiestablishment* puede entenderse como una reacción un tanto extrema a la erosión tecnocrática del ideal de autogobierno democrático». El poder de unos se consigue a menudo reduciendo la importancia de los otros. A partir del nacimiento del euro, de la Gran Recesión y de las intervenciones de la troika, se empezó a discutir acerca de si las dinámicas de integración europea habían hurtado la soberanía nacional y la habían colocado en manos de la tecnocrática Bruselas, como explica Pablo Simón, al existir la percepción de que había países «que habían cedido soberanía a unas instituciones en las que su voz no tenía ninguna influencia».

Teniendo en cuenta el precedente de la tecnocracia europea, en el futuro próximo quizá presenciemos el nacimiento de sistemas políticos inspirados en la aplicación de algoritmos matemáticos, en los que se pretenda fundamentar las decisiones en razones técnicas y no en la libre opinión de la ciudadanía. La expansión económica de China puede favorecer estas concepciones sobre un tipo de tecnocracia capitalista que establezca una vigilancia estatal no democrática. Lo cierto es que algunos de los protagonistas de la deriva autoritaria mundial observan los logros económicos de esta nueva superpotencia con especial interés.

Como indican Ivan Krastev y Stephen Holmes, en 1989 no se produjo únicamente la caída del muro de Berlín y la desaparición progresiva del bloque soviético; ese año también tuvo lugar la brutal represión contra los manifestantes que reivindicaban reformas democráticas en la plaza de Tiananmén de Pekín. La paradoja es que, a diferencia de otros países que entonces empezaron a imitar a las democracias occidentales, China no implantó instituciones democráticas, sino que optó por introducir únicamente las relaciones económicas capitalistas, como apuntan Krastev y Holmes. Al prescindir de la economía planificada, los dirigentes chinos se inclinaron hacia un sistema propio, basado en una tecnocracia cada vez más poderosa, que estimulaba el libre mercado, aunque de forma vigilante. Los chinos se encuentran entre los imitadores más constantes de Occidente en lo referente a tecnología, moda o arquitectura, pero han rehusado imitar el sistema de democracia plural.

El régimen chino combina la vieja retórica marxista de sus dirigentes con la novedosa y contrapuesta realidad de un capitalismo cuya actividad empresarial es muy fluida y en el que se producen visibles desigualdades sociales. Como señala José María Lassalle, China practica un capitalismo cognitivo de plataformas públicas y una estructura institucional jerarquizada, que gobierna sin oposición política a una comunidad entregada al consumo masivo de aplicaciones.

La eficiencia económica se materializa por medio de herramientas algorítmicas y de inteligencia artificial, al igual que el control del orden público, que suele ser contrario a los derechos humanos, mediante la férrea censura en los medios, la vigilancia orwelliana de las huellas digitales o el encarcelamiento impasible de opositores. Krastev y Holmes destacan que el marxismo ha sido reconvertido en una ideología nacionalista, que fortalece la resistencia a la influencia extranjera y permite al partido único distinguir a los leales de los renegados, así como «disciplinar, coordinar y movilizar a los millones de afiliados».

En cualquier caso, la estrategia ajedrecística de la competición económica, con un trabajado juego de consolidación de posiciones, ha suplido a la antigua guerra ideológica sin cuartel con Occidente. China exporta tecnología, capital y bienes de consumo, pero no hace proselitismo de su sistema político para que otros países lo asuman. Atrás quedaron los tiempos en los que financiaba guerrillas maoístas muy fanatizadas en diversas partes del mundo. Más que la influencia ideológica sobre otros Estados, las autoridades chinas buscan sutilmente la dependencia comercial que les permita incrementar su dominio económico y sus posiciones cada vez más presentes en el ámbito internacional. Según Krastev y Holmes, China no busca ser una guía o un modelo, sino que pretende «ampliar la esfera de influencia y captar o subordinar a otros países, no convertirlos en clones en miniatura de sí misma».

Todo ello se lleva a cabo desde el rechazo a las instituciones democráticas occidentales, al tiempo que se practica una adopción selectiva de las tecnologías y los patrones de consumo de Occidente. En este contexto, uno de los riesgos actuales es que la deriva autoritaria de las democracias liberales intente emular algunos aspectos de la experiencia china, vista como gran referencia en plena expansión. En palabras de Fernando Vallespín y Máriam M. Bascuñán, el autoritarismo desarrollista chino ha demostrado que se puede obtener un gran crecimiento económico sin las instituciones de la democracia liberal. En el plano internacional, Rusia es uno de los principales aliados de China. Por otro lado, dirigentes nacionalpopulistas occidentales, que están en la órbita de Putin, empiezan a plantear la posibilidad de establecer espacios permanentes de cooperación.

Las transformaciones tecnológicas abren el camino a posibilidades que hoy pueden parecer distópicas, pero que no se pueden descartar, como la configuración futura de una *posdemocracia digital*, en palabras de Byung-Chul Han. La política sería sustituida por la gestión de sistemas basados en datos. Los políticos quedarían desplazados por expertos. A partir de un salto cualitativo, la gestión de los datos pasaría de lo privado a lo público, en el contexto de lo que Shoshana Zuboff ha denominado la era del capitalismo de la vigilancia.

Según José María Lassalle, se llegaría así a un totalitarismo digital que erradicaría la democracia, impondría una Administración cibernética e infantilizaría a la humanidad, desde una especie de «despotismo algorítmico». En el mundo occidental ya contamos con el precedente del comportamiento de las grandes corporaciones privadas, que tienen la capacidad de influir en nuestra conducta en la red a través de sus cálculos matemáticos, así como con los hábitos de gestión empresarial a través de datos de mercado en los procesos productivos. Por ello, como indica Lassalle, la democracia debe establecer un pacto con la técnica, para situarla al servicio de la ciudadanía, a través de una legislación que regule una nueva sociedad digital con fundamentos humanísticos.

A pesar de estas posibles distopías, seguirá siendo clave quiénes adoptan las decisiones y con qué criterios. Los algoritmos no se programan de una forma neutral, como hemos visto en el funcionamiento de las plataformas virtuales. En palabras de Shoshana Zuboff, la tecnología no puede sustituir a la democracia. Los principales problemas de la humanidad siempre serán éticos, no técnicos. Y las tecnocracias nunca han sido apolíticas.

Epílogo

La apuesta por la calidad democrática

Todos los indicadores nos muestran que, en los últimos años, ha habido retrocesos en materia democrática. No parece muy discutible: disminuye la calidad institucional en los países más avanzados, se involuciona hacia el autoritarismo en sistemas menos consolidados, se frena la incorporación de nuevas democracias.

Son circunstancias que han afectado a los derechos y a las libertades de las personas. El índice global de 2023 del World Justice Project mostraba que, desde que en 2016 comenzó una recesión mundial del Estado de derecho, en el 78 por ciento de los países han menguado los derechos humanos. Dicha regresión está relacionada con el autoritarismo en las formas de gobierno, con las deficiencias en los sistemas judiciales, con la reducción de la participación ciudadana y con los recortes de las libertades democráticas. Además, resulta preocupante que entre las generaciones más jóvenes de muchos países se haya producido un mayor desapego democrático, como demuestran los estudios realizados por Yascha Mounk y Roberto Stefan Foa.

Nos hemos acostumbrado a que la democracia pluralista sea el sistema político vigente. Pero hemos olvidado que no siempre fue así. Debemos recordar que, históricamente, la experiencia democrática ha sido minoritaria. Solo en el último siglo se ha consolidado, pero con bastantes dificultades y episodios conflictivos. Por otro lado, tampoco la democracia es actualmente un sistema político unánime en todo el mundo.

El sistema democrático ha posibilitado las cotas más altas de protección de los derechos de las personas, los niveles más elevados de igualdad social, el disfrute de las mejores condiciones de vida jamás conocidas. Daniel Innerarity nos dice que «la democracia es una construcción política que experimenta avances y retrocesos, que no tiene asegurada su inmortalidad; se mantiene en pie sobre una cultura política que puede debilitarse y requiere cuidado, protección y virtudes cívicas».

Algunos de los pensadores contemporáneos más destacados alertan de la gravedad de la situación. Habermas señala que una comunidad democrática exige que los ciudadanos tengan conciencia de estar implicados en el ejercicio de un gobierno legitimado democráticamente, con unas condiciones institucionales que hagan creíble la efectividad de sus prácticas para los representados. El filósofo alemán nos alerta de la crisis de la democracia, erosionada por las patologías de la mediación representativa, la fragmentación de las formas de deliberación pública o la falta de controles institucionales sobre las grandes plataformas privadas que fabrican opinión.

Francis Fukuyama también ha advertido sobre los riesgos de involución autoritaria ante el declive actual del liberalismo democrático, las dinámicas de la revolución digital y la desigualdad que ha comportado el capitalismo globalizado. Fukuyama perteneció en los años ochenta y noventa del siglo XX al núcleo intelectual más influyente del Partido Republicano de Estados Unidos, aunque después ha ido matizando algunas de sus posturas. Por otro lado, Habermas ha sido una de las grandes referencias para la socialdemocracia alemana. Resulta significativo que dos de los más reputados intelectuales contemporáneos, desde trayectorias distintas y perspectivas ideológicas dispares, lleguen a conclusiones similares sobre los peligros para la continuidad del sistema democrático.

Como indican Ivan Krastev y Stephen Holmes, en 1989 había en todo el planeta dieciséis vallas fronterizas; actualmente, hay sesenta y cinco perímetros fortificados. Casi una tercera parte de los países del mundo están levantando ansiosamente barreras en sus fronteras. España ha contribuido a ello con la instalación de vallados en Ceuta y Melilla, que llegaron a incorporar cuchillas cortantes potencialmente muy dañinas para la integridad de las personas. Es algo más que simbólico: en un mundo aparentemente más globalizado, se producen repliegues interiores que coinciden con las convulsiones racistas de una deriva autoritaria que esparce por doquier la repulsa hacia los extranjeros. Sin embargo, nuestras democracias necesitan menos muros y más puentes.

La crisis de la democracia es un fenómeno multicausal, en el que convergen diversos motivos que, al mismo tiempo, generan efectos sucesivos. Como señalan Fernando Vallespín y Máriam M. Bascuñán, la actual involución autoritaria responde a una crisis de la democracia liberal que deriva de factores económicos, culturales y psicosociales. Sobre unos precedentes de desgaste del sistema político y de menoscabo del Estado social, la revolución digital transformó las relaciones económicas y agravó aún más las desigualdades sociales. Junto a esto, las nuevas tecnologías de la comunicación, dirigidas por corporaciones privadas, apostaron por herramientas técnicas que han logrado implicar a cientos de millones de personas en todo el mundo; favorecieron discursos de odio, reacciones xenófobas o los más variados comportamientos emocionales. Asimismo, los propios cambios económicos globales incentivaron la movilidad humana y los flujos migratorios.

Este conjunto de circunstancias incrementó la polarización afectiva, en un marco creciente de argumentación emocional y de sentimentalización irracional de las demandas ciudadanas, como ha explicado Manuel Arias Maldonado. Se acentuó el desprestigio de la política tradicional. Son inercias que han estimulado un auge vertiginoso de la extrema derecha en las democracias occidentales.

En este sentido, hay que examinar críticamente la dirección económica, cultural y social que está adoptando la revolución digital. Los poderes públicos, a través de regulaciones efectivas, deberían adoptar medidas para garantizar que no se privaticen nuestros derechos, así como para que las nuevas formas de riqueza vinculadas al mundo virtual no provoquen más precariedad, desigualdad e injusticias sociales.

El auge autoritario supone un riesgo para la democracia, en la medida en que puede conducir a sociedades cuyo pluralismo democrático se vea limitado, con recortes de derechos y libertades, con mayores desniveles económicos y con más xenofobia institucional. Son peligros que también acechan a España. Que se concreten o no dependerá de si las fuerzas políticas ultraconservadoras optan por mantenerse en el marco de la democracia representativa liberal o por imitar experiencias regresivas del autoritarismo posdemocrático. También dependerá de la fortaleza de nuestras instituciones.

La referencia más delicada para nuestro país sería la de Hungría, cuyo régimen recibe continuos elogios de los dirigentes de la derecha radical española. La democracia autoritaria de Orbán ha vulnerado principios esenciales del Estado de derecho, ha anulado todo tipo de contrapesos institucionales, ha manipulado los mecanismos electorales y ha apostado por una concepción tradicional de la familia que lesiona los derechos de las mujeres y discrimina a las personas por su orientación sexual. Además, Orbán no ha dejado de mostrar su sintonía con países como Rusia, China o Turquía. No deberíamos minusvalorar el peligro que puede conllevar transitar hacia semejantes concepciones antidemocráticas.

Hay indicadores de riesgo que no deberíamos ignorar. España es un país que necesita más solidez institucional, pues sus contrapesos son débiles y hay una excesiva politización de los nombramientos en la cúpula judicial. Numerosas investigaciones demuestran que, en nuestro país, el compromiso con la democracia de algunos sectores sociales es bastante bajo, lo cual debe relacionarse con la insana herencia del franquismo. Por otro lado, el descrédito de los partidos políticos es considerable; se encuentra entre los niveles más altos de la Unión Europea. Igualmente preocupante es la gran cantidad de casos de corrupción política.

Ante los citados riesgos, la respuesta democrática más adecuada es reforzar nuestro sistema institucional. Como indica Santiago Alba Rico, nos encontramos ante un proceso de desdemocratización general y necesitamos una alternativa que pueda reformular dichas situaciones. Los cambios estructurales que están en marcha exigen una readaptación de nuestro sistema democrático.

El nacionalpopulismo dirige su crítica contra las élites sin aportar soluciones que vayan más allá de reiterar unas cuantas vaguedades formuladas en tono grandilocuente. Como apunta Steven Forti, la extrema derecha se limita a dar «respuestas sencillas a problemas complejos». Eso no significa que nuestras élites políticas, económicas y sociales estén actuando correctamente. De hecho, determinadas patologías del sistema explican el distanciamiento ciudadano respecto de la democracia. En palabras de Fernando Vallespín y Máriam M. Bascuñán, el problema no radica en las élites en sí mismas, inevitables en cualquier entorno humano, sino «en su capacidad para instrumentalizar a su favor la distribución de recursos sociales: poder, riqueza y estatus».

Es más difícil defender el sistema democrático si hay desigualdad, corrupción, desconfianza en los partidos, marginación social y poca esperanza en el futuro. La lealtad a la democracia se mantiene solo si funciona bien, igual que nos encariñamos de un automóvil hasta que sus fallos mecánicos nos empiezan a desesperar. Como indica Ignacio Sánchez-Cuenca, «más que una crisis de régimen, vivimos una crisis de representación» en la que la deriva autoritaria actuaría como síntoma.

Adoptar un plan de choque contra la corrupción y recuperar la credibilidad del sistema de partidos, a través de amplias reformas, se antoja imprescindible. No obstante, como explica Elisa de la Nuez, los dirigentes de los partidos siempre han preferido una autorregulación que les dejara las manos libres y han sido muy reacios a una reglamentación externa que, sin embargo, resulta esencial para el buen funcionamiento del sistema democrático. Por otro lado, Miguel Ángel Presno Linera nos dice que la inclusión de formas directas de participación ciudadana contribuiría a la integración democrática de sectores sociales que se sienten excluidos del sistema. Cabe añadir que episodios tan penosos como el largo bloqueo del CGPJ apuntan a la exigencia acuciante de apartar de las injerencias partidistas a todos los órganos de contrapeso.

Profundizar en los principios del Estado social implicaría detener el proceso de secesión de nuestras élites económicas. Como apunta Joaquín Estefanía, «siempre ha habido una clase privilegiada, pero probablemente nunca ha estado tan peligrosamente aislada de su entorno», hasta el extremo de que la vieja máxima revolucionaria de que los obreros carecían de patria se ha suplido por la realidad pragmática de que los más ricos son los que no la tienen, ni la desean ni la necesitan. Debemos robustecer los mecanismos de cohesión social. Si no cimentamos más Estado social, la alternativa será el crecimiento de quienes desean aplicar más Estado penal. Asimismo, una redistribución más justa facilitaría una gestión adecuada del multiculturalismo existente, para actuar contra situaciones presentes de marginación que favorecen el oportunismo ponzoñoso de la xenofobia en nuestra sociedad, como demuestra el constante incremento en España de los delitos de odio contra extranjeros.

Además, hay que emprender una regulación específica contra la desinformación, que garantice el derecho de la ciudadanía a recibir información veraz y a formarse una opinión propia a partir de datos reales. Se debe actuar contra los bulos tóxicos de difusión masiva desde el respeto al Estado de derecho. Hace falta una estrategia colectiva contra los embustes, las fantasmagorías conspirativas, los mecanismos embaucadores que intentan manipular con falsedades los comportamientos humanos.

El pluralismo democrático es una de las claves de nuestra convivencia. Resulta fundamental cuidarlo desde las más diversas sensibilidades ideológicas que no compartan los postulados de las regresiones autoritarias. Por ello, resulta especialmente recomendable la creación de foros, marcos y espacios comunes entre demócratas. Del mismo modo, los pactos de Estado, si se hacen en positivo, también reducen sensiblemente la polarización. Los principales actores políticos deberían intentar reconducir de forma constructiva el sistema democrático plural.

En términos generales, no será sencillo reorientar los procesos que están erosionando la democracia, porque, en ocasiones, las lógicas económicas, sociales y tecnológicas pueden ser implacables. Nuestras vidas están siendo alteradas por las nuevas tecnologías, las grandes empresas multinacionales, las estrategias apátridas de los poderes financieros. Ante tales dinámicas necesitamos una globalización más democrática, inclusiva e igualitaria, pero aún carecemos de instrumentos efectivos para defenderla. No obstante, a lo largo de la historia ha sido posible articular tendencias para profundizar en la democracia, a pesar de la fuerza de otros intereses. Como apunta Bauman, nos encontramos ante problemas novedosos que reclaman una revolución cultural y una reflexión de cierta entidad que resulta incompatible con la tiranía del momento tan propia de estos tiempos.

El empuje de la deriva autoritaria mundial es indiscutible, pero los hechos demuestran que no siempre resulta imparable. Las elecciones generales en el Reino Unido de julio de 2024 permitieron el regreso de los laboristas al poder, después de catorce años en la oposición; lo más llamativo es que desplazaron a un Gobierno conservador que estaba rivalizando en xenofobia con las proclamas de la extrema derecha de Nigel Farage, quien también obtuvo un resultado bastante modesto. Unos días después, cuando casi toda Francia daba por segura la victoria que daría el gobierno al Reagrupamiento Nacional, en la segunda vuelta de las elecciones legislativas el partido de Marine Le Pen cayó derrotado en las urnas ante el Nuevo Frente Popular, tras un pacto con el centrismo de Macron.

En este sentido, Žižek incide en que las democracias occidentales construyeron Estados del bienestar por miedo al comunismo soviético. Y se pregunta si ese mismo miedo servirá para articular una propuesta democrática general ante el avance del trumpismo y sus homólogos de la ola autoritaria.

Como explicó Norberto Bobbio, la democracia es un punto de partida en constante cambio que permite a una sociedad discutir sus problemas de forma periódica. El sistema democrático fija unas reglas de convivencia para la gestión de los desacuerdos colectivos y da por sentados el conflicto y las diferencias, pero regula unas pautas para tomar las decisiones.

Sin duda, las actuales instituciones democráticas son mejorables. Por otro lado, también resulta evidente que las democracias más desarrolladas han conseguido logros muy valiosos, desde la protección de los derechos humanos hasta la cobertura de las necesidades básicas. Sin embargo, la continuidad de los sistemas democráticos nunca está completamente garantizada. No existe una historia encarrilada, en forma de trayecto que siempre avanza de manera inevitable. A veces, los vaivenes son prolongados; otras veces, las regresiones pueden ser enormes. Siempre será preferible progresar que retroceder. Y lo cierto es que no hay retroceso sin actitudes reaccionarias, ni tampoco hay progreso sin una adecuada renovación.

Agradecimientos

Debo agradecer sus consejos, reflexiones o pistas bibliográficas a Andrés Boix, Javier de Lucas, Fernando Flores, Fernando Jiménez Sánchez y Cristina Monge. Evidentemente, cualquier error en el contenido de este ensayo es responsabilidad exclusiva del autor.

Agradezco a Carmen Esteban, directora editorial de Ariel, así como a la editora Cristina Pérez, sus consejos, su aliento constante y su necesaria ayuda para hacer realidad este libro.

Y, sobre todo, gracias a Eivor, a Ricard y a Harald por su apoyo imprescindible. También a Simon por su compañía.

Fuentes bibliográficas

ACEMOGLU, D., y Robinson, J. A. (2014), *Por qué fracasan los países*, Ediciones Deusto, Barcelona.
ACHA, B. (2021), *Analizar el auge de la ultraderecha. Surgimiento, ideología y ascenso de los nuevos partidos de ultraderecha*, Gedisa, Barcelona.
ALABAO, N. (2023), «Terrores demográficos. Familia "natural" y guerras de género en Vox», en Forti, S. (ed.), *Mitos y cuentos de la extrema derecha*, Catarata, Madrid.
ALBA RICO, S. (2017), «Retrocesos, repeticiones, restas», en *El gran retroceso. Un debate internacional sobre el reto urgente de reconducir el rumbo de la democracia*, Seix Barral, Barcelona.
ÁLVAREZ JUNCO, J. (1996), «Redes locales, lealtades tradicionales y nuevas identidades colectivas en la España del siglo XIX», en Robles Egea, A. (ed.), *Política en penumbra. Patronazgo y clientelismo políticos en la España contemporánea*, Siglo XXI, Madrid.
— (2016), *Mater dolorosa. La idea de España en el siglo XIX*, Taurus, Barcelona.
ANDRÉS IBÁÑEZ, P. (1996), «Tangentopoli tiene traducción al castellano», en Andrés Ibáñez, P. (coord.), *Corrupción y Estado de derecho: el papel de la jurisdicción*, Editorial Trotta, Madrid.
— (2015), *Tercero en discordia. Jurisdicción y juez del Estado Constitucional*, Editorial Trotta, Madrid.
AÑÓN, M. J. (2001), «La interculturalidad posible: ciudadanía diferenciada y derechos», en De Lucas, J. (dir.), *Cuadernos de Derecho Judicial*, n.º 6, CGPJ, Madrid, pp. 219-270.
APPLEBAUM, A. (2021), *El ocaso de la democracia. La seducción del autoritarismo*, Debate, Barcelona.

Aragón, A. (2020), *Norberto Bobbio. Una teoría de la democracia*, Ubijus, México.

Arendt, H. (2011), *Los orígenes del totalitarismo*, Alianza Editorial, Madrid.

Arias Maldonado, A. (2016), *La democracia sentimental. Políticas y emociones en el siglo xxi*, Página Indómita, Barcelona.

Barroso, A. (2022), *Patria digna. La España que intentaron robarnos*, Ediciones B, Barcelona.

Bauman, Z. (2017), «Síntomas en busca de objeto y nombre», en *El gran retroceso. Un debate internacional sobre el reto urgente de reconducir el rumbo de la democracia*, Seix Barral, Barcelona.

— (2022), *¿La riqueza de unos pocos nos beneficia a todos?*, Paidós, Barcelona.

Bayona, B. (2019), *Examinar la democracia en España*, Gedisa, Barcelona.

Bobbio, N. (1986), *El futuro de la democracia*, Fondo de Cultura Económica, México.

— (1989), *Liberalismo y democracia*, Fondo de Cultura Económica, México.

— (1995), *Dreta i esquerra. Raons i significats d'una distinció política*, Afers, Catarroja.

Boix Palop, A. (2014), «La organización de los contrapoderes: sobre las (ilimitadas) posibilidades de participación de los ciudadanos en la gestión de los asuntos públicos en el modelo constitucional español», en Gutiérrez Gutiérrez, I., *La democracia indignada. Tensiones entre voluntad popular y representación política*, Comares, Granada.

Bosch, J. (1998), «Inmigración y refugio en Dinamarca: la universalización de los derechos en una sociedad del Bienestar», en *Cuadernos Electrónicos de Filosofía del Derecho*, n.º 1, Universitat de València, Valencia.

— (2022), *La patria en la cartera. Pasado y presente de la corrupción en España*, Ariel, Barcelona.

Bosch, J., y Escolar, I. (2018), *El secuestro de la justicia. Virtudes y problemas del sistema judicial*, Roca Editorial, Barcelona.

Box, Z., Casquete, J., y Forti, S. (2023), «La historia como campo de batalla cultural», en Forti, S. (ed.), *Mitos y cuentos de la extrema derecha*, Catarata, Madrid.

Calvo, E., y Aruguete, N. (2020), *Fake news, trolls y otros encantos.*

Cómo funcionan (para bien y para mal) las redes sociales, Siglo XXI, Buenos Aires.

CANTÓ, O. (2024), «La evolución de la desigualdad en el último medio siglo», en León B., J. Carbonell y Soria, J., *La desigualdad en España*, Círculo de Bellas Artes, Madrid.

CASALS, Q. (2023), *Todo por el pueblo y para el pueblo. Los orígenes de la democracia contemporánea en España (1808-1890)*, Universitat de Lleida, Zaragoza.

CASALS, X. (2020), «De Fuerza Nueva a Vox: de la vieja a la nueva ultraderecha española (1975-2019)», en *Ayer*, n.º 118/2020.

CASTELLS, M. (2012), *Redes de indignación y esperanza: los movimientos sociales en la era de internet*, Alianza Editorial, Madrid.

COLOMER, J. M. (2004), *Cómo votamos. Los sistemas electorales del mundo: pasado, presente y futuro*, Gedisa, Barcelona.

— (2018), *España: la historia de una frustración*, Anagrama, Barcelona.

CRUZADO, C., y Mollinedo, J. M. (2024), *Los ricos no pagan IRPF. Claves para afrontar el debate fiscal*, Capitán Swing, Madrid.

DAHL, R. (2009), *La poliarquía. Participación y oposición*, Tecnos, Madrid.

— (2022), *La democracia*, Ariel, Barcelona.

DE LA NUEZ, E. (2014), «Partidos políticos y transparencia», en Nieto Martín, A. y M. Maroto (dirs.), *Public Compliance. Prevención de la corrupción en administraciones públicas y partidos políticos*, Ediciones de la Universidad de Castilla-La Mancha, Cuenca.

DE LUCAS, J. (1994), *Europa: ¿convivir con la diferencia? Racismo, nacionalismo y derechos de las minorías*, Tecnos, Madrid.

— (2003), *Globalización e identidades. Claves políticas y jurídicas*, Icaria, Barcelona.

— (2015), *Mediterráneo: el naufragio de Europa*, Tirant lo Blanch, Valencia.

— (2020), *Nosotros, que quisimos tanto a Atticus Finch. De las raíces del supremacismo, al Black Lives Matter*, Tirant lo Blanch, Valencia.

— (2021), «Sobre autoritarismo y discursos de odio», en *Papeles de relaciones ecosociales y cambio global*, n.º 155.

DOVAL, A. (2014), «Delitos de corrupción pública: indultos y condenas», en Jareño, Á. (dir.), *Corrupción pública: cuestiones de política criminal (I)*, Iustel, Madrid.

EATWELL, R., y Goodwin, M. (2019), *Nacionalpopulismo. Por qué*

está triunfando y de qué forma es un reto para la democracia, Península, Barcelona.
EMCKE, C. (2017), *Contra el odio: un alegato en defensa de la pluralidad de pensamiento, la tolerancia y la libertad*, Taurus, Madrid.
ENZENSBERGER, H. M. (1992), *La gran migración*, Anagrama, Barcelona.
— (1994), *Perspectivas de guerra civil*, Anagrama, Barcelona.
ESTEFANÍA, J. (2015), *Estos años bárbaros*, Galaxia Gutenberg, Barcelona.
FERNÁNDEZ STEINKO, A. (2021), *La economía ilícita en España*, Alianza Editorial, Madrid.
FERNÁNDEZ-VÁZQUEZ, G. (2019), *Qué hacer con la extrema derecha en Europa. El caso del Frente Nacional*, Lengua de Trapo, Madrid.
— (2019), «¿Fórmulas ganadoras en el discurso político de la extrema derecha? Un análisis del Frente Nacional de Marine Le Pen», en Guamán, A., Aragoneses, A. y Martín, S. (dirs.), *Neofascismo. La bestia neoliberal*, Siglo XXI, Madrid.
FERRAJOLI, L. (2011), *Poderes salvajes. La crisis de la democracia constitucional*, Editorial Trotta, Madrid.
— (2015), «Separar a los partidos del estado y devolverlos a la sociedad», en *Jueces para la Democracia. Información y Debate*, n.º 83.
FERRERO-TURRIÓN, R. (2022), «Quiebras de la democracia y el Estado de Derecho en Europa central y oriental: el caso húngaro», en Valencia Sáiz, A., y Fernández-García, B. (eds.), *En los márgenes de la democracia liberal. Populismo, nacionalismo y radicalismo ideológico en Europa*, Comares, Granada.
FINCHELSTEIN, F. (2019), *Del fascismo al populismo en la historia*, Taurus, Madrid.
— (2022), *Breve historia de la mentira fascista*, Taurus, Madrid.
FISHER, M. (2024), *Las redes del caos. La historia secreta de cómo las redes sociales empobrecen la mente y erosionan el mundo*, Península, Barcelona.
FLORES, F. (1998), *La democracia interna de los partidos políticos*, Congreso de los Diputados, Madrid.
— (2014), «Democracia interna y participación ciudadana como mecanismos de control de la corrupción», en Nieto Martín, A., y Maroto, M. (dirs.), *Public Compliance. Prevención de la corrupción en administraciones públicas y partidos políticos*, Ediciones de la Universidad de Castilla-La Mancha, Cuenca.

— (2015), «Los partidos políticos: intervención legal y espacio político, a la búsqueda del equilibrio», en *UNED. Teoría y Realidad Constitucional*, n.º 35.
— (2018), «Los partidos políticos en la Constitución de 1978», en Pérez Tremps, P., y Sáiz Arnáiz, A. (dirs.), *Comentario a la Constitución española. 40 aniversario, 1978-2018. Libro homenaje a Luis López Guerra*, Tirant lo Blanch, Valencia.
FORTI, S. (2023), «Vox. La declinación española de la extrema derecha 2.0», en Forti, S. (ed.), *Mitos y cuentos de la extrema derecha*, Catarata, Madrid.
— (2021), *Extrema derecha 2.0. Qué es y cómo combatirla*, Siglo XXI, Madrid.
FUKUYAMA, F. (2015), *¿El fin de la historia? y otros ensayos*, Alianza Editorial, Madrid.
— (2019), *Identidad. La demanda de dignidad y las políticas de resentimiento*, Deusto, Barcelona.
— (2022), *El liberalismo y sus desencantados. Cómo defender y salvaguardar nuestras democracias liberales*, Deusto, Barcelona.
FUMANAL, V. (2024), *El poder de la influencia. Así se construye el liderazgo*, La Esfera de los Libros, Madrid.
GIMÉNEZ GLUCK, D. (2014), «El derecho de asociación de los partidos políticos y la regulación legal de las elecciones primarias», en *Revista Española de Derecho Constitucional*, n.º 102.
GIRARD, R. (1986), *El chivo expiatorio*, Anagrama, Barcelona.
GOLDHAGEN, D. J. (2003), *Los verdugos voluntarios de Hitler. Los alemanes corrientes y el Holocausto*, Taurus, Madrid.
GUAMÁN, A. (2013), «Las garantías del derecho al trabajo de los inmigrantes: una revisión crítica», en De Lucas, J., y Añón, M. J. (eds.), *Integración y derechos. A la búsqueda de indicadores*, Icaria, Barcelona.
GUTIÉRREZ-RUBÍ, A. (2020), *Gestionar las emociones políticas*, Gedisa, Barcelona.
HABERMAS, J. (2023), *Un nou canvi estructural en l'esfera pública i la política deliberativa*, Edicions 62, Barcelona.
HAN, B. Ch. (2022), *Infocracia*, Taurus, Barcelona.
HELD, D. (2007), *Modelos de democracia*, Alianza, Madrid.
ILLOUZ, E. (2023), *La vida emocional del populismo*, Katz, Madrid.
INNERARITY, D. (2015), *La política en tiempos de indignación*, Galaxia Gutenberg, Barcelona.

— (2018), *Comprender la democracia*, Gedisa, Barcelona.
— (2022), *Una teoría de la democracia compleja. Gobernar en el siglo XXI*, Galaxia Gutenberg, Barcelona.
— (2023), *La libertad democrática*, Galaxia Gutenberg, Barcelona.
Íñiguez, D. (2018), *El fracaso del autogobierno judicial*, Thomson Civitas, Pamplona.
Jiménez Asensio, R. (2016), *Los frenos del poder. Separación de poderes y control de las instituciones*, Marcial Pons, Madrid.
— (2018), «El (des)gobierno del poder judicial», en Agenda Pública.
— (2023), *Instituciones rotas. Separación de poderes, clientelismo y partidos en España*, Estudios Sector Público, Zaragoza.
Jiménez Sánchez, F., y Alcalá, F. (2018), *Los costes económicos del déficit de calidad institucional y la corrupción en España*, Fundación BBVA, Bilbao.
Katz, R. S., y Mair, P. (2022), *Democracia y cartelización de los partidos políticos*, Catarata, Madrid.
Keane, J. (2018), *Vida y muerte de la democracia*, Fondo de Cultura Económica, México.
Kelsen, H. (2009), *De la esencia y valor de la democracia*, KRK Ediciones, Oviedo.
— (2022), *Breve historia de la democracia*, Antoni Bosch Editor, Barcelona.
Klein, E. (2021), *Por qué estamos polarizados*, Capitán Swing, Madrid.
Krastev, I., y Holmes, S. (2019), *La luz que se apaga. Cómo Occidente ganó la guerra fría pero perdió la paz*, Debate, Barcelona.
Krugman, P. (2012), *¡Acabad ya con esta crisis!*, Crítica, Barcelona.
Lakoff, G. (2017), *No pienses en un elefante. Lenguaje y debate político*, Península, Barcelona.
Lassalle, J. M. (2019), *Ciberleviatán. El colapso de la democracia liberal frente a la revolución digital*, Arpa, Barcelona.
Levitsky, S., y Ziblatt, D. (2018), *Cómo mueren las democracias*, Ariel, Barcelona.
— (2024), *La dictadura de la minoría. Cómo revertir la deriva autoritaria y forjar una democracia para todos*, Ariel, Barcelona.
Linz, J. J. (2021), *La quiebra de las democracias*, Alianza, Madrid.
López Ortega, A. I. (2023), «La amenaza del otro. Extrema derecha española e inmigración», en Forti, S. (ed.), *Mitos y cuentos de la extrema derecha*, Catarata, Madrid.

Mair, P. (2015), *Gobernando el vacío. La banalización de la democracia occidental*, Alianza Editorial, Madrid.

Manin, G. (1998), *Los principios del gobierno representativo*, Alianza, Madrid.

Manzano, E. (2024), *España diversa. Claves de una historia plural*, Crítica, Barcelona.

Martín Pallín, J. A. (2022), *La guerra de los jueces. El proceso judicial como arma política*, Catarata, Madrid.

Meléndez, A. J. (2020), «La crisis existencial de la Unión Europea y su mutación constitucional», en *Jueces para la Democracia. Información y Debate*, n.º 99.

Mérida, J. (2021), «¿Una nueva forma de hacer política? Modos de gobernanza participativa y "Ayuntamientos del Cambio" en España (2015-2019)», en *GAPP*, n.º 26.

Monge, C., y Oliván, R. (2019), *Hackear la política*, Gedisa, Barcelona.

Monge, C. (2021), «Panorámica retrospectiva. Las señales del 15M, una década después», en Monge, C. et al. (eds.), *Tras la indignación. El 15M: miradas desde el presente*, Gedisa, Barcelona.

Mounk, Y. (2018), *El pueblo contra la democracia. Por qué nuestra libertad está en peligro y cómo salvarla*, Paidós, Barcelona.

— (2022), *El gran experimento. Por qué fallan las democracias diversas y cómo hacer que funcionen*, Paidós, Barcelona.

Mudde, C. (2021), *La ultraderecha hoy*, Paidós, Barcelona.

Naïr, S., y De Lucas, J. (1998), *El desplazamiento en el mundo*, Ministerio de Trabajo y Asuntos Sociales, Madrid.

Naïr, S. (2010), *La Europa mestiza. Inmigración, ciudadanía, codesarrollo*, Galaxia Gutenberg, Barcelona.

Ollero, J. (2021), *Penalismo mágico*, Aconcagua Libros, Sevilla.

Orriols, Ll. (2023), *Democracia de trincheras. Por qué votamos a quienes votamos*, Península, Barcelona.

Pasquau, M. (2020), «A propósito de los bulos», en *CTXT*.

— (2024), «Garantías contra el lawfare», en *Jueces para la Democracia. Información y Debate*, n.º 109.

— (2024), «Sea Sánchez o su porquero», en elDiario.es.

Piketty, T. (2014), *El capital en el siglo XXI*, Fondo de Cultura Económica, Madrid.

— (2021), *Una breve historia de la igualdad*, Deusto, Barcelona.

Popper, K. R. (2017), *La sociedad abierta y sus enemigos*, Paidós, Barcelona.

Pradera, J. (1995), «La maquinaria de la democracia. Los partidos en el sistema político español», *Claves de Razón Práctica*, n.º 58.

Presno Linera, M. A. (2014), «La democracia directa y la falacia de sus riesgos», en Gutiérrez Gutiérrez, I., *La democracia indignada. Tensiones entre voluntad popular y representación política*, Comares, Granada.

Preston, P. (2019), *Un pueblo traicionado*, Debate, Barcelona.

Przeworski, A. (2022), *La crisis de la democracia. ¿Adónde pueden llevarnos el desgaste institucional y la polarización?*, Siglo XXI, Madrid.

Ramírez, A. (2010), *Democracia participativa. La democracia participativa como profundización en la democracia*, Tirant lo Blanch, Valencia.

Ramonet, I. (2022), *La era del conspiracionismo. Trump, el culto a la mentira y el asalto al Capitolio*, Siglo XXI, Madrid.

Ramos, M. (2022), *Antifeixistes. Aixi es va combatre l'extrema dreta espanyola dels anys 90*, Capitán Swing, Madrid.

— (2023), «Prólogo: la mutación de la extrema derecha», en Sidera, A., *Fascismo persistente. La Italia de Meloni y el ascenso de la extrema derecha en Europa*, Escritos Contextatarios, Madrid.

Rodríguez Adrados, F. (2011), *Nueva historia de la democracia. De Solón a nuestros días*, Ariel, Barcelona.

Rodrigo, J., y Fuentes, M. (2022), *Ellos, los fascistas. La banalización del fascismo y la crisis de la democracia*, Deusto, Barcelona.

Romero, C. (2021), *Caciques y caciquismo en España (1834-2020)*, Catarata, Madrid.

Rosanvallon, P. (2010), *La legitimidad democrática*, Paidós, Barcelona.

— (2020), *El siglo del populismo. Historia, teoría, crítica*, Galaxia Gutenberg, Barcelona.

Rousseau, J. J. (2012), *Contrato social*, Austral, Barcelona.

Sanahuja, J. A., y López Burian, C. (2023), «Vox. Patria y antiglobalismo», en Forti, S. (ed.), *Mitos y cuentos de la extrema derecha*, Catarata, Madrid.

Sánchez-Cuenca, I. (2010), *Más democracia, menos liberalismo*, Katz, Madrid.

— (2014), *La impotencia democrática. Sobre la crisis política de España*, Catarata, Madrid.
— (2022), *El desorden político. Democracias sin intermediación*, Catarata, Madrid.
Sancho, L. (2021), *El nacimiento de la democracia. El experimento político ateniense*, Ático de los Libros, Barcelona.
Sartori, G. (2014), *¿Qué es la democracia?*, Taurus, Barcelona.
Schumpeter, J. A. (2015), *Capitalismo, socialismo y democracia*, Página Indómita, Barcelona.
Sidera, A. (2023), *Fascismo persistente. La Italia de Meloni y el ascenso de la extrema derecha en Europa*, Escritos Contextatarios, Madrid.
Simón, P. (2018), *El príncipe moderno. Democracia, política y poder*, Debate, Barcelona.
— (2019), «Prólogo», en Fernández-Vázquez, G., *Qué hacer con la extrema derecha en Europa. El caso del Frente Nacional*, Lengua de Trapo, Madrid.
Solanes, A. (2013), «Indicadores para la integración de los inmigrantes desde las directrices europeas», en De Lucas, J., y Añón, J. M. (eds.), *Integración y derechos. A la búsqueda de indicadores*, Icaria, Barcelona.
Stefanoni, P. (2023), *¿La rebeldía se volvió de derechas?*, Siglo XXI, Madrid.
Stiglitz, J. (2012), *El precio de la desigualdad: el 1% de la población tiene lo que el 99% necesita*, Taurus, Madrid.
Temelkuran, E. (2019), *Cómo perder un país. Los siete pasos de la democracia a la dictadura*, Anagrama, Barcelona.
Tirado, A. (2021), *El lawfare: golpes de estado en nombre de la ley*, Akal, Barcelona.
Tomás y Valiente, F. (1997), *Manual de historia del derecho español*, Tecnos, Madrid.
Torcal, M. (2023), *De votantes a hooligans. La polarización política en España*, Catarata, Madrid.
Torres del Moral, A. (1986), *Constitucionalismo histórico español*, Átomo Ediciones, Madrid.
Traverso, E. (2021), *Las nuevas caras de la derecha*, Siglo XXI, Madrid.
Urías, J. (2024), *La justicia en el banquillo. Politización, parcialidad, separación de poderes. ¿Podemos confiar en los jueces?*, Arpa, Barcelona.

Vallespín, F., y Bascuñán, M. M. (2017), *Populismos*, Alianza Editorial, Madrid.
Vallespín, F. (2021), *La sociedad de la intolerancia*, Galaxia Gutenberg, Barcelona.
— (2022), «Prólogo: Robert Dahl y la teoría de la democracia», en Dahl, R., *La democracia*, Ariel, Barcelona.
Varela Ortega, J. (2001), *Los amigos políticos. Partidos, elecciones y caciquismo en la Restauración (1875-1900)*, Marcial Pons, Madrid.
Velasco, G. (2023), *Pensar la polarización*, Gedisa, Barcelona.
Velilla, N. (2023), *La crisis de la autoridad*, Arpa, Barcelona.
Villegas, J. (2016), *El poder amordazado. La historia oculta de cómo el poder político se ha infiltrado en la justicia española*, Península, Barcelona.
Villoria, M. (2006), *La corrupción política*, Editorial Síntesis, Madrid.
— (2016), «Principales rasgos y características de la corrupción en España», en Villoria, M., Gimeno, J. M., y Tejedor, J. (dirs.), *La corrupción en España. Ámbitos, causas y remedios jurídicos*, Atelier, Barcelona.
— (2019), *Combatir la corrupción*, Gedisa, Barcelona.
Villoria, M., e Izquierdo, A. (2020), *Ética pública y buen gobierno. Valores e instituciones para tiempos de incertidumbre*, Tecnos, Madrid.
Vives Antón, T. (2007), «Sobre la imparcialidad del Juez y la dirección de la investigación oficial del delito», en *Teoría y derecho: revista de pensamiento jurídico*, n.º 1.
Žižek, S. (2017), «La tentación populista», en *El gran retroceso. Un debate internacional sobre el reto urgente de reconducir el rumbo de la democracia*, Seix Barral, Barcelona.
Zuboff, S. (2020), *La era del capitalismo de la vigilancia. La lucha por un futuro humano frente a las nuevas fronteras del poder*, Paidós, Barcelona.
Zweig, S. (2002), *El mundo de ayer. Memorias de un europeo*, Acantilado, Barcelona.